Schriftenreihe Europäisches Recht, Politik und Wirtschaft

Herausgegeben von

Prof. Dr. Dres. h.c. Jürgen Schwarze,
Direktor des Europa-Instituts Freiburg e.V.,
Universität Freiburg

Prof. Dr. Armin Hatje, Universität Hamburg

Band 394

Anna Ma

Die materielle Fusionskontrolle
in der VR China und
in der Europäischen Union

Nomos

Die Deutsche Nationalbibliothek verzeichnet diese Publikation in der Deutschen Nationalbibliografie; detaillierte bibliografische Daten sind im Internet über http://dnb.d-nb.de abrufbar.

Zugl.: Hamburg, Univ., Diss., 2019

ISBN 978-3-8487-6143-2 (Print)
ISBN 978-3-7489-0266-9 (ePDF)

1. Auflage 2019

Vorwort

Die vorliegende Arbeit wurde im Frühjahrsemester 2019 als Dissertation an der Universität Hamburg angenommen. Die Disputation erfolgte am 24.4.2019.

Ich möchte mich zunächst herzlich bei meinem Doktorvater, Herrn Prof. Armin Hatje, für die hervorragende Betreuung der Arbeit bedanken. Dank sagen möchte ich auch meinen Mentoren Prof. Ulrich Karpen und Dr. Wolf-Dietrich Loose für die wertvollen Anregungen und den regen Austausch.

Mein besonderer Dank gebührt Herrn Prof. Wu Han Dong und der Zhongnan University of Economics and Law (Wuhan, China) für die umfassende Unterstützung.

Großen Dank gebührt schließlich meiner Familie, insbesondere meiner Mutter Prof. Lin Ma, die mich auf meinem bisherigen Lebensweg stets vorbehaltslos gefordert und gefördert hat.

Frankfurt, im Juli 2019   *Anna Ma*

Inhaltsverzeichnis

Abkürzungsverzeichnis 11

A. Einleitung 15
B. Gang der Untersuchung 17
C. Die europäische Fusionskontrolle 18
   I. Historische Entwicklung 19
   II. Wirtschaftspolitischer Rahmen 24
   III. Materiellrechtlicher Prüfungsmaßstab 27
      1. Relevanter Markt 28
        a) Sachlich relevanter Markt 29
          aa) Eigenschaften des Produkts 30
          bb) Verwendungsmöglichkeiten des Produkts 30
          cc) Preis des Produkts 31
          dd) Wettbewerbsstruktur 33
          ee) Wettbewerbsbedingungen 34
        b) Räumlich relevanter Markt 34
        c) Praxis der Europäischen Kommission 36
      2. Untersagungstatbestand 37
        a) Einführung des SIEC-Test 37
        b) Marktbeherrschung als Regelbeispiel 40
        c) SIEC-Test 42
        d) Zu berücksichtigende Kriterien 44
          aa) Art. 2 Abs. 2 lit. a FKVO 44
          bb) Art. 2 Abs. 2 lit. b FKVO 45
            (1) Marktstellung, wirtschaftliche Macht und Finanzkraft 45
              (a) Marktstellung 45
              (b) Wirtschaftliche Macht und Finanzkraft 49
            (2) Zugang zu den Beschaffungs- und Absatzmärkten 51
            (3) Marktzutrittsschranken 51
            (4) Technischer und wirtschaftlicher Fortschritt 53
        e) Kausalität zwischen Zusammenschluss und Wettbewerbsbehinderung 54
        f) Besonderheiten 55

aa) Unilaterale und koordinierte Effekte auf Oligopolmärkten	55
bb) Nichthorizontale Unternehmenszusammenschlüsse	58
cc) Berücksichtigung von Effizienzen	62
(1) Alte Rechtslage unter der VO 4064/89	63
(2) Neue Rechtslage unter der VO 139/2004	70
dd) Berücksichtigung wettbewerbsfremder Erwägungen	77
(1) Politische Einflussnahme	77
(2) Englische Klausel	81
3. Entscheidung der Europäischen Kommission	82
a) Strukturelle Zusagen	86
b) Verhaltenszusagen	87
4. Zwischenfazit	89
D. Vergleichende Betrachtung mit der chinesischen Fusionskontrolle	91
I. Historische Entwicklung	91
II. Rechtlicher Rahmen	97
1. Antimonopolgesetz	97
2. Nebenbestimmungen zum Antimonopolgesetz	98
III. Materiellrechtlicher Prüfungsmaßstab	98
1. Relevanter Markt	99
a) Sachlich relevanter Markt	100
aa) Ausweichmöglichkeiten	101
bb) Eigenschaften und Verwendungsmöglichkeiten	102
cc) Preisunterschiede	102
dd) Vertriebskanäle	104
ee) Andere behindernde Faktoren bezüglich der Austauschbarkeit der Produkte	104
ff) Hypothetischer Monopolistentest	105
gg) Angebotssubstitution	107
hh) Upward pricing pressure-Test	108
b) Räumlich relevanter Markt	108
c) Besonderheiten in Bezug auf die Entscheidungspraxis	111
d) Zusammenfassende Gegenüberstellung	112
2. Untersagungstatbestand	114
a) SIEC / Marktbeherrschung	114
b) Zu berücksichtigende Kriterien in der chinesischen Fusionskontrolle	118

c) Vergleichende Betrachtung der zu
berücksichtigenden Kriterien ... 118
  aa) Kriterien der Kategorie 1 ... 119
    (1) Marktstellung und Marktkonzentration ... 120
      (a) Marktanteile ... 120
      (b) Marktkonzentration ... 123
    (2) Marktzutritt / Zugang zu
Beschaffungs- bzw. Absatzmärkten ... 125
      (a) Horizontale Zusammenschlüsse ... 127
      (b) Nichthorizontale Zusammenschlüsse ... 129
  bb) Kriterien der Kategorie 2 ... 131
    (1) Auswirkungen auf Verbraucher ... 131
    (2) Berücksichtigung von Effizienzen ... 135
  cc) Kriterien der Kategorie 3 ... 135
    (1) Wettbewerber ... 136
    (2) Technischer und wirtschaftlicher Fortschritt ... 136
    (3) Andere Kriterien nach Ermessen der
MOFCOM ... 138
    (4) Entwicklung der Volkswirtschaft ... 139
d) Signifikanzschwelle ... 144
e) Besonderheiten ... 147
  aa) Unilaterale und koordinierte Effekte ... 147
  bb) Nichthorizontale Zusammenschlüsse ... 149
    (1) Vertikale Zusammenschlüsse ... 149
    (2) Diagonale Zusammenschlüsse ... 150
3. Rechtfertigungsgründe ... 152
  a) Überwiegend vorteilhafter Einfluss auf den
Wettbewerb ... 154
    aa) Verbesserung der Marktstruktur ... 155
    bb) Insolvenzeinwand ... 155
    cc) Countervailing Buyer Power ... 157
    dd) Effizienzgewinne ... 159
  b) Gesellschaftliches öffentliches Interesse ... 163
4. Entscheidungsmöglichkeit der MOFCOM ... 167
  a) Freigabe ... 167
  b) Freigabe unter Auflagen ... 168
    aa) Strukturelle Auflagen ... 169
    bb) Verhaltensauflagen ... 170
  c) Untersagung ... 171
    aa) Coca Cola – Huiyuan ... 171
    bb) P3 Allianz ... 174

5. Zwischenfazit 175

E. Kritische Betrachtung 177
    I. Kritische Punkte der chinesischen Fusionskontrolle
       im Lichte ihrer Zielsetzung 177
       1. Berücksichtigung wettbewerbsfremder Erwägungen 177
       2. Diskriminierung ausländischer Unternehmen 179
       3. Intransparenz 181
    II. Grenzen des Rechtsvergleichs 182
       1. Ziele und Funktionen der chinesischen Fusionskontrolle 183
          a) Die wirtschaftspolitischen Rahmenbedingungen 184
          b) Die besondere Rolle der SOEs 187
          c) Zwischenfazit 189
       2. Ziele und Funktionen der Europäischen Fusionskontrolle 189
       3. Grenzen des Rechtsvergleichs 192
    III. Anregungen für die chinesische Fusionskontrolle 194
       1. Berücksichtigung wettbewerbsfremder Erwägungen 195
       2. Mangelnde Gleichstellung ausländischer Unternehmen 199
       3. Intransparenz 200

F. Zusammenfassung und Ausblick 202

Literaturverzeichnis 205

Abkürzungsverzeichnis

a.a.O.	Am angegebenen Ort
ABl	Amtsblatt der Europäischen Union
ABlEG	Amtsblatt der Europäischen Gemeinschaften
Abs.	Absatz
AEUV	Vertrag über die Arbeitsweise der Europäischen Union
APLPJ	Asia Pacific Law & Policy Journal
AMG	Antimonopolgesetz der Volksrepublik China
Art.	Artikel
BB	Betriebs Berater
bzw.	Beziehungsweise
China	Volksrepublik China
Coca Cola	Coca-Cola Company
Ders.	Derselbe
E.C.L.R	European Competition Law Review
EGV	EG-Vertrag
EU	Europäische Union
EuG	Gericht der Europäischen Union
EuGH	Gerichtshof der Europäischen Union
EuR	Zeitschrift Europarecht
EuZW	Europäische Zeitschrift für Wirtschaftsrecht
EWG	Europäische Wirtschaftsgemeinschaft
EWS	Europäisches Wirtschafts- und Steuerrecht
FKVO	Verordnung über die Kontrolle von Unternehmenszusammenschlüssen (EG-Fusionskontrollverodnung)
FS	Festschrift
ggf.	Gegebenenfalls

GRUR Int.	Gewerblicher Rechtsschutz und Urheberrecht Internationaler Teil
HHI	Herfindahl – Hirschman Index
Hrsg.	Herausgeber
IIC	International Review of Intellectual Property and Competition Law
Interim Assessment Provisions	Verordnung der MOFCOM 2011 Nr. 55: Interim Regelungen für die Bewertung der wettbewerblichen Auswirkungen von Unternehmenszusammenschlüssen
Interim Divesture Provisions	Verordnung der MOFCOM 2010 Nr. 41: Interim Regelungen für die Implementierung von Devestition von Assets oder Geschäftsbereichs im Rahmen von Unternehmenszusammenschlüssen
Interim Provisions on Restrictive Conditions	Verordnung der MOFCOM 2014 Nr. 6: Vorläufige Regelungen betreffend beschränkende Auflagen im Rahmen der Zusammenschlusskontrolle
M&A	Mergers and Acquisition
MarktAbgrLL	Leitlinien des Staatsrates für die Antimonopolprüfung zur Abgrenzung des relevanten Marktes
MOFCOM	Ministry of Commerce of the People´s Republic of China
MOFTEC	Ministry of Foreign Trade and Economic Cooperation. (Die Vorgängerbehörde der MOFCOM)
NZG	Neue Zeitschrift für Gesellschaftsrecht
ORDO	Jahrbuch für die Ordnung von Wirtschaft und Gesellschaft.
Review Measures	Verordnung der MOFCOM 2009 Nr. 12: Methode zur Prüfung von Unternehmenszusammenschlüssen
RIW	Recht der Internationalen Wirtschaft
SIEC	Significant impediment to effective competition
SLC	Substantial lessening of competition
Slg.	Sammulung von Entscheidungen
SOEs	Chinesische Staatsunternehmen
SSNIP	Small but significant nontransitory increase in price
Tz.	Textziffer
u.a.	unter anderem

vgl.	vergleiche
VO 4064/89	Verordnung (EG) Nr. 4064/89 des Rates über die Kontrolle von Unternehmenszusammenschlüssen vom 21.12.1989, ABl L 395 vom 30.12.1989, berichtigt in ABl L 257 vom 21.9.1990
VO 139/2004	Verordnung (EG) Nr. 139/2004 des Rates über die Kontrolle von Unternehmenszusammenschlüssen vom 20.01.2004
VO 802/2004	Verordnung (EG) Nr. 802/2004 der Kommission vom 21. 04. 2004 zur Durchführung der Verordnung (EG) Nr. 139/2004 des Rates über die Kontrolle von Unternehmenszusammenschlüssen, ABl 2004 Nr. L 133/1, ergänzt durch VO (EG) Nr. 1033/2008 von 20.10.2008, ABl 2008 Nr. L 279/3, Im folgenden als „FKVO Durchführungsverordnung".
WRP	Wettbewerb in Recht und Praxis
WuW	Wirtschaft und Wettbewerb
z.B.	Zum Beispiel
ZChinR	Zeitschrift für Chinesisches Recht
zfwu	Zeitschrift für Wirtschafts- und Unternehmensethik
ZHR	Zeitschrift für das gesamte Handels- und Wirtschaftsrecht
ZWeR	Zeitschrift für Wettbewerbsrecht

A. Einleitung

Die Fusionskontrolle ist für jede Rechtsordnung ein wichtiges wirtschafts-
politisches Element. Sie trägt wesentlich dazu bei, Zusammenschlüsse von
Unternehmen zu kontrollieren und ungewollte Monopolbildungen zu unterbinden. Auf diese Weise können Marktstrukturen gestärkt werden, die den
Wettbewerb schützen und das Gemeinwohl fördern.

Aufgrund dieser wichtigen Aufgabe taten sich die Mitgliedstaaten der EU
anfänglich schwer, der Europäischen Kommission Kompetenzen im Bereich
der Fusionskontrolle einzuräumen. Dies führte letztlich dazu, dass die Europäische Fusionskontrolle erst im Jahre 1989 eingeführt wurde.[1] Trotz der
anfänglichen Skepsis der Mitgliedstaaten und der relativ kurzen Geschichte
weist die Europäische Fusionskontrolle seit ihrer Einführung eine beeindru-
ckende Entwicklung auf. Sie hat nicht nur einen wichtigen Beitrag zur Sta-
bilisierung und Harmonisierung des europäischen Binnenmarktes geleistet,
sondern dient mittlerweile auch international als Vorbild.

So war die Europäische Fusionskontrolle für die Einführung der chinesischen Fusionskontrolle wegweisend. Die Volksrepublik China[2] hat mit der
Einführung des Antimonopolgesetzes[3] (AMG) im Jahre 2008 eine chinesische Fusionskontrolle geschaffen, die weitgehend internationalen Standards
entspricht.[4] Dabei orientiert sie sich erkennbar an der Europäischen Fusionskontrolle.[5] Teilweise werden sogar dieselben Begrifflichkeiten verwendet.[6]

In Zeiten der Globalisierung werden Zusammenschlüsse zwischen Unternehmen internationaler und großvolumiger. Beteiligte Unternehmen müssen ihre Zusammenschlüsse oftmals in mehreren Jurisdiktionen gleichzeitig
anmelden und fusionsrechtlich überprüfen lassen. Im Zusammenhang mit

---

1 Siehe unten C.I.
2 Im Folgenden: China.
3 Antimonopolgesetz der Volksrepublik China, Erlass des Präsidenten Nr. 68, aufrufbar
   unter http://www.gov.cn/flfg/2007-08/30/content_732591.htm.
4 *Mao*, Xiaofei, Die aktuelle kartellrechtliche Entwicklung in der Volksrepublik China,
   GRUR Int. 2007, S. 576.
5 *Mao*, Xiaofei, Die aktuelle kartellrechtliche Entwicklung in der Volksrepublik China,
   GRUR Int. 2007, S. 576; So auch *Mauelshagen*, Ilka, Vereinfachte Fusionskontrolle in
   der Volksrepublik China – Mehr Schein als Sein?, GRUR Int. 2014, S. 780.
6 Siehe etwa den Begriff "concentration" für einen Zusammenschluss.

dieser Tendenz spielt der „China-Faktor"[7] eine immer größer werdende Rolle. Einerseits nehmen grenzübergreifende M&A-Aktivitäten chinesischer Unternehmen rasant zu,[8] andererseits müssen sich vermehrt auch europäische Unternehmen im Vorfeld eines Zusammenschlusses mit dem Prüfungsmaßstab der chinesischen Fusionskontrolle auseinandersetzen.[9]

Gemeinsamkeiten zwischen den Prüfungsmaßstäben der Europäischen Fusionskontrolle und der chinesischen Fusionskontrolle dürften daher für die Unternehmen eine gute Nachricht sein. Unterzieht man die chinesische Fusionskontrolle jedoch einer eingehenderen Betrachtung, sind auch viele Unterschiede zur Europäischen Fusionskontrolle erkennbar. In materiellrechtlicher Hinsicht liegen diese Unterschiede insbesondere in der Berücksichtigung wettbewerbsfremder Faktoren, wie beispielsweise dem Allgemeinwohl oder der nationalen Wirtschaftsentwicklung. An der chinesischen Fusionskontrolle wird daher kritisiert, dass durch die Berücksichtigung dieser Faktoren industriepolitische Erwägungen in die Fusionskontrolle einfließen und das Ergebnis der fusionsrechtlichen Prüfung unvorhersehbar wird.[10]

Zehn Jahre nach ihrer Einführung ist die chinesische Fusionskontrolle ihren Kinderschuhen entwachsen. Nunmehr können erste Rückschlüsse in Bezug auf die Praxis der chinesischen Fusionskontrolle gewonnen werden. Vor diesem Hintergrund ist es interessant zu untersuchen, inwieweit die Kritik an der chinesischen Fusionskontrolle begründet ist und inwiefern Gemeinsamkeiten und Unterschiede zur Europäischen Fusionskontrolle nach wie vor bestehen.

Zu diesem Zweck soll in der vorliegenden Arbeit der materiellrechtliche Prüfungsmaßstab der chinesischen und Europäischen Fusionskontrolle dargestellt und miteinander verglichen werden. In diesem Zusammenhang wird auch auf die grundsätzliche Ausrichtung und Zielsetzung der Fusionskontrolle in der EU und in China eingegangen.

---

7 Die MOFCOM verwendet diesen Begriff in ihrem Rückblick der globalen M&A Aktivitäten für das Jahr 2016 und Ausblick für das Jahr 2017, siehe http://www.mofcom.gov.cn/article/i/jyjl/m/201701/20170102497543.shtml.

8 http://pe.hexun.com/2016-07-08/184827893.html.

9 So scheiterte die Allianz der europäischen Schifffahrtsredereien an der fusionsrechtlichen Untersagung der MOFCOM. Siehe unten D.III.4.c)bb). Auch kann die MOFCOM auf subtilere Weise einen ungewollten Zusammenschluss verhindern, etwa durch die Herbeiführung einer zeitlichen Verzögerung. Zuletzt brachte die MOFCOM im Juli 2018 den geplanten Zusammenschluss zwischen der Qualcomm Inc. und NXP Semiconductors NV auf diese Weise zum Scheitern.

10 Siehe beispielsweise *Choi*, Yo Sop / *Youn*, Sang Youn, The Enforcement of Merger Control in China: A Critical Analysis of Current Decisions by MOFCOM, IIC 2013, S. 948 (956 ff.).

B. Gang der Untersuchung

In Abschnitt C wird zunächst der materiellrechtliche Prüfungsmaßstab der Europäischen Fusionskontrolle dargestellt und untersucht. In Abschnitt D erfolgt sodann eine vergleichende Betrachtung mit der chinesischen Fusionskontrolle. In Abschnitt E wird sodann auf die Kritik an der chinesischen Fusionskontrolle eingegangen. Insbesondere wird diese vor dem Hintergrund der Zielsetzung und Funktion der Fusionskontrolle in China und in der EU analysiert. In diesem Zusammenhang wird auch untersucht, inwieweit die Europäische Fusionskontrolle Anregungen für die weitere Entwicklung der chinesischen Fusionskontrolle geben kann. Zuletzt wird das Ergebnis der Untersuchung in Abschnitt F zusammengefasst und ein Ausblick auf die weitere Entwicklung in China gegeben.

C. Die europäische Fusionskontrolle

Die Vorschriften zur europäischen Fusionskontrolle sind in der Fusionskontrollverordnung[11] (EC Verordnung 139/2004) verankert. Der materielle Beurteilungsmaßstab der Europäischen Fusionskontrolle ist in Art. 2 FKVO geregelt. Nach Art. 2 Abs. 3 FKVO sind Zusammenschlüsse zu verbieten, die den wirksamen Wettbewerb im gemeinsamen Markt oder in einem wesentlichen Teil desselben behindern. Wenn eine derartige Behinderung nicht vorliegt, sind die Zusammenschlüsse gem. Art. 2 Abs. 2 der Fusionskontrollverordnung zu genehmigen. Die Europäische Fusionskontrolle verwendet somit den sog. SIEC-Tests im Rahmen ihrer fusionsrechtlichen Prüfung.[12] Bei diesem Test wird die Auswirkung des geplanten Zusammenschlusses auf den potentiellen und tatsächlichen Wettbewerb anhand von verschiedenen Kriterien, wie z.b. den Marktanteilen der beteiligten Unternehmen oder Marktzutrittsschranken, individuell überprüft.

Die Europäische Kommission hat zudem konkretisierende Leitlinien in Form der Horizontalen Leitlinien[13] für die Bewertung von horizontalen Zusammenschlüssen sowie in Form der Nichthorizontalen Leitlinien[14] für die Bewertung von vertikalen und konglomeraten Zusammenschlüssen herausgegeben. Die Leitlinien sind von der Europäischen Kommission selbst verfasste Grundsätze, an die sie bei ihrer Beurteilung von Zusammenschlüssen gebunden ist. Da sie aber kein zwingendes Recht darstellen, müssen sie grundsätzlich von den europäischen Gerichten nicht beachtet werden. Die Rechtsprechung zeigt bislang allerdings, dass sie die Leitlinien der Europäischen Kommission durchaus anerkennt und bei der Überprüfung von Kommissionsentscheidungen anwendet.[15]

---

11 Im Folgenden FKVO.
12 SIEC steht für: Significant Impediment to Effective Competition.
13 Leitlinien zur Bewertung horizontaler Zusammenschlüsse gemäß der Ratsverordnung über die Kontrolle von Unternehmenszusammenschlüssen, ABl 2004/C 31/03 vom 5.2.2004, nachfolgend „Horizontale Leitlinien".
14 Leitlinien zur Bewertung nichthorizontaler Zusammenschlüsse gemäß der Ratsverordnung über die Kontrolle von Unternehmenszusammenschlüssen, ABl 2008/C 265/07 vom 18.19.2008, nachfolgend „Nichthorizontale Leitlinien".
15 EuG, 06.7.2010, Slg. 2010, II-3457, Tz. 386 ff.

I. Historische Entwicklung

In den 50er Jahren des vergangenen Jahrhunderts betrachtete man Unternehmenszusammenschlüsse in Europa überwiegend als sinnvoll und nützlich, um die internationale Wettbewerbsfähigkeit der europäischen Industrie zu stärken. Sie waren allerdings noch eine Seltenheit und hatten kaum wirtschaftliches Gewicht.[16]

Dies änderte sich jedoch im Laufe der Zeit. In den 60er Jahren entwickelten Unternehmen vermehrt grenzübergreifende Zusammenschlussaktivitäten.[17] Dies führte zu einem Umdenken vieler Nationalstaaten. Einerseits wollte man weiterhin durch Förderung nationaler Zusammenschlüsse die Wettbewerbsfähigkeit der heimischen Industrie stärken, andererseits wollte man nicht Schauplatz von Übernahmehandlungen ausländischer Unternehmen werden.[18] Viele europäische Staaten begannen in der Folgezeit nationale Zusammenschlusskontrollsysteme zu entwickeln. Eine fusionsrechtliche Prüfung auf europäischer Ebene wollten die Mitgliedstaaten hingegen zu dieser Zeit nicht schaffen, obwohl das Fehlen eines solchen Systems auf europäischer Ebene erkannt wurde.[19] Dies hing im Wesentlichen mit der starken Bedeutung der Fusionskontrolle zur Regulierung des Marktes zusammen. Die Mitgliedstaaten taten sich schwer, eine derart wichtige Aufgabe an die Europäische Union zu übertragen.[20] Aufgrund dieser zurückhaltenden Haltung der Mitgliedstaaten kam für die Europäische Kommission im Jahre 1965 zunächst eine entsprechende Anwendung der bestehenden wettbewerblichen Vorschriften, etwa Art. 85 / Art 86 EWG[21] auf Zusammenschlüsse nicht in Betracht.[22]

Die anfänglich ablehnende Haltung der Europäischen Kommission gegenüber einer entsprechenden Anwendung der bestehenden Wettbewerbsvor-

---

16 *Kokkoris*, Ioannis / *Shelanski*, Howard, EU Merger Control, S. 15, 17; *Farbmann*, Kyrill, Die Geschichte der Fusionskontrollverordnung als ein Beispiel der Europäischen Normsetzung, EuR 2004, S. 478 (479).

17 *Farbmann*, Kyrill, Die Geschichte der Fusionskontrollverordnung als ein Beispiel der Europäischen Normsetzung, EuR 2004, 478 (480).

18 *Rusu*, Catalin Stefan, European Merger Control, S. 81 f.

19 *Nnadi*, Matthias / *Okene*, Ovunda V.C., Merger Regulations and Ethics in the European Union: The Legal and Political Dimensions, E.C.L.R. 2012, 33 (3), S. 124 (125 ff.).

20 *Nnadi*, Matthias / *Okene*, Ovunda V.C., Merger Regulations and Ethics in the European Union: The Legal and Political Dimensions, E.C.L.R. 2012, 33 (3), S. 124 (125 ff.); *Farbmann*, Kyrill, Die Geschichte der Fusionskontrollverordnung als ein Beispiel der Europäischen Normsetzung, EuR 2004, S. 478 (483).

21 Später Art. 81 / Art. 82 EGV.

22 Commision's Memorandum on the Problem of Concentrations in the Common Market, 1. Dec. 1965, SEC (65) 3500.

schriften auf Fusionstatbestände änderte sich jedoch mit der Zeit. Bereits in den Anfängen der 70er Jahre begann die Europäische Kommission eine entsprechende Anwendung zu befürworten. Als Ausdruck dessen schlussfolgerte die Europäische Kommission erstmals im Jahre 1972 im hoch umstrittenen *Continental-Can* Fall[23], dass der Unternehmenskauf eines niederländischen Fleischkonservenherstellers durch den amerikanischen Konservenhersteller Continental Can einen Missbrauch von dessen marktbeherrschender Stellung darstelle und daher einen Verstoß gegen Art. 86 EWG begründe.[24] Der EuGH hob im Anschluss zwar die Entscheidung der Europäischen Kommission auf, bejahte jedoch eine grundsätzliche Anwendung von Art. 86 EWG auf den Unternehmenskauf und Fusionen.[25] Die Europäische Kommission war daher in der Lage, den *Continental Can* Fall als Präzedenzfall zu benutzen. Die Entscheidung ließ aber gleichzeitig viele Fragen offen, sodass eine tatsächliche Anwendung von Art. 86 EWG auf Fusionstatbestände nach wie vor zweifelhaft erschien.

Die unklare Rechtslage machte deutlich, dass sich der europäische Gesetzgeber dringend mit dem Thema der Fusionskontrolle auseinandersetzen musste. Lediglich ein Jahr später reichte die Europäische Kommission sodann einen Gesetzesvorschlag für die europäische Fusionskontrolle beim Europäischen Rat ein.[26] Dies markierte den Beginn eines langwierigen Gesetzgebungsprozesses. Der Gesetzesvorschlag von 1973, sowie die geänderten Fassungen von 1981[27], 1984[28] und 1986[29] scheiterten allesamt am Widerstand der Mitgliedstaaten im Europäischen Rat.

Ein wichtiger Grund für die schleppende Gesetzgebung war die Tatsache, dass die Positionen der einzelnen Mitgliedsstaaten stark voneinander abwichen.[30]

Insbesondere Frankreich und Italien sprachen sich zunächst vehement gegen eine europäische Fusionskontrolle aus, da sie befürchteten, dass eine solche Fusionskontrolle nationale Einflussnahmemöglichkeiten zur Verfol-

---

23 Siehe hierzu u.a. Farbmann, Kyrill, Die Geschichte der Fusionskontrollverordnung als ein Beispiel der Europäischen Normsetzung, EuR 2004, S. 478 (481 f.).

24 Hierzu siehe *He*, Zhimai, Gesetzgebung und Analyse der Zusammenschlüsse europäischer Unternehmen, S. 15 f.

25 EuGH Slg. 1973, S. 215 ff.

26 Vorschlag einer Verordnung (EWG) des Rates über die Kontrolle von Unternehmenszusammenschlüssen, ABl 1973 C 92.

27 ABl 1982 C 36 / 3.

28 ABl 1984 C 51 / 2.

29 ABl. 1986 C 324 / 5.

30 *Shang*, Ming, Merger Control in EU and Several Member States, S. 2.

gung industriepolitischer Interessen beschränken könnte.[31] Diese Haltung wurde mit der Zeit zwar aufgelockert, da sich nach und nach die Erkenntnis durchsetzte, dass freier Wettbewerb im Vergleich zu einer strikt protektionistischen Haltung besser in der Lage ist, Unternehmen international wettbewerbsfähig zu machen. Dennoch hielten Frankreich und Italien lange Zeit daran fest, dass industriepolitische Erwägungen eine wichtige Komponente für eine europäische Fusionskontrolle darstelle.

Deutschland verfolgte hingegen im Grundsatz einen rein wettbewerblichen und strukturorientierten Ansatz für die fusionsrechtliche Prüfung. Diesen Ansatz wollte Deutschland auch auf europäischer Ebene durchsetzen.

Großbritannien wiederum hatte früh eine Wende in seiner Einstellung vollzogen. Während es am Anfang einer Europäischen Fusionskontrolle skeptisch gegenüberstand, wechselte Großbritannien Anfang der 70er Jahre in das deutsche Lager über.[32] Die gewünschte Ausprägung dürfte sich jedoch von der deutschen Variante unterscheiden. Denn auch Großbritannien vertrat die Ansicht, dass eine gewisse Flexibilität aufgrund von nationalen Interessen im Rahmen der Fusionskontrolle Berücksichtigung finden müsse.

Die zunehmende Globalisierung führte in den 80er Jahren zu einem starken Anstieg grenzüberschreitender M&A-Aktivitäten. Um die damit verbundenen, teils negativen Folgen für den Wettbewerb und die Gesellschaft insgesamt einzudämmen, begannen immer mehr Mitgliedstaaten fusionskontrollrechtliche Systeme einzuführen. Angesichts der zunehmenden grenzüberschreitenden Dimensionen der M&A-Aktivitäten führten diese nicht koordinierten einzelstaatlichen Bemühungen wiederum zu erheblichen Problemen.[33] Zum einen wurde die Rechtsdurchsetzung bei grenzüberschreitenden Transaktionen schwierig, zum anderen konnte ein vergleichbarer Sachverhalt durch voneinander abweichende Fusionskontrollsysteme der europäischen Staaten unterschiedlich beurteilt werden. Dies führte zu erheblicher Rechtsunsicherheit. Zudem erschwerte eine solche Handhabung die Integration des gemeinsamen Binnenmarktes und war nachteilhaft für die europäische Industrie.

Die Notwendigkeit einer Fusionskontrolle auf europäischer Ebene wurde auch von der Europäischen Kommission erkannt, die aufgrund der schleppenden Gesetzgebung zunehmend dazu überging, die bestehenden wettbewerbsrechtlichen Vorschriften des EWG auf fusionsrechtliche Sachverhalte anzuwenden.[34] Diese Rechtspraxis basierte auf einer entsprechenden Anwen-

---

31 *Rusu*, Catalin Stefan, European Merger Control, S. 84.
32 *Rusu*, Catalin Stefan, European Merger Control, S. 84.
33 *Shang*, Ming, Merger Control in EU and Several Member States, S. 2.
34 Vgl. *Schmidt*, Ingo in: Die Europäische Fusionskontrolle, S. 10.

dung von wettbewerbsrechtlichen Vorschriften, die eher Missbrauchstatbestände, also an bestimmte Verhaltensweisen geknüpfte Sachverhalte, regulieren sollten. Auf die Konstellation von strukturellen Veränderungen durch Zusammenschlüsse passten diese Vorschriften nur sehr bedingt. Die damit verbundene Rechtsunsicherheit gipfelte schließlich in der *Phillip Morris / Rothmans* Entscheidung des EuGH.[35] In dieser am 17.11.1987 verkündeten Entscheidung entschied der EuGH, dass ein Beteiligungserwerb an einem Konkurrenten zwar nicht per se eine Wettbewerbsbeschränkung begründet, jedoch ein Instrument einer Wettbewerbsbeschränkung darstellen kann, und damit gegen Art. 85 EWG *(Verbot wettbewerbshindernder Vereinbarungen und Beschlüsse)* verstößt. Diese umstrittene Entscheidung ließ zwar wie bereits zuvor im Fall *Continental Can* viele Fragen offen,[36] bekräftigte jedoch unmissverständlich die entsprechende Anwendung von bestehenden wettbewerbsrechtlichen Vorschriften auf Fusionssachverhalte durch die Europäische Kommission. Teilweise wurde bereits über die Einführung einer Europäischen Fusionskontrolle mittels Richterrechts gesprochen.[37] Auch die Mitgliedstaaten verstanden diese Entscheidung wohl als „Warnschuss", dass die Europäische Kommission mit Unterstützung des EuG und EuGH eine europäische Fusionskontrolle notfalls auch ohne geschriebenes Recht einführen wollte.[38] Die aufkommende Besorgnis der Mitgliedstaaten vor einem kompletten Verlust des Mitspracherechts hinsichtlich der nicht mehr vermeidbaren europäischen Fusionskontrolle führte schließlich zu einem Einlenken dieser und beschleunigte den Gesetzgebungsprozess bezüglich der europäischen Fusionskontrollverordnung.

Im Jahre 1988 nutzte die Europäische Kommission die Gunst der Stunde zur erneuten Vorlage geänderter Gesetzesvorschläge.[39] Nach zähen Verhandlungen insbesondere in Bezug auf die Frage, welchen Stellenwert Industriepolitik zukommen sollte, einigte man sich Ende 1989 auf einen Kompromiss. Insgesamt konnte sich hierbei die wettbewerbprozessliche Seite durchsetzen.[40]

---

35 EuGH Slg. 1987, S. 4487 ff.
36 Dazu siehe *Kokkoris*, Ioannis / Shelanski, Howard, EU Merger Control, S. 21 ff.
37 *Schödermeier*, Martin, Auf dem Weg zur europäischen Fusionskontrolle – Anmerkungen zum Tabakurteil des EuGH, 1988, WuW 1988, S. 185 (186).
38 Daher bekräftigte der Europäische Rat wohl auch zwei Wochen nach dem Urteil seine positive Haltung gegenüber der Einführung einer europäischen Fusionskontrolle. *Sauter*, Herbert, Ein Nachwort zur Europäischen Fusionskontrolle, 1991, S. 661. Siehe auch *Nnadi*, Matthias / *Okene*, Ovunda V.C., Merger Regulations and Ethics in the European Union: The Legal and Political Dimensions, E.C.L.R. 2012, 33 (3), S. 124 (125 ff).
39 ABl 1988 C 130/4, ABl 1989 C 22/14.
40 Vgl. *Shang*, Ming, Merger Control in EU and Several Member States, S. 2.

Der Gegenseite wurde aber unter anderem zugestanden, die Berücksichtigung des technischen und wirtschaftlichen Fortschritts in den Katalog der zu berücksichtigenden Kriterien nach Art. 2 Abs. 1 lit. b FKVO aufzunehmen, soweit dies dem Wettbewerb nicht schade. Als materieller Prüfungsmaßstab wurde zunächst ein Marktbeherrschungstest nach deutschem Vorbild eingeführt.[41]

Mit diesem Kompromiss war der Weg frei für die Einführung der Europäischen Fusionskontrolle. Am 21.12.1989 trat die FKVO schließlich in Kraft.[42]

Der neuen Fusionskontrollverordnung war ihr Kompromisscharakter anzusehen. So wurde beispielsweise in Art. 1 III FKVO festgehalten, dass die streitigen Schwellenwerte vier Jahre nach Inkrafttreten der Verordnung noch einmal überprüft werden sollten.[43] Diese Frist verstrich allerdings ohne Revision der FKVO.

Änderungen erfuhr die FKVO vielmehr erst durch die Gesetzesänderungen von 1998 und 2004.[44] Insbesondere die Reform im Jahre 2004 führte zu weitreichenden Änderungen und führte mit der Einführung der VO 139/2004 zu einer Neufassung der FKVO.[45]Die Notwendigkeit dieser grundlegenden Reform ergab sich aus den geänderten gesamtwirtschaftlichen und politischen Rahmenbedingungen auf europäischer und globaler Ebene.[46] Die FKVO sollte durch die Reform den Herausforderungen durch zunehmend globale Zusammenschlüsse besser begegnen können.

Die Reform wurde bereits 2001 von der Europäischen Kommission mit der Herausgabe eines Grünbuchs[47] eingeleitet und sah sowohl materielle

---

41 Der Ansatz war aber bereits damals umstritten. Siehe hierzu *Kokkoris*, Ioannis / *Shelanski*, Howard, EU Merger Control, S. 26.

42 Durch den Erlass der Verordnung Nr. 4064/89 (ABl L 395 vom 30.12.1989, berichtigt in ABl L 257 vom 21.9.1990) des Rates über die Kontrolle von Unternehmenszusammenschlüssen am 21.12.1989

43 Zu den Hintergründen siehe *Farbmann*, Kyrill, Die Geschichte der Fusionskontrollverordnung als ein Beispiel der Europäischen Normsetzung, EuR 2004, S. 478 (484).

44 Hierzu siehe *Farbmann*, Kyrill, Die Geschichte der Fusionskontrollverordnung als ein Beispiel der Europäischen Normsetzung, EuR 2004, S. 478 (484 ff.).

45 Dazu *Kommission*, Pressemitteilung vom 11.12.2002, IP/02/1856.

46 *Farbmann*, Kyrill, Die Geschichte der Fusionskontrollverordnung als ein Beispiel der Europäischen Normsetzung, EuR 2004, 478 (485). Zu den Hintergründen der Reform siehe auch *Bartosch*, Andreas, Weiterentwicklung im Recht der europäischen Zusammenschlusskontrolle, BB 2003, S. 1392 ff.; *Levy*, Nicholas / *Frisch*, Sven / *Waksman*, Alexander, A Comparative Assessment of the EU's Reforms to Merger Control and Antitrust Enforcement, European Competition Journal 2015, Vol. 11., S. 426 (436 ff.).

47 Hierzu siehe *Randzio-Plath*, Christa / *Rapkay*, Bernhard, Neue Herausforderungen für die Fusionskontrolle, Wirtschaftsdienst 2003, S. 116 ff.; *Camesasca*, D. Peter / *Schedl*, Michael, Reform der Europäischen Fusionskontrolle, RIW 2003, S. 321 ff.

als auch verfahrensrechtliche Erneuerungen gegenüber der VO 4064/89 vor. Materiellrechtlich ist insbesondere die Änderung des Art. 2 FKVO bedeutsam.[48] Die damit verbundene Abkehr vom Marktbeherrschungstest hin zu sog. SIEC-Test ist ein wesentlicher Meilenstein in der Historie der Europäischen Fusionskontrolle.[49]

Parallel zur VO 139/2004 wurden die Leitlinien zur Bewertung horizontaler Zusammenschlüsse veröffentlicht.[50]Im Jahre 2008 folgten Leitlinien zur Bewertung nichthorizontaler Zusammenschlüsse.[51] Die Leitlinien geben wichtige Anhaltspunkte für die Beurteilungsmaßstäbe der Europäischen Kommission, ob und inwieweit ein Zusammenschluss wettbewerbliche Bedenken auslöst.[52]

II. Wirtschaftspolitischer Rahmen

Die Europäische Fusionskontrolle ist eine Teilmaterie des europäischen Wettbewerbsrechts, das seinerseits ein Bestandteil des Gemeinschaftsrechts der EU darstellt. Um die Europäische Fusionskontrolle zu verstehen und einzuordnen, ist es daher unumgänglich sie im Kontext ihres wirtschaftspolitischen Rahmens zu betrachten.

Die EU verfolgte seit ihren Anfängen das Ziel, Europa zunächst wirtschaftlich und sodann politisch zu harmonisieren. Diese Zielsetzung zeichnete sich bereits bei der Gründung der europäischen Wirtschaftsgemeinschaft im Jahre 1957 ab. Im Schatten der Nachkriegszeit war die Gründung der europäischen Wirtschaftsgemeinschaft 1957 vor allem ein Versuch gewaltsame Konflikte zwischen den europäischen Staaten zu verhindern und Europa auf friedlichem Wege zu einigen. Die politische Einigung Europas bedeutete aber gleichzeitig einen Verlust an nationaler Souveränität, was die Mitgliedstaaten zu Beginn nicht hinnehmen wollten. Schließlich einigten sich die Gründungs-

---

48 *Klumpp*, Ulrich, Die „Efficiency Defence" in der Fusionskontrolle, S. 229.
49 Siehe unten C.III.2.a).
50 Leitlinien zur Bewertung horizontaler Zusammenschlüsse gemäß der Ratsverordnung über die
   Kontrolle von Unternehmenszusammenschlüssen, ABl 2004 C 31 / 03 vom 5.2.2004, nachfolgend „Horizontale Leitlinie".
51 Leitlinien zur Bewertung nichthorizontaler Zusammenschlüsse gemäß der Ratsverordnung über die Kontrolle von Unternehmenszusammenschlüssen, ABl 2008 C 265 / 07 vom 18.19.2008, nachfolgend „Nichthorizontale Leitlinie".
52 Die Rechtsprechung ist zwar nicht an die Leitlinien gebunden, machte aber bislang deutlich, dass sie die Leitlinien der Europäischen Kommission ebenfalls anerkennt und bei der Überprüfung der fusionsrechtlichen Entscheidungen heranzieht.

väter der europäischen Gemeinschaft – *Konrad Adenauer, Robert Schuman* und *Alcide de Gasperi* – daher auf die Schaffung eines gemeinsamen Marktes, dessen Eigendynamik nach und nach zur gegenseitigen Durchdringung der Gesellschaften führen sollte.[53] Die Mitgliedstaaten sollten so behutsam auf den Souveränitätsgewinn der Gemeinschaft, und dem damit einhergehenden Souveränitätsverlust der Mitgliedstaaten vorbereitet werden.

Um einen echten gemeinsamen Markt entstehen zu lassen war es notwendig, dass eine effektive Durchsetzung der nationalen Nicht-Diskriminierung in allen Mitgliedstaaten erfolgte. Der Abbau der Handelsbarrieren bedeutet letztlich nichts anderes als eine mitgliedstaatliche Entpolitisierung des Marktes zugunsten der Stärkung des freien Wettbewerbs.[54] Der Wettbewerb ist damit auch als treibende Kraft der europäischen Integration zu verstehen. Nicht verwunderlich ist daher, dass der Wettbewerb schon immer eine herausragende Rolle im Kontext der europäischen Gemeinschaft und später der europäischen Union spielte. Das Bekenntnis der EU zur offenen Marktwirtschaft mit freiem Wettbewerb ist nicht nur in Art. 119 Abs. 1 AEUV primärrechtlich festgelegt, sondern die Europäische Kommission verfügt im Bereich der Wettbewerbspolitik über erhebliche unmittelbare Exekutivbefugnisse.[55]

Trotz der Betonung der offenen Marktwirtschaft mit freiem Wettbewerb war und ist eine komplette Selbstregulierung der Wirtschaft im Sinne eines reinen „Laissez-faire"-Liberalismus wiederum nicht gewollt.[56] Der europäische Gesetzgeber ging davon aus, dass ein funktionsfähiges Preissystem, freier Zugang zu den Märkten, Privateigentum an Produktionsmitteln, Vertragsfreiheit, das Haftungsprinzip und die Konstanz der Wirtschaftspolitik konstituierende Prinzipien für eine funktionierende Wettbewerbsordnung sind. Diese Prinzipien lägen aber nicht von sich aus in einer Wirtschaft vor,[57] sondern müssten durch die Schaffung eines gesetzlichen Ordnungsrahmens erst geschaffen und effektiv geschützt werden. In diesem Punkt unterscheidet sich dieser ordoliberale Ansatz vom klassischen „Laissez-faire"-Liberalismus, der

---

53 *Schwarze*, Jürgen, Das wirtschaftsverfassungsrechtliche Konzept des Verfassungsentwurfs des Europäischen Konvents – zugleich eine Untersuchung der Grundprobleme des europäischen Wirtschaftsrechts, EuZW 2004, 135 (135).
54 *Von Weizsäcker*, C. *Christian*, Die Rolle der Wettbewerbsordnung im zukünftigen Europa, S. 4.
55 Wie beispielsweise die Bußgeldverhängung im Rahmen eines Kartellverstoßes oder die Untersagung eines Zusammenschlusses im Rahmen der Fusionskontrolle.
56 *Schwarze*, Jürgen, Das wirtschaftsverfassungsrechtliche Konzept des Verfassungsentwurfs des Europäischen Konvents – zugleich eine Untersuchung der Grundprobleme des europäischen Wirtschaftsrechts, EuZW 2004, 135 (136).
57 Der Wettbewerb sei kein „Naturgewächs", sondern Kulturleistung durch rechtsschöpferische Leistung, *Müller*, Thomas, Wettbewerb und Unionsverfassung, S. 56.

davon ausging, dass sich der Wettbewerb alleine über Angebot und Nachfrage regele. Der Ordoliberalismus strebte zwar auch eine freie Marktwirtschaft mit unverfälschtem Wettbewerb an, sah die Erreichung dieses Ziels aber nur durch Anwendung staatlichen Zwangs als verwirklichbar an.[58] Der europäische Gesetzgeber war erkennbar vom ordoliberalen Grundgedanken geprägt, dass der Wettbewerb nur dann funktionsfähig sei, wenn Freiheit zum und im Wettbewerb gewährleistet sei.[59] Ohne Schutz der Marktsubjekte vor staatlicher Willkür und ohne Vertrauen, dass geltendes Recht berechenbar und effektiv durchgesetzt wird, könne sich kein funktionsfähiger Wettbewerb entwickeln.[60] Es bedürfe insofern in gewissem Umfang eines lenkenden Staates, der durch Schaffung eines gesetzlichen Rahmens die Wettbewerbsfreiheit sicherstelle. Insbesondere müsse der Staat dafür sorgen, dass die Marktakteure für Ihr Handeln verantwortlich gemacht werden können, was im Falle von Fehlverhalten auch bedeutet, dass der betreffende Marktteilnehmer dafür geradestehen muss.

Gleichzeitig sollte der Staat allerdings nicht umfassend in die Wirtschaftsprozesse eingreifen, sondern sich auf die Herstellung und Erhaltung einer wettbewerblichen Rahmenordnung begnügen. Dem lag die Überlegung zugrunde, dass durch eine unmittelbare staatliche Lenkung die Gefahr bestehe, dass die Eingriffe interessengruppenbasiert, willkürlich und letztlich wohlfahrts- und freiheitsmindernd erfolgen würden.[61] Der Staat sollte nach ordoliberalen Idealbild durch eine geeignete Rahmengesetzgebung die wirtschaftliche Macht einzelner Marktteilnehmer unmittelbar bekämpfen, sich aber der direkten Lenkung des Wirtschaftsprozesses enthalten.[62]

Der europäische Gesetzgeber, dem die Chancengleichheit der einzelnen Wirtschaftsteilnehmer als ein zentraler Bestandteil eines unverfälschten Wettbewerbs sehr wichtig war,[63] wollte diesen „Rahmen" durch eine entsprechende kartellrechtliche Gesetzgebung vorgeben. Insbesondere sollte die Übermacht privater Marktakteure zumindest soweit eingeschränkt werden, dass Wettbewerbern der freie Zutritt zu den Märkten weiterhin möglich

---

58 Zur den Unterschieden zwischen Liberalismus und Ordoliberalismus siehe *Rüstow*, Alexander, die Religion der Marktwirtschaft, S. 189 f.

59 *Müller*, Thomas, Wettbewerb und Unionsverfassung, S. 36.

60 *Brockmeier*, Thomas, Wettbewerb und Unternehmertum in der Systemtransformation, S. 187 f.

61 *Klump*, Rainer / *Wörsdörfer*, Manuel, Über die normativen Implikationen des Ordoliberalismus für die moderne Wirtschaftsethik, zfwu 2009, S. 322 (326).

62 Der Staat solle die äußeren Spielregeln (Form) vorgeben, aber nicht die Spielzüge (Prozess) bestimmen, *Müller*, Thomas, Wettbewerb und Unionsverfassung, S. 58.

63 EuGH Rs C-18/88, GB-Inno-BM, Slg 1991, I-5941, Rn. 25; rezent: EuGH Rs C-558/07, S.P.C.M. SA ua, Sgl 2009, I-5783, Rn. 60.

bleibt. Dieser Zweck sei vor allem durch die Schaffung einer wirksamen Fusionskontrolle als Teilbereich des Kartellrechts zu erreichen. Der Rechtsgrundsatzsatz, dass der Freiheitsbereich seinen Grenzen im Freiheitsbereich des anderen fände, erfährt insoweit durch das Kartellrecht Sinn und Gehalt.[64] Die Fusionskontrolle ist damit in der Sache eine staatliche Einschränkung der wirtschaftlichen Freiheit, um die wirtschaftliche Freiheit zu sichern. Aus diesem Grunde ist die Freiheit stets der Regelfall, fusionsrechtliche Untersagungen als Interventionen in den Wettbewerb lediglich die rechtfertigungsbedürftige Ausnahme. Diese können vor dem Hintergrund der ordoliberalen Prägung des europäischen Wettbewerbsrechts lediglich dann zulässig sein, sofern die Strukturen des Marktes als Rahmen für den Wettbewerb durch einen geplanten Zusammenschluss derart verändert werden, dass eine Ausübung der wirtschaftlichen Freiheit anderer Akteure auf dem Markt behindert wird. Die Europäische Fusionskontrolle hat somit im Kern einen strukturerhaltenden und wettbewerbsschützenden Auftrag.

III. Materiellrechtlicher Prüfungsmaßstab

Die Einführung der FKVO diente dazu, vorhandene Lücken in den bestehenden Wettbewerbsregeln zur Sicherung eines funktionsfähigen Binnenmarktes zu schließen, indem durch die Schaffung der Fusionskontrolle die Entstehung von Marktstrukturen wirksam verhindert werden sollten, die eine besondere Missbrauchsgefahr mit sich bringen.[65]

Den materiellen Prüfungsmaßstab der Europäischen Fusionskontrolle legt Art. 2 FKVO fest. Nach Art. 2 FKVO ist eine Vereinbarkeit eines Unternehmenszusammenschlusses mit gemeinschaftsweiter Bedeutung mit dem gemeinsamen Markt zu prüfen. Dabei sind Zusammenschlüsse, die den wirksamen Wettbewerb im gemeinsamen Markt oder in einem wesentlichen Teil desselben nicht erheblich behindern, gem. Art. 2 Abs. 2 FKVO mit dem gemeinsamen Markt als vereinbar zu erklären. Andernfalls ist ein entsprechender Zusammenschluss nach Art. 2 Abs. 3 FKVO zu untersagen. Zunächst hat somit eine Ermittlung des relevanten Marktes zu erfolgen. Sodann sind mögliche wettbewerbliche Auswirkungen des Zusammenschlusses auf diesem Markt zu untersuchen.

---

64 *Müller*, Thomas, Wettbewerb und Unionsverfassung, S. 115.
65 *Lettl*, Tobias, Kartellrecht, S. 176.

1. Relevanter Markt

Am Anfang der materiellen Prüfung eines Zusammenschlusses steht in der Regel die Bestimmung des relevanten Marktes. Eine solche Markteingrenzung ist fundamental für die Europäische Fusionskontrolle, denn durch diese Bestimmung werden die für die Zusammenschlusskontrolle maßgeblichen Wettbewerbsbeziehungen, insbesondere die Wettbewerbskräfte auf einem Markt, offengelegt.[66] Bei der Bestimmung des relevanten Marktes wird der Markt in der Regel in sachlicher und räumlicher Hinsicht abgegrenzt.[67] Auf diese Weise wird der Gegenstand des Wettbewerbs und das geographische Gebiet umgrenzt, auf dem der Wettbewerb stattfindet.[68] Da die Marktabgrenzung dazu dient, die Parameter für die weitere fusionskontrollrechtliche Prüfung festzusetzen, ist eine genaue Festlegung des relevanten Marktes nach der Rechtsprechung eine notwendige Voraussetzung für die Prüfung der Auswirkungen eines Zusammenschlusses auf den Wettbewerb.[69]

Die Europäische Kommission hat in der Bekanntmachung zum relevanten Markt die Abgrenzungsgrundsätze für die Bestimmung des relevanten Marktes detailliert erläutert.[70] Die Marktabgrenzung erfolgt dabei im Wesentlichen nach den gleichen Kriterien wie die Marktabgrenzung bei Missbrauchstatbeständen nach Art. 102 AEUV. Anders als im Falle der Marktabgrenzung im Rahmen von Art. 102 AEUV beurteilt die Europäische Fusionskontrolle die Marktabgrenzung im Rahmen der Fusionskontrolle allerdings *ex ante* und dynamisch.[71] Dies impliziert eine Berücksichtigung von zukünftigen Marktentwicklungen auf Basis einer Prognoseentscheidung durch die Europäische Kommission.[72] Auf Grund der Tatsache, dass die Marktabgrenzung bei Art. 102 AEUV *ex post* und im Rahmen der Fusionskontrolle *ex ante*

---

66 *Behrens*, Peter, Europäisches Marktöffnungs- und Wettbewerbsrecht, S. 414 f.
67 In seltenen Fällen ist zudem eine Marktabgrenzung in zeitlicher Hinsicht erforderlich. Mangels praktischer Bedeutung wird in Rahmen der Untersuchung hierauf nicht weiter eingegangen.
68 *Behrens*, Peter, Europäisches Marktöffnungs- und Wettbewerbsrecht, S. 684.
69 EuGH Slg. 1998 I 1375, Tz. 43; EuG Slg. 2009 II 1219, Tz. 51.
70 *Europäische Kommission*, Bekanntmachung der Kommission über die Definition des relevanten Marktes im Sinn des Wettbewerbsrechts der Gemeinschaft, ABl 1997 C 372/5 (im Folgenden: Bekanntmachung zum relevanten Markt).
71 *Lettl*, Tobias, Kartellrecht, S. 192.
72 So sollen etwa fortschreitende Marktintegration des Binnenmarktes, die binnen kurzer Frist zu größeren räumlichen Markt führen bei der Abgrenzung des geographischen Marktes berücksichtigt werden.

erfolgt, ist es möglich, dass das gleiche Produkt[73] unterschiedlichen Märkte zugeordnet wird.[74]

Da die Bestimmung des Marktes auch eine wirtschaftliche Dimension hat, verfügt die Europäische Kommission bei ihrer Entscheidung insoweit über einen gewissen Beurteilungsspielraum. Ihr obliegt es, über die Methoden zu entscheiden, die sie für die Marktabgrenzung heranzieht. Allerdings ist die gewählte Methode hinsichtlich ihrer Eignung, Plausibilität und Tragfähigkeit vollumfänglich gerichtlich überprüfbar, sodass der in der Theorie bestehende gerichtlich nicht überprüfbare Beurteilungsspielraum in der Praxis kaum eine Rolle spielt.[75]

a) Sachlich relevanter Markt

Der sachlich relevante Markt umfasst sämtliche Erzeugnisse und/oder Dienstleistungen, die von den Verbrauchern hinsichtlich ihrer Eigenschaften, Preise und ihres vorgesehenen Verwendungszwecks als substituierbar angesehen werden.[76]

Die Abgrenzung des Marktes in sachlicher Hinsicht beruht damit vor allem auf dem sog. Bedarfskonzept, wonach die Sicht des Nachfragers/Verbrauchers bei der Abgrenzung des Marktes maßgeblich ist.[77] Produkte stehen demnach dann miteinander im Wettbewerb und bilden einen gemeinsamen Sachmarkt, wenn sie sich auf Grund ihrer Merkmale aus Sicht der Marktgegenseite zur Befriedigung eines gleich bleibenden Bedarfs besonders eignen und nur in geringem Maße durch andere Produkte substituierbar sind. Es kommt mithin darauf an, ob sie aus der Sicht der Verbraucher hinsichtlich ihrer Eigenschaften, Preise und ihres vorgesehenen Verwendungszwecks als austauschbar angesehen werden.[78] Dabei kommt es bei dem Bedarfskonzept traditionell auf die Sicht des repräsentativen Durchschnittsverbrauchers an.

---

73 Unter den Begriff des Produkts fallen sowohl Waren als auch Dienstleitungen.
74 Tz. 12 der Bekanntmachung zum relevanten Markt; Tz. 1417 der Horizontalen Leitlinie.
75 *Behrens*, Peter, Europäisches Marktöffnungs- und Wettbewerbsrecht, S. 684.
76 Vgl. Durchführungsverordnungen zu den Artikeln 85 und 86 EG-Vertrag. Vgl. insbesondere Formblatt A/B zur Verordnung Nr. 17 und in Abschnitt V des Formblatts CO zur Verordnung (EWG) Nr. 4064/89 über die Kontrolle von Unternehmenszusammenschlüssen von gemeinschaftsweiter Bedeutung.
77 *Traugott*, Rainer, Zur Abgrenzung von Märkten, WuW 1998, Heft 10, S. 929 f.
78 *Europäische Kommission*, Bekanntmachung zum relevanten Markt, Tz. 7; *Lettl*, Tobias, Kartellrecht, S. 14 ff.

Die Austauschbarkeit von Produkten beurteilt sich in der Regel nach folgenden Kriterien:

aa) Eigenschaften des Produkts

Für die Verbraucher spielen die Eigenschaften im Sinne von objektiven Merkmalen eines Produkts in der Regel eine wichtige Rolle bei der Frage, ob man ein Produkt durch ein anderes ersetzen kann. Im ersten Schritt der Prüfung bietet sich daher ein Abgleich der Eigenschaften des Produkts mit denen der Vergleichsgruppe an.

Zur Veranschaulichung eines solchen Abgleichs eignen sich die Ausführungen des EuGH im Fall *United Brands* vom 14.2.1978.[79] Der EuGH befasste sich in dieser Entscheidung unter anderem mit der Frage, ob Bananen einen eigenständigen Produktmarkt darstellen, oder ob stattdessen insgesamt auf den Frischobstmarkt abgestellt werden muss. Da sich die Banane aber hinsichtlich ihrer objektiven Merkmale wie z.B. Geschmack, weicher Beschaffenheit, Fehlen von Kernen und einfacher Handhabung deutlich von anderen Obstsorten wie z.B. Äpfeln und Apfelsinen unterscheide, sei die Banane aus Sicht der Verbraucher nicht durch andere Obstsorten austauschbar.[80] Der Markt für Bananen sei daher ein eigenständiger, vom Markt für Frischobst abgegrenzter, Markt.[81]

bb) Verwendungsmöglichkeiten des Produkts

Für die Frage der Substituierbarkeit von Produkten ist neben ihren Eigenschaften auch ihre jeweilige Verwendungsmöglichkeit entscheidend. Eine Substituierbarkeit kommt grundsätzlich nur dann in Betracht, wenn Produkte aus Verbrauchersicht gleichermaßen geeignet sind, die Bedürfnisse des Verbrauchers in der jeweiligen Verwendungssituation zu befriedigen.[82] Zu berücksichtigen sind dabei technische, wirtschaftliche, rechtliche und sonstige Faktoren, sofern sie für die Entscheidung des Verbrauchers von Bedeutung sind.[83]

Wird ein Produkt zu unterschiedlichen Zwecken und Bedürfnissen verwendet, so kann das Produkt möglicherweise getrennten Märkten angehören.

---

79 EuGH Slg. 1978, 207.
80 EuGH Slg. 1978, 207 Tz. 23 bis 33.
81 EuGH Slg. 1978, 207 Tz. 34 f.
82 *Shang*, Ming, Merger Control in EU and Several Member States, S. 44 f.
83 *Lettl*, Tobias, Kartellrecht, S. 16.

Das alleine lässt jedoch nicht den Schluss zu, dass das betreffende Produkt mit allen anderen Produkten einen gemeinsamen Markt bildet, mit denen es in seinen unterschiedlichen Verwendungsmöglichkeiten ausgetauscht werden kann. Dies stellte der EuGH unter anderem in der *Hofmann-La Roche* Entscheidung vom 13.2.1979 fest.[84] In der Sache ging es dabei um die Vitamine C und E, die neben ihrer bio-nutritiven Verwendung (Verwendung für Arzneimittel -und Lebens/ bzw. Futtermittel) auch als Antioxidantien, Fermente und Zusätze verwendet werden (sog. technologische Verwendung). Obwohl in ihrer technologischen Verwendung durch andere Produkte austauschbar, bilden die betreffenden Vitamine mit diesen Austauschprodukten keinen gemeinsamen Markt, da diese Austauschprodukte nicht auch bio-nutritiv in gleicher Weise wie die Vitamine eingesetzt werden können. Die doppelte Verwendungsmöglichkeit der Vitamine ist in diesem Fall ein entscheidendes Abgrenzungsmerkmal des Vitaminmarktes.

cc) Preis des Produkts

Auch vergleichbare Preise sind aus Sicht der Verbraucher für die Frage der Austauschbarkeit von Produkten wichtig.

In diesem Zusammenhang wendet die Europäische Kommission regelmäßig den SSNIP[85]-Test an.[86] Die Anwendung des SSNIP-Tests stimmt mit der Fusionskontrollrechtspraxis der US-amerikanischen Fusionskontrolle überein.[87] Geprüft wird bei dem Test, ob bei einer hypothetischen, nicht nur vorübergehenden geringfügigen Erhöhung des Preises für ein Produkt im Bereich von 5-10 % die Verbraucher auf ein anderes Produkt ausweichen würden. Ist das Ergebnis des Tests positiv, besteht in der Regel eine Austauschbarkeit zwischen den Produkten. Sie gehören damit ein und demselben Sachmarkt an.

Der SSNIP-Test, auch hypothetischer Monopoltest[88] genannt, bestimmt so die Preiselastizität zwischen den Produkten. Er wurde vor allem einge-

---

84 EuGH Slg. 1979, 461.
85 SSNIP steht für „Small but significant nontransitory increase in price".
86 *Körber*, Thorsten, in Immenga/Mestmäcker, EU-Wettbewerbsrecht, Art. 2 FKVO, Tz. 52. *Klein*, Thilo, SSNIP-Test oder Bedarfsmarktkonzept, WuW 2010, Seite 169; *Friederiszick*, Hans W., Marktabgrenzung und Marktmacht, S. 3, aufrufbar unter http://ec.europa .eu/competition/mergers/cases/decisions/m6497_20121212_20600_3210969_EN.pdf; *Shang*, Ming, Merger Control in EU and Several Member States, S. 2.
87 U.S. Horizontal Merger Guidelines 2010, No. 4.1.1 - The Hypothetical Monopolist Test.
88 Ausführlich hierzu *Werden*, Gregory, the 1982 Merger Guidelines and the Ascent of the Hypothetical Monopolist Paradigm, Antitrust Law Journal 2003, Vol. 71, S. 253;

führt, um die Kritiker des Bedarfskonzepts zu besänftigen.[89] Aus ökonomischer Sicht wurde an dem Bedarfskonzept bemängelt, dass die funktionelle Austauschbarkeit von Produkten keinen direkten Aufschluss auf die Preiselastizität als Wechselbeziehung zwischen Preisänderungen eines Produkts und entsprechender Nachfrage erlaube. Für die wettbewerbliche Relevanz eines Falls sei es aber oft bereits entscheidend, wenn eine kleine Gruppe von Konsumenten aufgrund der preislichen Änderung abwandert, da bereits so eine Preiserhöhung für den Anbieter unprofitabel wird.[90] Aus diesem Grund wurde teilweise angenommen, dass es nicht auf den vernünftigen Durchschnittsverbraucher ankomme, der eine größere Toleranz gegenüber Preisschwankungen aufweise, sondern vielmehr auf die Reaktion der „Grenzabnehmer", also dem Teil der Konsumenten, die besonders empfindlich auf Preisschwankungen reagieren.[91]

Zu beachten ist aber, dass der SSNIP-Test als Modellerwägung lediglich bei der Marktabgrenzung Hilfe leistet, aber keineswegs das alleinige Instrument darstellt. Die Anwendung des SSNIP-Tests ist nämlich seinerseits wiederum umstritten.[92]

Während am Bedarfskonzept vor allem kritisiert wird, dass er dazu tendiert, den Markt zu eng abzugrenzen und dadurch die ermittelten Marktanteile der beteiligten Unternehmen fälschlicherweise zu hoch zu bewerten (Fehlertyp I „false positive"), wird am SSNIP-Test kritisiert, dass dieser zu einer zu weiten Marktabgrenzung führt und dadurch fälschlicherweise zu geringe Marktanteile der beteiligten Unternehmen angenommen werden (Fehlertyp II „false negative").[93]

Außerdem fehlen oftmals zuverlässige Informationen für eine Anwendung des SSNIP-Tests. Verbraucherumfragen zu hypothetischen Reaktionen auf mögliche geringfügige Preissteigerungen sind, selbst wenn sie repräsentativ durchgeführt werden, eher spekulativ und kaum verlässlich. Die Europäische Kommission arbeitet daher mit Erfahrungswerten aus der Vergangenheit und schätzt mit Hilfe von quantitativen Tests statistischer und ökonomischer

---

Schwalbe, Ulrich /*Zimmer*, Daniel, Kartellrecht und Ökonomie, S. 77 ff. Auch Kreuzpreiselastizitätstest oder Preisheraufsetzungstest genannt.

89 *Behrens*, Peter, Europäisches Marktöffnungs- und Wettbewerbsrecht, S. 685.

90 *Ebenda.*

91 *Ebenda.*

92 Hierzu ausführlich *Behrens*, Peter, Europäisches Marktöffnungs- und Wettbewerbsrecht, S. 419 ff.

93 *Behrens*, Peter, Europäisches Marktöffnungs- und Wettbewerbsrecht, S. 419 ff; Siehe auch *Nnadi*, Matthias / *Okene*, Ovunda V.C., Merger Regulations and Ethics in the European Union: The Legal and Political Dimensions, E.C.L.R. 2012, Vol. 33, No. 3, S. 124 (128).

Art die Preiselastizität und Kreuzpreiselastizität,[94] um hieraus den Grad der Substituierbarkeit im Rahmen des SSNIP-Tests zu ermitteln.[95] Besonderes Gewicht kommt dabei Stellungnahmen von Verbrauchern und Wettbewerbern zu, die die Europäische Kommission häufig nach Reaktionen befragt, wenn der Preis geringfügig steigt.[96] Die Ergebnisse des Tests sind daher oft mangels objektiv verlässlicher Daten mit Ungewissheiten verbunden.

Angesichts dieser Unsicherheiten neigt die Europäische Kommission dazu, den SSNIP-Test lediglich als ein ergänzendes Hilfsmittel zur Marktabgrenzung zu benutzen.[97]

dd) Wettbewerbsstruktur

Entscheidend für die Frage, ob bestimmte Produkte miteinander konkurrieren und damit im Wettbewerb stehen, ist nicht nur die Tatsache, ob die Produkte miteinander vergleichbar sind, sondern auch ob die Angebots- und Nachfragestruktur identisch ist. So können auch technisch identische Produkte unterschiedlichen Märkten zuzuordnen sein. Der EuGH stellte dies unter anderem am 9.11.1983 in seiner *Michelin* Entscheidung fest.[98] Dort wurde unter anderem festgehalten, dass aufgrund verschiedener Absatzwege getrennte Märkte in Bezug auf Reifenerstausstattung und den Reifenersatzteilmarkt bestehen, obwohl die Produkte technisch identisch sind.[99]

Die Entscheidungspraxis der Europäischen Kommission tendiert auch im Bereich des Offline- und Online-Vertrieb eines technisch identischen Produkts zur Annahme von getrennten Märkten aufgrund verschiedener Absatzwege. Im Fall *AOL/Time Warner* nahm sie jeweils separate Märkte für downloadbare Musik, Streaming sowie die über Breitband übermittelten Videos und Filme an.[100]

Entscheidend kommt es dabei darauf an, ob sich die Nachfrage eines Produkts unabhängig vom Angebot des Vergleichsprodukts entwickelt. Sollte sich nämlich die Nachfrage nach einem Produkt unabhängig von dem Angebot eines Vergleichsprodukts entwickeln, so spricht diese Tatsache trotz mög-

---

94 *Europäische Kommission*, Bekanntmachung zum relevanten Markt, Tz. 38 ff.
95 *Behrens*, Peter, Europäisches Marktöffnungs- und Wettbewerbsrecht, S. 686.
96 *Europäische Kommission*, Bekanntmachung zum relevanten Markt, Tz. 40.
97 *Behrens*, Peter, Europäisches Marktöffnungs- und Wettbewerbsrecht, S. 687.
98 EuGH Slg. 1983, 3461.
99 EuGH Slg. 1983, 3461 Tz. 46.
100 *Europäische Kommission*, Entscheidung vom 11.10.2000, ABl 2001 Nr. L 268/28, „AOL/Time Warner".

licherweise technisch identischer Eigenschaften der Produkte gegen eine Austauschbarkeit.[101]

ee) Wettbewerbsbedingungen

Schließlich können im Rahmen der Feststellung von Substituierbarkeit von Produkten auch Wettbewerbsbedingungen wie Verbrauchergewohnheiten und die Eigenheiten von Vertriebssystemen zu berücksichtigende Elemente sein, die die Europäische Kommission im Einzelfall zur Marktabgrenzung heranziehen kann.

b) Räumlich relevanter Markt

Die räumliche Eingrenzung des Marktes erfolgt in der Regel nach Festlegung des sachlich relevanten Marktes. Der räumliche Markt ist das Gebiet, in dem die beteiligten Unternehmen die relevanten Produkte oder Dienstleistungen anbieten, in dem die Wettbewerbsbedingungen hinreichend homogen sind und das sich von benachbarten Gebieten durch spürbar unterschiedliche Wettbewerbsbedingungen unterscheidet.[102]

Die Legaldefinition des räumlichen Marktes gibt die von der Rechtsprechung entwickelten Grundsätze zur Bestimmung des räumlichen Marktes wider. Die Europäische Kommission hat die Voraussetzungen in ihrer Bekanntmachung zum relevanten Markt weiter erläutert. Zum einen sind homogene Wettbewerbsbedingungen auf einem geographisch eingrenzbaren Gebiet notwendig.[103] Der räumlich abgegrenzte Markt muss sich zudem spürbar vom benachbarten Gebieten unterscheiden, wobei diese spürbare Unterscheidung insbesondere dann gegeben ist, wenn die vorherrschenden Wettbewerbsbedingungen unterschiedlich sind.[104] Art. 9 Abs. 7 FKVO fasst die oben genannten Merkmale zur Eingrenzung des räumlich relevanten Marktes zusammen.

Bei der Prüfung der Homogenität von Wettbewerbsbedingungen stellt die Europäische Kommission regelmäßig auf einige grundlegende Faktoren

---

101 EuGH Slg. 1996, I-5951 Tz 15.
102 Vgl. Durchführungsverordnungen zu den Artikeln 85 und 86 EG-Vertrag. Vgl. insbesondere Formblatt A/B zur Verordnung Nr. 17 und in Abschnitt V des Formblatts CO zur Verordnung (EWG) Nr. 4064/89 über die Kontrolle von Unternehmenszusammenschlüssen von gemeinschaftsweiter Bedeutung.
103 EuGH Slg. 1978, 207 Tz. 45 ff; EuGH Slg. 1998 I 1375 Tz. 143.
104 *Europäische Kommission*, Bekanntmachung zum relevanten Markt, Tz. 8.

wie Identität und Marktanteile der Anbieter, Art der Kundenbeziehungen, Distributionskanäle zum Endverbraucher, Verbraucherpräferenzen, Nachfragetrends und Preise als Indizien gegenseitiger Marktdurchdringung ab.[105]

Gegen die Homogenität von Wettbewerbsbedingungen können insbesondere räumlich unterschiedliche Marktzutrittsschranken sprechen. Diese können u.a. aus unterschiedlichen hoheitlichen Regulierungen wie beispielsweise Zöllen, technischen Normen oder erforderlichen Genehmigungen resultieren.[106]

Letztlich ist auch für die räumliche Marktabgrenzung die Sicht des Verbrauchers maßgeblich. Der räumliche Markt ist mithin der Bereich, in dem die Verbraucher tatsächlich zwischen zwei vergleichbaren Produkten oder Dienstleistungen frei auswählen können.

In Zeiten der Globalisierung ist es mitunter üblich, dass der relevante räumliche Markt der globale Markt ist.[107] Von einem weltweiten Markt ist dann auszugehen, wenn nirgendwo Marktzutrittsschranken existieren und vollständige Marktdurchdringung vorliegt.[108] Bei europaweiten Märkten erfolgt im Rahmen der Marktabgrenzung bereits eine Berücksichtigung der dynamischen Entwicklung des Binnenmarktes. Dies gilt insbesondere, wenn rechtliche Schranken der Mitgliedstaaten binnen kurzer Frist aufgrund der Marktintegration voraussichtlich entfallen werden.[109] Als räumlicher Markt kann aber auch der nationale Markt[110] oder ein regionaler bzw. lokaler Markt[111] in Frage kommen.

---

105 *Europäische Kommission*, Bekanntmachung zum relevanten Markt, Tz. 28 ff.
106 *Behrens*, Peter, Europäisches Marktöffnungs- und Wettbewerbsrecht, S. 690.
107 Beispielhaft hat die Europäische Kommission in folgenden Entscheidungen den räumlichen Markt als Weltmarkt umgrenzt: *Europäische Kommission*, Entscheidung vom 8.6.1994, ABl 1994 NR. L 332/48, „Shell/Montecatini". Tz. 49 ff; Entscheidung vom 27.6.1997, ABl 1997 Nr. L 336/16, „Boeing/McDonnell Douglas", Tz. 20; Entscheidung vom 5.12.1991, WuW/E-EV 1675, „Aerospatiale-Alenia/de Havilland"; Entscheidung vom 3.7.2001, COMP/M.2220, „General Electric/Honeywell", Tz. 36.
108 *Rösler*, Patrick, Der relevante Markt in der europäischen Fusionskontrolle, NZG 2000, S. 761 (768).
109 *Europäische Kommission*, Bekanntmachung zum relevanten Markt, Tz. 32.
110 Beispielsweise *Europäische Kommission*, Entscheidung 22.9.1999, ABl 2000 Nr. L 93/1, „Airtours/First Choice", Tz. 8 f.
111 Lokale Märkte hat die Europäische Kommission z.B. im Lebensmitteleinzelhandel angenommen: *Europäische Kommission*, Entscheidung vom 3.2.1999, ABl 1999 Nr. L 274/1, „Rewe/Meinl", Tz. 4.

c) Praxis der Europäischen Kommission

Trotz der fundamentalen Bedeutung der Marktabgrenzung grenzt die Europäische Kommission den relevanten Markt in ihrer Entscheidungspraxis nicht in jedem Fall exakt ein. Oftmals lässt sie die Marktabgrenzung offen.[112] Das gilt etwa dann, wenn eine beherrschende Stellung jeweils auf verschiedenen möglichen Märkten angenommen werden kann.[113] Auf eine eindeutige Marktabgrenzung wird regelmäßig auch dann verzichtet, wenn der Zusammenschluss auf Grundlage keiner der möglichen Marktdefinitionen Anlass zu wettbewerbsrechtlichen Bedenken gibt.[114]

Aus ökonomischer Sicht ist zudem die Anwendung des sog. *upward pricing pressure*-Tests als Alternative zur Eingrenzung des sachlich relevanten Marktes vorgeschlagen worden.[115] Der Test ermittelt den hypothetischen Preiserhöhungsdruck des fusionierten Unternehmens auf Basis folgender Überlegung: Bei einem horizontalen Zusammenschluss entfällt der Preisdruck zwischen den beteiligten Unternehmen A und B. Nachfrager können bei einem Preisanstieg der Produkte durch A daher nicht wie bislang auf Produkte von B zurückgreifen. Preiserhöhungen durch das zusammengeschlossene Unternehmen werden damit im Vergleich leichter möglich, was das Unternehmen zu Preissteigerungen motivieren könnte. Die Höhe dieser Motivation zur Preissteigerung, wird durch das Ergebnis des *upward pricing pressure* –Tests aufgezeigt. Hierzu werden die Umlenkungsziffer (*diversion ratio*), die Gewinnmargen der beteiligten Unternehmen sowie die Grenzkosten ermittelt.[116] Bei der Umlenkungsziffer handelt es sich um den Anteil von Nachfragern, die bei einem Preisanstieg der Produkte von A auf Produkte von B zurückgreifen würden. Je höher die Substituierbarkeit der Produkte, desto höher ist damit die Rivalität zwischen A und B und damit die Umlenkungsziffer.

---

112 *Behrens*, Peter, Europäisches Marktöffnungs- und Wettbewerbsrecht, S. 687.

113 Z.B. *Europäische Kommission*, AOL/Time Warner, Tz. 24 f.

114 Siehe *Behrens*, Peter, Das Verhältnis von Marktbeherrschung und Wettbewerbsbeschränkung in der Fusionskontrolle, EuZW 2015, S. 244 (247).

115 Zum *upward pricing pressure*-Test siehe *Farell*, Joseph/*Shapiro*, Carl, Antitrust Evaluation of Horizontal Mergers: An Economic Alternative of Market Definition, The B.E. Journal of Theoretical Economics 2010, Vol. 10(1), S. 1-41. Siehe auch *Oinonen*, Mika, Modern Economic Advances in Contemporary Merger Control: An Imminent Farewell to the Market Definition? E.C.L.R. 2011, 32 (12), S. 629 (632).

116 *Langeheine*, Bernd / *von Koppenfels*, Ulrich, Aktuelle Probleme der EU-Fusionskontrolle, ZWeR 2013, S. 299-311; *Schwalbe*, Ulrich /*Zimmer*, Daniel, Kartellrecht und Ökonomie, S. 257 ff.

Die Europäische Kommission wendete den *upward pricing pressure*-Test erstmals im Fall *Hutchinson 3G Austria/Orange Austria* an.[117] Dennoch hat sich gezeigt, dass die Europäische Kommission grundsätzlich weiterhin an der traditionellen Prüfung des relevanten Marktes festhält und nicht etwa statt der Marktabgrenzung den *upward pricing pressure*-Test anwendet.[118] Dies deckt sich auch mit der ständigen Rechtsprechung des EuGH, der die Feststellung des relevanten Marktes als „notwendige Voraussetzung für jede Beurteilung des Einflusses eines Zusammenschlusses auf den Wettbewerb" ansieht.[119]

2. Untersagungstatbestand

Gemäß Art. 2 Abs. 3 FKVO sind Zusammenschlüsse als unvereinbar mit dem gemeinsamen Markt zu erklären, durch die ein wirksamer Wettbewerb auf dem gemeinsamen Markt oder einem wesentlichen Teil desselben erheblich behindert würde, insbesondere durch Begründung oder Verstärkung einer marktbeherrschenden Stellung.

a) Einführung des SIEC-Test

Durch die Neufassung der FKVO im Jahre 2004[120] wurde der sog. SIEC-Test in die Europäische Fusionskontrolle eingeführt. Dies markiert einen Meilenstein in der Geschichte der Europäischen Fusionskontrolle, die bis dahin den Marktbeherrschungstest nach deutschem Vorbild angewandt hatte.[121]

---

117 *Europäische Kommission*, Entscheidung vom 12.12.2012, COMP/M. 6497, „Hutchinson 3G Austria/Orange Austria", Tz. 308 ff.
118 So auch *Behrens*, Peter, Europäisches Marktöffnungs- und Wettbewerbsrecht, S. 712. Siehe auch *Oinonen*, Mika, Modern Economic Advances in Contemporary Merger Control: an Imminent Farewell to the Market Definition? E.C.L.R. 2011, 32 (12), S. 629 ff.
119 EuG, Rs. T-405/08, Tz. 116.
120 Verordnung (EG) Nr. 139/2004 des Rates vom 20. Januar 2004 über die Kontrolle von Unternehmenszusammenschlüssen, Abl 2004 L 24, 1.
121 Art. 3 der ursprünglichen FKVO von 1989 (VO 4064/89 vom 21.12.1989) hatte noch den folgenden Wortlaut: „Zusammenschlüsse, die eine beherrschende Stellung begründen oder verstärken, durch die wirksamer Wettbewerb im Gemeinsamen Markt oder in einem wesentlichen Teil desselben erheblich behindert würde, sind für unvereinbar mit dem Gemeinsamen Markt zu erklären." Der Marktbeherrschungstest bleibt allerdings auch im Rahmen des SIEC-Tests als Regelbeispiel erhalten. Siehe unten S. II. 2. b).

Die Einführung des SIEC-Tests mit der Marktbeherrschung als Regelbeispiel ist das Ergebnis eines Kompromisses.[122] Während vor allem Deutschland bis zur Einführung des SIEC-Tests auf europäischer Ebene nach wie vor den Marktbeherrschungstest anwandte, hat sich in den USA und in Großbritannien der sog. SLC-Test durchgesetzt, der sich inhaltlich kaum vom SIEC-Test unterscheidet. Vor diesem Hintergrund begann eine langwierige Debatte um die Effektivität des Marktbeherrschungstests.[123] Insbesondere wurde an dem Marktbeherrschungstest kritisiert, dass er nicht ausdrücklich klarstellt, wie mit Zusammenschlüssen umzugehen ist, die zwar keine marktbeherrschende Stellung erzeugen oder verstärken, aber dennoch in der Lage sind, den Wettbewerb durch nicht koordinierte Effekte erheblich zu behindern.[124] Dies gilt insbesondere für Märkte mit oligopolistischen Strukturen, auf dem keiner der Oligopolisten alleinbeherrschend ist.[125] Gerade auf Oligopolmärkten können Zusammenschlüsse, die den Wettbewerbsdruck der fusionierenden Unternehmen beseitigen und den Wettbewerbsdruck auf die verbleibenden Wettbewerber mindern, zu einer erheblichen Behinderung wirksamen Wettbewerbs führen auch wenn eine Koordinierung zwischen den Oligopolisten und eine damit einhergehende Marktbeherrschung unwahrscheinlich ist (sog. unilaterale Effekte).[126]

Zwar ist umstritten, ob diese Rechtslücke unter dem alten Marktbeherrschungstest tatsächlich bestand.[127] Jedenfalls umfasst der Marktbeherrschungstest diese Fälle allerdings nicht explizit. Die Einführung des SIEC-Tests beseitigt diesen zur Rechtsunsicherheit führenden Umstand.[128]

Nunmehr wird im Gleichklang mit der US-amerikanischen Fusionskontrolle der materiellrechtliche Prüfungsmaßstab in der Europäischen Fusionskontrolle allein an die Prüfung geknüpft, ob und inwieweit ein Zusammen-

---

122 *Hermann*, Maximilian, Die Neufassung des materiellen Untersagungskriteriums in Art. 2 Abs. 2 und 3 EG-FKVO, S. 78.

123 Hintergrundpapier Bundeskartellamt zum Thema Marktbeherrschungs- und SIEC-Test vom 24.9.2009, aufrufbar unter https://www.bundeskartellamt.de/SharedDocs/Publikation/DE/Diskussions_Hintergrundpapier/Bundeskartellamt%20-%20Marktbeherrschungs%20und%20SIEC%20Test.pdf?__blob=publicationFile&v=5.

124 Die Behandlung von koordinierten Effekten war unstreitig auch von der Marktbeherrschungsklausel umfasst. Zur möglichen Regelungslücke siehe *Hacker*, Nicole in: Von der Groeben/Schwarze/Hatje, Europäisches Unionsrecht, VO (EG) 139/2004, Art. 2 Rn. 18 ff.

125 Im Folgenden Oligopolmärkte genannt.

126 Hierzu siehe unten C.III.3.f) aa).

127 Hierzu unter anderem *Roeller*, Lars-Hendick / *De la Mano*, Miguel, The Impact of the New Substantive Test in European Merger Control, European Competition Journal 2006, Vol. 2, No. 1, S. 9 (10 ff.).

128 Vgl. Erwägungsgrund 25 der FKVO.

schluss den wirksamen Wettbewerb auf dem gemeinsamen Markt oder einem wesentlichen Teil desselben erheblich behindert. Die damit einhergehende internationale Harmonisierung der Standards ist ein weiteres Argument für die Einführung des SIEC-Tests.[129]

Der SIEC-Test ist um einiges „weicher" formuliert als der Marktbeherrschungstest, der für eine Untersagung nach seinem Wortlaut zwingend eine beherrschende Stellung verlangt. Die Fusionskontrolle wird damit deutlich flexibler, da je nach Umständen des Einzelfalls auch eine Untersagung des Zusammenschlusses jenseits der Marktbeherrschung bzw. eine Freigabe des Zusammenschlusses trotz marktbeherrschender Stellung ermöglicht wird.[130]

Die Flexibilität des SIEC-Tests weist aber auch Nachteile auf. Dadurch, dass die hohe Schwelle der Marktbeherrschung als strukturelles Element aufgegeben wurde, ist die Eingriffsschwelle der Fusionskontrolle deutlich herabgesenkt. Der Strukturbezug ist allerdings ein wichtiges Abgrenzungskriterium der Fusionskontrolle gegenüber der Missbrauchskontrolle nach Art. 102 AEUV. Denn während Art. 102 AEUV den Missbrauch einer bestehenden Marktbeherrschung sanktioniert und damit als Verhaltenskontrolle *ex post* dient, handelt es sich bei der Fusionskontrolle nach der FKVO demgegenüber um vorbeugende Gefahrenabwehr, da damit Marktstrukturen verhindert werden sollen, die einen Missbrauch überhaupt erst ermöglichen.[131] Fehlt ein eindeutiger Strukturbezug im Rahmen der Fusionskontrolle ist fraglich, inwieweit sich die *ex ante* Betrachtung noch von der *ex post* Betrachtung unterscheidet. Diese Aufweichung des Strukturbezugs wird daher kritisch gesehen.[132] Auch führt der Wegfall des Strukturbezugs unweigerlich zu der Frage, ob es eines Korrektivs, etwa in Gestalt von Effizienzerwägungen, bedarf.[133]

---

129 *Hermann*, Maximilian, Die Neufassung des materiellen Untersagungskriteriums in Art. 2 Abs. 2 und 3 EG-FKVO, S. 71; *Farbmann*, Kyrill, Die Geschichte der Fusionskontrollverordnung als ein Beispiel der Europäischen Normsetzung, EuR 2004, 478 (485).

130 *Behrens*, Peter, Das Verhältnis von Marktbeherrschung und Wettbewerbsbeschränkung in der Fusionskontrolle, EuZW 2015, S. 244 (246 ff.); *Mestmäcker*, Ernst-Joachim / *Schweitzer*, Heike, Europäisches Wettbewerbsrecht, S. 706. *Shang*, Ming, Merger Control in EU and Several Member States, S. 8.

131 *Mestmäcker*, Ernst-Joachim / *Schweitzer*, Heike, Europäisches Wettbewerbsrecht, S. 719.

132 Siehe *Böge*, Ulf, Reform der Europäischen Fusionskontrolle, WuW 2004, S. 138 (138, 146), *Mestmäcker*, Ernst-Joachim, Zur Reform der europäischen Fusionskontrollverordnung, WuW 2004, S. 135; *Behrens*, Peter, Europäisches Marktöffnungs- und Wettbewerbsrecht, S. 678; *Möschel*, Wernhard, Europäische Fusionkontrolle, ZHR 2008, S. 716 (721 f.).

133 Hierzu unten ausführlich bei der Behandlung von Effizienzen.

b) Marktbeherrschung als Regelbeispiel

Der Marktbeherrschungstest ist im Rahmen des SIEC-Modells der neuen Europäischen Fusionskontrolle nicht mehr allein ausschlaggebend für die Freigabe oder Untersagung eines Zusammenschlusses. Er bleibt allerdings als Regelbeispiel erhalten.

Die Prüfung der Marktbeherrschung ist damit nach wie vor ein zentrales Element zur Prüfung von horizontalen Zusammenschlüssen.[134] Dies ist vor allem auf den gesetzgeberischen Willen zurückzuführen, die bestehenden Grundsätze und Rechtsprechung im Rahmen der Europäischen Fusionskontrolle weiterhin Geltung zu verleihen und damit die Rechtssicherheit zu erhöhen.[135] Konsequenterweise geht Erwägungsgrund 26 des FKVO davon aus, dass „im Allgemeinen" eine erhebliche Behinderung wesentlichen Wettbewerbs aus der Begründung oder Verstärkung einer marktbeherrschenden Stellung resultiert. Die Europäische Kommission unterstrich die Wichtigkeit des Marktbeherrschungstests auch in ihren Leitlinien. In Tz. 4 der Horizontalen Leitlinie geht sie davon aus, dass „die meisten Fällen von Unvereinbarkeit eines Zusammenschlusses mit dem gemeinsamen Markt weiterhin die Feststellung von Marktbeherrschung zugrunde liegen wird." Dies entspricht auch der bisherigen Entscheidungspraxis der Europäischen Kommission.[136]

Die Prüfung der marktbeherrschenden Stellung nach Art. 2 Abs. 3 FKVO erfolgt im Wesentlichen nach den gleichen Grundsätzen, die der EuGH in ständiger Rechtsprechung für die Prüfung einer beherrschenden Stellung nach Art. 102 AEUV entwickelt hat.[137] Demnach sind die am Zusammenschluss beteiligten Unternehmen marktbeherrschend, wenn sie über eine wirtschaftliche Machtstellung verfügen, die es Ihnen ermöglicht in nennenswertem Umfang am Markt unabhängig gegenüber anderen Akteuren wie Wettbewerbern oder Verbrauchern aufzutreten und dadurch den wirksamen

---

134 Art. 2 Abs. 2, Abs. 3 FKVO; Erwägungsgrund 26 S. 1 FKVO. Bei nichthorizontalen Zusammenschlüssen verlangt die Europäische Kommission gemäß Tz. 23 der Nichthorizontalen Leitlinie keine marktbeherrschende Stellung, sondern lediglich ein deutliches Maß an Marktmacht in wenigstens einem der betroffenen Märkte. Zur Unterscheidung siehe *Behrens*, Peter, Das Verhältnis von Marktbeherrschung und Wettbewerbsbeschränkung in der Fusionskontrolle, EuZW 2015, S. 244 (247 f.).

135 *Hermann*, Maximilian, Die Neufassung des materiellen Untersagungskriteriums in Art. 2 Abs. 2 und 3 EG-FKVO, S. 71. Siehe unten C.III.2.f)cc).

136 *Behrens*, Peter, Europäisches Marktöffnungs- und Wettbewerbsrecht, S. 676.

137 Für ganz h.M: *Körber*, Thorsten, in Immenga/Mestmäcker, EU-Wettbewerbsrecht, Art. 2 FKVO, Tz. 410; *Behrens*, Peter, Europäisches Marktöffnungs- und Wettbewerbsrecht, S. 676.

Wettbewerb auf dem relevanten Markt zu behindern.[138] Eine vollkommene Unabhängigkeit ist hierfür nicht erforderlich. Vielmehr genügt es, wenn ein oder mehrere Unternehmen gemeinsam in der Lage sind, die Bedingungen des Marktes zu bestimmen oder zu beeinflussen, und dabei, ohne nachteilige Wirkung für sich, in ihrem Verhalten auf die Entwicklung des Wettbewerbs keine Rücksicht nehmen müssen.[139] Oft kommt es hierfür wiederum auf eine Gesamtbetrachtung von mehreren Faktoren an, die jeweils an sich genommen nicht ausschlaggebend sein müssen.

Nach dem Marktbeherrschungstest wird nicht nur geprüft, ob durch den Zusammenschluss eine marktbeherrschende Stellung entsteht, sondern auch, ob eine bereits vorhandene beherrschende Stellung durch den Zusammenschluss verstärkt wird. Damit betont der europäische Gesetzgeber, dass grundsätzlich auch der Wettbewerb bzw. ein potentieller Wettbewerb auf einem beherrschten Markt ein hohes schutzwürdiges Gut für die Fusionskontrolle darstellt.

Eine beherrschende Marktstellung wird in diesem Sinne verstärkt, wenn der Zusammenschluss zu einer Veränderung der beherrschenden Marktstellung führt, sodass die neutralisierende Wirkung des Wettbewerbs weiter eingeschränkt wird als ohne den Zusammenschluss.[140] Hierbei kommt es auf eine merkliche Verstärkung der Wettbewerbsbeschränkung an. Eine Erhöhung des Marktanteils um weniger als 5% reicht dabei regelmäßig nicht aus, um eine solche merkliche Verstärkung anzunehmen.[141] Andererseits ist der Restwettbewerb oder auch ein potentieller Wettbewerb umso schutzwürdiger, je höher der Wettbewerb bereits durch die marktbeherrschende Stellung eingeschränkt ist.[142] Aus diesem Grund kann auch bereits eine strukturelle Absicherung der marktbeherrschenden Stellung für die Annahme einer Verstärkung der Wettbewerbsbeschränkung ausreichen.[143]

Auch eine gemeinsame Marktbeherrschung durch mehrere Unternehmen ist möglich. Dies kommt insbesondere auf Oligopolmärkten in Betracht. Ein Zusammenschluss auf einem Oligopolmarkt kann ggf. die Entstehung oder

---

138 EuGH, Slg. 1978, 207 Tz. 64; Slg. 1979, 461, 520; Slg. 1983, 3461, Tz. 30; Slg. 1994 I 5671, Tz. 47.
139 EuGH, Slg. 1979, 461 Tz. 39.
140 *Behrens*, Peter, Europäisches Marktöffnungs- und Wettbewerbsrecht, S. 677.
141 *Rösler*, Patrick, Der Begriff der marktbeherrschenden Stellung in der europäischen Fusionskontrolle, NZG 2000, S. 857 (857).
142 Dazu *Europäische Kommission*, Entscheidung vom 9.4.2002, ABl 2003 Nr. L 101/1, „Haniel/Ytong", Tz. 114; Entscheidung vom 20.12.2002, ABl 2003 NR. L 103/1, „Südzucker/Saint Louis Sucre", Tz. 78 ff.
143 *Behrens*, Peter, Europäisches Marktöffnungs- und Wettbewerbsrecht, S. 677.

Verstärkung einer gemeinsamen Marktbeherrschung begünstigen.[144] Eine kollektive Marktbeherrschung kann durch das fusionierte Unternehmen in Verbindung mit koordinierten Verhalten zu den verbliebenen Oligopolisten entstehen (sog. koordinierte Effekte).[145] Art. 2 Abs. 3 FKVO verlangt insoweit nicht, dass allein am Zusammenschluss beteiligte Unternehmen durch den Zusammenschluss eine marktbeherrschende Stellung erlangen oder verstärken.[146] Auch strukturelle Verknüpfungen wie z.b. Gemeinschaftsunternehmen oder wechselseitige Beteiligungen[147] oder kartellartige Verhaltenskoordinationen zwischen den gemeinsam beherrschenden Unternehmen sind nicht unbedingt notwendig.[148] Ein bewusstes Parallelverhalten basierend auf oligopolistischer Interpendenz kann ebenfalls ausreichen.[149]

c) SIEC-Test

Wie bereits oben erläutert,[150] ist mit der Einführung des SIEC-Tests seit der Neufassung des Art. 2 Abs. 3 FKVO eine Verhinderung wirksamen Wettbewerbs auch jenseits bzw. neben einer eventuell vorliegenden Marktbeherrschung denkbar.[151]

So ist es nunmehr möglich, dass ein Zusammenschluss untersagt werden kann, obwohl die hohe Schwelle der Marktbeherrschung nicht erreicht ist. Andererseits ist es ggf. auch möglich, dass ein Zusammenschluss trotz Markbeherrschung nicht unbedingt untersagt werden muss, etwa wenn der Zusammenschluss einen wettbewerbsbelebenden Effekt hat.[152]

---

144 Erstmals anerkannt in *Europäische Kommission*, Entscheidung von 22.7.1992, IV/M.190, „Nestlé/Perrier".
145 Vgl. ergänzende Ausführungen unter C.III.3.f)aa).
146 EuGH, Slg. 1998 I-1375, Tz. 171.
147 EuG, Slg. 1999 II-753, Tz. 275 ff.
148 EuG, Slg. 1999 II-753, Tz. 275 ff.; Slg. 2000 II-2585, Tz. 60 f.
149 *Mestmäcker*, Ernst-Joachim / *Schweitzer*, Heike, Europäisches Wettbewerbsrecht, S. 715; Weitere Ausführungen hierzu vgl. C.III.3.f.aa.
150 Siehe oben C.III.2.a).
151 Dies war nach alter Rechtslage nicht ganz klar. Das EuG ging zwar in seiner *Air France* Entscheidung (Entscheidung vom 19.5.1994, Slg. 1994 II 323, „Air France", Tz. 79) davon aus, dass es sich bei der beherrschenden Stellung und der Verhinderung wirksamen Wettbewerbs um gesonderte Prüfungsschritte handelt, äußerte sich allerdings nicht zu der damit verknüpften Frage, ob der Verhinderung wirksamen Wettbewerbs neben der beherrschenden Stellung eigenständige Bedeutung zukommt. Siehe auch *Behrens*, Peter, Das Verhältnis von Marktbeherrschung und Wettbewerbsbeschränkung in der Fusionskontrolle, EuZW 2015, S. 244 (246 ff.).
152 *Mestmäcker*, Ernst-Joachim / *Schweitzer*, Heike, Europäisches Wettbewerbsrecht, S. 706. *Shang*, Ming, Merger Control in EU and Several Member States, S. 8.

Insgesamt ist die Prüfung damit deutlich mehr von den Gegebenheiten des Einzelfalls abhängig und ergebnisorientierter geworden als eine reine Strukturprüfung nach dem Marktbeherrschungstest.[153] So werden nunmehr erwünschte Wettbewerbsergebnisse wie Verbraucherwohl und Effizienzgewinne in der neuen Fusionskontrolle mitberücksichtigt.[154] In jedem einzelnen Fall erfolgt dabei eine umfassende Untersuchung der Unternehmensstruktur und der Wettbewerbssituation auf dem festgestellten relevanten Markt.[155] Denn ob eine „erhebliche Behinderung des Wettbewerbs" vorliegt, ergibt sich in der Regel aus einer Zusammenschau von verschiedenen Kriterien.

Diese Kriterien werden in Art. 2 Abs. 1 FKVO vorgegeben. Danach sind die Ziele der FKVO maßgebend für die Prüfung. Diese Ziele werden wiederum in Art. 1 Abs. 2 FKVO konkretisiert.[156] Gemäß Art. 2 Abs. 2 FKVO berücksichtigt die Europäische Kommission

(a) die Notwendigkeit, im Gemeinsamen Markt wirksamen Wettbewerb aufrechtzuerhalten und zu entwickeln, insbesondere im Hinblick auf die Struktur aller betroffenen Märkte und den tatsächlichen oder potenziellen Wettbewerb durch innerhalb oder außerhalb der Gemeinschaft ansässige Unternehmen; und

(b) die Marktstellung sowie die wirtschaftliche Macht und die Finanzkraft der beteiligten Unternehmen, die Wahlmöglichkeiten der Lieferanten und Abnehmer, ihren Zugang zu den Beschaffungs- und Absatzmärkten, rechtliche oder tatsächliche Marktzutrittsschranken, die Entwicklung des Angebots und der Nachfrage bei den jeweiligen Erzeugnissen und Dienstleistungen, die Interessen der Zwischen- und Endverbraucher sowie die Entwicklung des technischen und wirtschaftlichen Fortschritts, sofern diese dem Verbraucher dient und den Wettbewerb nicht behindert.

Im Unterschied zur *ex post* Betrachtung bei der Verhaltenskontrolle gem. Art. 102 AEUV erfolgt die Prüfung eines betroffenen Zusammenschlusses anhand dieser Kriterien *ex ante* und zukunftsbezogen.[157] Das Ergebnis der

---

153 *Hermann*, Maximilian, Die Neufassung des materiellen Untersagungskriteriums in Art. 2 Abs. 2 und 3 EG-FKVO, S. 88.

154 *Hermann*, Maximilian spricht in diesem Zusammenhang von einer Neuausrichtung des europäischen Wettbewerbsrechts, siehe *ders.*, Die Neufassung des materiellen Untersagungskriteriums in Art. 2 Abs. 2 und 3 EG-FKVO, S. 92.

155 *Lettl*, Tobias, Kartellrecht, S. 111 ff.

156 *Lettl*, Tobias, Kartellrecht, S. 195.

157 *Mestmäcker*, Ernst-Joachim / *Schweitzer*, Heike, Europäisches Wettbewerbsrecht, S. 675.

Untersuchung ist daher eine Prognoseentscheidung, wie sich der Zusammenschluss auf die genannten Kriterien auswirkt.[158]

d) Zu berücksichtigende Kriterien

aa) Art. 2 Abs. 2 lit. a FKVO

Nach Art. 2 Abs. 2 lit. a FKVO berücksichtigt die Europäische Kommission bei ihrer Prüfung die Notwendigkeit, wirksamen Wettbewerb auf dem gemeinsamen Markt aufrechtzuerhalten und zu entwickeln. Dies gilt nach Art. 2 Abs. 2 lit. a FKVO insbesondere im Hinblick auf die Struktur aller betroffenen Märkte und den tatsächlichen oder potenziellen Wettbewerb innerhalb oder außerhalb der Gemeinschaft ansässiger Unternehmen.

Die Klausel setzt damit potentiellen Wettbewerb auf eine Stufe mit tatsächlichem Wettbewerb. Beide Wettbewerbsarten sind somit gleichermaßen relevant für die fusionsrechtliche Prüfung.[159] In der entsprechenden Entscheidungspraxis der Europäischen Kommission ist ersichtlich, dass ein Zusammenschluss auch zur Entstehung oder Verstärkung einer marktbeherrschenden Stellung führen kann, wenn sie zu einem Ausschluss des potentiellen Wettbewerbs führt.[160] Im umgekehrten Fall kann die Existenz potentieller Wettbewerber auch geeignet sein, die durch hohe Marktanteile indizierte marktbeherrschende Stellung auszuschließen.[161] Eine solche Korrektur von Marktmacht kommt indes nur in Betracht, wenn der Marktzutritt in absehbarer Zeit wahrscheinlich und der bzw. die potentiellen Wettbewerber bereit sind, die Zutrittsmöglichkeiten wahrzunehmen.[162] Auch die Möglichkeit einer Kapazitätserweiterung durch bestehende Wettbewerber wertet die Europäische Kommission als potentiellen Wettbewerb.[163]

---

158 *Lettl*, Tobias, Kartellrecht, S. 195; *Frenz*, Walter, Prognosesicherung in der Fusionskontrolle, EWS 2014, S. 16 ff.

159 Zur Wichtigkeit der Untersuchung von potentiellen Wettbewerb auf einem Markt siehe EuG, Slg. 1998 II 3141, Tz. 137.

160 Tz. 58 ff. Der Horizontalen Leitlinie. Siehe z.B. *Europäische Kommission*, Entscheidung vom 17.12.2008, COMP/M.5046, „Friesland Foods/Campina", Tz. 121 ff.; Entscheidung vom 16.6.2011, COMP/M.5900, „LGI/KBW", Tz. 58 ff.

161 Tz. 69-75 der Horizontalen Leitlinie. Siehe z.B. *Europäische Kommission*, Entscheidung vom 25.8.2005, COMP/M.3687, „Jonson & Johnson/Guidant", Tz. 216 ff.

162 *Europäische Kommission*, Entscheidung vom 25.8.2005, COMP/M.3687, „Jonson & Johnson/Guidant", Tz. 216 ff.

163 Siehe z.B. *Europäische Kommission*, Entscheidung vom 24.7.2002, ABl 2003 Nr. L 248/1, „Carnival Corporation/P&O Princess", Tz. 200.

Diese Klausel ist auch im Übrigen als Abwägungsklausel bekannt.[164] Auch wenn sich dies nicht explizit aus seinem Wortlaut ergibt, zieht die Europäische Kommission aus den Tatbestandsmerkmalen den Schluss, dass wettbewerbsbehindernde gegen wettbewerbsfördernde Auswirkungen eines Zusammenschlusses abzuwägen sind.

Diese Konstellation ist vor allem für Unternehmenszusammenschlüsse auf einem Oligopolmarkt relevant. Schließen sich beispielsweise an Marktanteilen gemessen das zweit- und drittgrößte Unternehmen des relevanten Marktes zusammen, auf dem vorher das größte Unternehmen marktbeherrschend war, kann dies neben wettbewerbshindernden auch wettbewerbsfördernde Effekte erzeugen, da der Abstand zum marktbeherrschenden Unternehmen möglicherweise durch den Zusammenschluss verringert werden kann und der Wettbewerb dadurch neu belebt wird.

Lediglich dann, wenn im Rahmen der Abwägung die wettbewerbsbehindernden Auswirkungen überwiegen, liegt eine erhebliche Behinderung des Wettbewerbs vor, und der Zusammenschluss muss unter Umständen untersagt werden.

bb) Art. 2 Abs. 2 lit. b FKVO

Art. 2 Abs. 2 lit. b. FKVO listet Kriterien auf, die die Europäische Kommission bei der Prüfung des Zusammenschlusses im Einzelfall berücksichtigt. Eine Gesamtschau der genannten Kriterien ist unerlässlich für die Beantwortung der Frage, ob ein Zusammenschluss den Wettbewerb behindert. Nachfolgend wird auf die wichtigsten dieser Kriterien gesondert eingegangen.

(1) Marktstellung, wirtschaftliche Macht und Finanzkraft

(a) Marktstellung

Die Marktstellung ist eines der wichtigsten Kriterien für die Beurteilung der möglichen Auswirkungen eines Zusammenschlusses. Sie wird im Wesentlichen durch den Anteil der am Zusammenschluss beteiligten Unternehmen am Umsatz des zuvor festgestellten relevanten Markts ermittelt.[165]

---

164 *Lettl*, Tobias, Kartellrecht, S. 195.
165 *Mestmäcker*, Ernst-Joachim / *Schweitzer*, Heike, Europäisches Wettbewerbsrecht, S. 710; *Schwalbe*, Ulrich /*Zimmer*, Daniel, Kartellrecht und Ökonomie, S. 172 ff.

Betragen die am Zusammenschluss beteiligten Unternehmen zusammen weniger als 25 % der Marktanteile, wird in der Regel davon ausgegangen, dass der Zusammenschluss nicht in der Lage ist, den Wettbewerb am relevanten Markt erheblich zu behindern.[166] Bei dem Wert handelt es sich jedoch lediglich um ein unverbindliches Indiz. Etwas anderes gilt insbesondere dann, wenn das zusammengeschlossene Unternehmen trotz niedriger Marktanteile in der Lage wäre, die Preise am relevanten Markt zu erhöhen.[167] Die Europäische Kommission hat in ihrer Entscheidungspraxis bereits gezeigt, dass sie auch unterhalb der 25 %-Schwelle wettbewerbliche Bedenken haben kann.[168]

Überschreiten die Marktanteile der am Zusammenschluss beteiligten Unternehmen zusammen hingegen 50 %, kann vorbehaltlich außergewöhnlicher Umstände von einer marktbeherrschenden Stellung ausgegangen werden.[169] Unternehmen, die über eine gewisse Dauer über derart hohe Marktanteile verfügen, bauen in der Regel eine Machtposition auf, die ihnen eine nennenswerte Unabhängigkeit vom Verhalten der anderen Marktakteure sichert.[170] Eine solche Unabhängigkeit liegt jedoch dann ausnahmsweise nicht vor, wenn trotz der Marktanteile von über 50 % ausnahmsweise ein erheblicher tatsächlicher oder potenzieller Wettbewerb festgestellt werden kann.[171]

Für Zusammenschlüsse, bei denen die Marktanteile der beteiligten Unternehmen zwischen 25 % und 50 % liegen, gibt es grundsätzlich keine Vermutung für oder gegen eine marktbeherrschende Stellung. Allerdings sind vereinzelt Richtwerte erkennbar.[172] Im Fall *Bayer/La Roche* wurde etwa angenommen, dass ein Marktanteil von 30 – 35 % relativ gering sei. Ohne das Hinzutreten weiterer Faktoren sei die Annahme der Begründung oder Verstärkung einer marktbeherrschenden Stellung daher nicht ohne weiteres

---

166 Erwägungsgrund 32 S. 2 FKVO spricht insoweit von einem Indiz.

167 Tz. 8 u. 24 der Horizontalen Leitlinie.

168 Siehe exemplarisch *Europäische Kommission*, Hutchinson 3G Austria/Orange Austria, Tz. 90 ff.

169 EuG, Slg. 2010 II 3457 Tz. 41; *Behrens*, Peter, Europäisches Marktöffnungs- und Wettbewerbsrecht, S. 693; *Lettl*, Tobias, Kartellrecht, S. 197.

170 EuGH, Slg. 1999 II 753, Tz. 205.

171 Etwa wurde im Fall *Renault/Volvo* trotz Marktanteilen der beteiligten Unternehmen von über 50 bzw. 60 % eine marktbeherrschende Stellung aufgrund der Stärke der Wettbewerber und des von ihnen zu erwartenden potentiellen Wettbewerbs verneint. Hierzu siehe *Europäische Kommission*, Entscheidung vom 7.11.1990, WuW/E EV 1542, „Renault/Volvo". Auch auf neu entstehenden Märkten führen hohe Marktanteile allein in der Regel noch nicht zur Annahme einer marktbeherrschenden Stellung. Siehe hierzu unten C.III.2.d)bb)(3).

172 *Europäische Kommission*, Entscheidung vom 19.11.2004, COMP/M.3544, „Bayer/La Roche", Tz. 37; Dazu *Zimmer*, Daniel, in HS Huber, S. 1180.

möglich. Marktanteile von 40 % bis 50 % lösen jedoch regelmäßig wettbewerbliche Bedenken aus.[173] Hierbei handelt es sich lediglich um Erfahrungswerte. Im Einzelfall kann insbesondere aufgrund der besonderen Marktverhältnisse eine andere Beurteilung geboten sein.

Selbst identische Marktanteile versprechen daher noch keine gleichbleibende Behandlung. Auf unterschiedlich gelagerten Märkten können selbst diese zu völlig verschiedenen Ergebnissen führen. Hierzu folgendes Beispiel: Im Fall *Rewe/Meinl*[174] hätte das zusammengeschlossene Unternehmen über einen Marktanteil von 35 % verfügt. Die Europäische Kommission nahm eine marktbeherrschende Stellung an und untersagte den Zusammenschluss. Dies wurde damit begründet, dass die Parteien Wettbewerber waren und über eine herausragende Stellung auf den Beschaffungsmärkten verfügten.[175] Im Fall *Rewe/Adeg*[176] ging es wieder um eine geplante Übernahme eines Wettbewerbers seitens Rewe. Der Marktanteil nach dem Zusammenschluss betrug erneut 35 %. Diesmal genehmigte die Europäische Kommission den Zusammenschluss unter Auflagen.[177] Die Europäische Kommission führte die Entscheidung insbesondere darauf zurück, dass Adeg nur weniger als 5 % zu dem gemeinsamen Marktanteil beitrug und eine Reihe von bedeutenden Wettbewerbern fortbestand. Eine Klage des Wettbewerbers SPAR, der die Abweichung gegenüber der *Rewe/Meinl* Entscheidung bemängelte, wurde vom EuG abgewiesen. Der EuG geht davon aus, dass trotz identischer Marktanteile die Bestimmung einer beherrschenden Stellung stets individuell anhand der Umstände des Einzelfalls erfolgen muss.[178]

Entscheidend für die Analyse von Zusammenschlüssen zwischen 25 % und 50 % sind daher die Begleitumstände des Einzelfalls. Gemäß Tz. 17 der Horizontalen Leitlinie sind in diesem Fall z.B. „die Stärke und Anzahl der Wettbewerber, das Vorhandensein von Kapazitätsengpässen oder das Ausmaß, in dem die Produkte der fusionierenden Unternehmen nahe Substitute sind" zu berücksichtigen. Auch spielt die Höhe der Marktzutrittsschranken eine besondere Rolle. Ähnlich ist es mit dem Konzentrationsgrad eines Marktes, der nützliche Hinweise auf die Wettbewerbssituation vor und nach einem geplanten Zusammenschluss geben kann.[179]

---

173 Siehe z.B. *Europäische Kommission*, Entscheidung vom 9.8.2004, COMP/M.3439, „Agfa Gaevert/Lastra", Tz. 99; Siehe auch *Zimmer*, Daniel, in HS Huber, S. 1180.
174 *Europäische Kommission*, Rewe/Meinl.
175 *Europäische Kommission*, Rewe/Meinl, Tz. 21-70.
176 *Europäische Kommission*, Entscheidung vom 23.6.2008, COMP/M.5047, „Rewe/Adeg".
177 Hierzu gehörte insbesondere die Veräußerung von Adeg-Assets in 24 kritischen Bezirken.
178 EuG, Rs. T-405/08, Tz. 101 f.
179 *Behrens*, Peter, Europäisches Marktöffnungs- und Wettbewerbsrecht, S. 694.

Die Europäische Kommission zieht bei der Bestimmung des Konzentrationsgrads den internationalen *Herfindahl/Hirschmann-Index* (HHI) heran.[180] Zur Berechnung des HHI wird der Marktanteil jedes Unternehmens mit sich selbst multipliziert. Die Summe aller auf diese Weise quadrierten Marktanteile ergibt sodann den HHI.[181] Dabei ergeben sich folgende Erkenntnisse: Je konzentrierter ein Markt ist, desto höher ist der HHI. Verfügt ein Unternehmen über einen 100%igen Marktanteil, so liegt der HHI demnach bei 10 000 (= 100 x 100). Außerdem gilt: Je größer der Marktanteil eines Unternehmens, desto höher ist sein Gewicht bei der Berechnung des HHI. Das folgende Beispiel soll dies illustrieren: Verfügt ein Marktteilnehmer A über 80% Marktanteil und die restlichen fünf Wettbewerber über je 4% Marktanteil, ergibt sich bei der HHI-Berechnung folgendes. Der HHI beträgt insgesamt 6480. 80X80=6400 entfallen dabei allein auf das Unternehmen A. Dieser Wert wird sodann addiert mit dem Wert für die fünf Wettbewerber, folglich 5 x 4 x 4. Hierbei wird deutlich, dass die 5 kleineren Unternehmen nur 80 Punkte und damit einen verschwindend kleinen Beitrag zum HHI beisteuern.

Die Europäische Kommission hat Richtwerte für die Beurteilung der Zusammenschlüsse anhand von HHI-Werten in ihrer Horizontalen Leitlinie festgelegt. Demnach sind HHI-Werte nach dem Zusammenschluss unterhalb von 1000 in der Regel aus wettbewerblicher Sicht unbedenklich.[182] Jenseits der 1000 Punkte kommt es nach Tz. 20 der Horizontalen Leitlinie auf den sog. Delta-Wert[183] an, der die Veränderung des Konzentrationsgrades durch den geplanten Zusammenschluss ausdrückt. Ein Zusammenschluss ist demnach in der Regel unbedenklich, bei (i) einem HHI-Wert nach Zusammenschluss zwischen 1000 und 2000, wenn der Delta-Wert unter 250 liegt, oder (ii) einem HHI oberhalb von 2000, wenn der Delta-Wert unter 150 liegt.

Wichtig ist hierbei, dass die Europäische Kommission in Tz. 21 der Horizontalen Leitlinie klarstellt, dass die HHI-Werte sowie die Delta-Werte lediglich einen ersten Hinweis für fehlende Wettbewerbsbedenken geben, für sich allein aber keine Vermutung im Rechtssinne für oder gegen eine Wettbewerbsbehinderung darstellen. Dies gilt auch für nicht-horizontale Zusammenschlüsse. Zwar stellt Tz. 25 der Nichthorizontalen Leitlinie in Aussicht, dass ein Zusammenschluss „kaum Wettbewerbsbedenken" auslöst, sofern der

---

180 Dieser wird unter anderem auch von der U.S.-amerikanischen Fusionskontrolle verwendet. Vgl. U.S. Horizontal Merger Guidelines 2010, No. 5.3.
181 *Mestmäcker*, Ernst-Joachim / *Schweitzer*, Heike, Europäisches Wettbewerbsrecht, S. 712; *Behrens*, Peter, Europäisches Marktöffnungs- und Wettbewerbsrecht, S. 694.
182 Tz. 19 der Horizontalen Leitlinie.
183 Nach Tz. 16 der Horizontalen Leitlinie drückt der Delta-Wert die Veränderung des HHI durch den Zusammenschluss aus.

Marktanteil 30% und der HHI 2000 nicht überschreitet. Die Indizwirkung greift aber auch hier nicht absolut, sondern vorbehaltlich der Ausnahmen nach Tz. 26 lit. a der Nichthorizontalen Leitlinie.[184] Insgesamt ist somit festzustellen, dass die Europäische Fusionskontrolle insoweit zumindest keine eindeutige *safe-harbour* Regelung enthält.

Neben der Tatsache, dass HHI-Werte insoweit lediglich als Richtwerte taugen, ist zudem zu beachten, dass die Europäische Kommission nicht verpflichtet ist, überhaupt den HHI in allen Fusionskontrollentscheidungen heranzuziehen.[185]

Zudem greift die Europäische Kommission gelegentlich auch auf komplexe ökonomische, das heißt statische und quantitative Methoden zurück.[186] Die Aussagekraft dieser Methoden ist allerdings angesichts begrenzt verfügbarer Daten, oder unvermeidlicher Ausblendung der nicht messbaren dynamischen Aspekte begrenzt. Insbesondere wenn sich Märkte kaum zuverlässig abgrenzen lassen und dadurch Marktanteile nicht zuverlässig bestimmbar sind, können dynamische Aspekte durchaus entscheidend sein.[187]

(b) Wirtschaftliche Macht und Finanzkraft

Gemäß Art. 2 Abs. 1 lit. b FKVO sind des Weiteren die wirtschaftliche Macht und die Finanzkraft der am Zusammenschluss beteiligten Unternehmen zu berücksichtigen.

Hieraus wird deutlich, dass allein die Marktstellung noch nicht ausschlaggebend sein muss. Es kommt vielmehr auf eine vollständige Beurteilung des Wettbewerbs an. In diesem Zusammenhang müssen daher auch die Machtverhältnisse der Nachfrager untersucht werden. Besitzen die Nachfrager aufgrund ihrer Größe, ihrer wirtschaftlichen Bedeutung oder besonderer Fähigkeiten entscheidende Verhandlungsmacht gegenüber ihren Lieferanten, kann

---

184 Ausnahmen können dann greifen, wenn (a) ein Unternehmen an der Fusion beteiligt ist, das in naher Zukunft wahrscheinlich beträchtlich wachsen wird, (b) zwischen den Marktteilnehmern beträchtliche Überkreuzbeteiligungen bestehen, (c) bei einem der fusionierenden Unternehmen davon auszugehen ist, dass es koordiniertes Verhalten stören wird, oder (d) es Anzeichen für vergangene oder andauernde Koordinierung gibt. Greift eine der Ausnahmen, ist der Zusammenschluss näher zu untersuchen.

185 EuG, Rs. T-405/08, Tz. 66.

186 *Mestmäcker*, Ernst-Joachim / *Schweitzer*, Heike, Europäisches Wettbewerbsrecht, S. 718.

187 Siehe z. B. *Europäische Kommission*, Entscheidung vom 26.10.2004, COMP/M.3216, „Oracle/PeopleSoft".

dies unter Umständen auch besonders hohe Marktanteile kompensieren.[188] Man spricht in diesem Zusammenhang von *„countervailing power".*[189] Die Europäische Kommission erkennt die ausgleichenden Einflussmöglichkeiten einer *countervailing power* bzw. Nachfragemacht an.[190] In ihren Entscheidungen prüft sie daher insbesondere, ob das Verhältnis zwischen Käufer und Verkäufer ausgeglichen ist und ob eine evtl. bestehende Nachfragemacht ausreicht, um eine wirksame Behinderung des Wettbewerbs wirksam zu unterbinden. Hierbei spielt insbesondere die Wechselmöglichkeit des Nachfragers sowie seine Einflussmöglichkeit auf die Preisgestaltung eine herausragende Rolle.[191] Im Fall *Alcatel/Telettra*[192] hat die Europäische Kommission z.b. den Zusammenschluss trotz Marktanteilen von bis zu 80 % freigegeben, da der monopolistische Nachfrager Telefónica laut der Europäischen Kommission die Möglichkeit habe den Bezug von Telekommunikationsleistungen von anderen Anbietern zu steigern und damit einer Abhängigkeit entgegenzuwirken.[193]

Auch die Finanzkraft eines Unternehmens wird von der Europäischen Kommission unterstützend für die Feststellung einer wettbewerbsbehindernden Wirkung des Wettbewerbs herangezogen. Eine Verbesserung der Finanzkraft kann gerade bei der Prüfung von konglomeraten Zusammenschlüssen relevant sein.[194] Die Europäische Kommission berücksichtigt hierbei den positiven Cash-Flow des zu erwerbenden Unternehmens sowie die durch Eigen- oder Fremdfinanzierung beschaffbaren Mittel.[195]

---

188 Tz. 64 der Horizontalen Leitlinie.
189 Der Begriff geht auf amerikanischen Ökonom *Galbraith*, John.K. zurück. Dieser verwendete den Begriff erstmals in seinem 1952 erschienenen Buch American Capitalism, the Concept of Countervailing Power.
190 Tz. 64-67 der Horizontalen Leitlinie.
191 *Europäische Kommission*, Entscheidung vom 25.11.1998, ABl 1999 Nr. L 254/9, „Enso/Stora", Tz. 84-97; Entscheidung vom 17.11.2010, COMP/M.5658, „Unilever/Sara Lee", Tz. 199 ff. Siehe auch *Körber*, Thorsten, in Immenga/Mestmäcker, EU-Wettbewerbsrecht, Art. 2 FKVO, Tz. 314 f.
192 *Europäische Kommission*, Entscheidung vom 12.4.1991, WuW/E EV 1616, „Alcatel/Telettra".
193 Alcatel/Telettra, Tz. 38.
194 EuG, Slg. 2005 II 5575, Tz. 201 ff.; *Europäische Kommission*, Entscheidung vom 10.1.1991, WuW/E EV 1560, „Matsushita/MCA", Tz. 6.
195 *Europäische Kommission*, Entscheidung vom 28.4.1992, ABl 1992 Nr. L 204/1, „Accor/Wagons-Lits", Tz. 25.

(2) Zugang zu den Beschaffungs- und Absatzmärkten

Der Zugang zum vorgelagerten Beschaffungsmarkt und nachgelagerten Absatzmarkt kann durch einen Zusammenschluss verändert werden, sofern es zu einer künstlichen Verknappung der Ressourcen auf dem Beschaffungsmarkt oder Behinderung im Absatzmarkt kommt. Dies ist insbesondere bei vertikalen Zusammenschlüssen zu beobachten.

Vertikale Zusammenschlüsse sind Zusammenschlüsse von Unternehmen, die auf vor- und nachgelagerten Märkten agieren. Es handelt sich daher um einen Zusammenschluss von Unternehmen, die auf unterschiedlichen Stufen der Wertschöpfungskette eines Produkts tätig sind.[196]

Diese Zusammenschlüsse sind aus wettbewerblicher Sicht in der Regel weniger Bedenken ausgesetzt als horizontale Zusammenschlüsse, da keine unmittelbaren Wettbewerber fusionieren und somit nach dem Zusammenschluss aus dem Markt ausscheiden. Dennoch können vertikale Zusammenschlüsse eine negative Wirkung auf den Wettbewerb haben, wenn der Zusammenschluss den Zugang auf vor- oder nachgelagerte Märkte erschwert.[197] Im schlimmsten Fall kann eine vertikale Integration eine Abschottung[198] der vor- oder nachgelagerten Märkte bewirken und dadurch andere tatsächliche oder potentielle Wettbewerber ausschließen.[199]

(3) Marktzutrittsschranken

In engem Zusammenhang zum vorgenannten Kriterium „Zugang zu den Absatz- und Beschaffungsmärkten" steht auch das nächste von der Europäischen Kommission zu berücksichtigende Kriterium: rechtliche oder tatsächliche Marktzutrittsschranken. Es geht in beiden Fällen darum, ob und inwieweit potentieller Wettbewerb trotz des Zusammenschlusses möglich ist.

Rechtliche Marktzutrittsschranken wie z.B. Zölle oder Konzessionserfordernisse sowie tatsächliche Marktzutrittsschranken wie z.B. hoher Investitionsaufwand können gleichermaßen in der Lage sein, potentiellen Wettbewerb auf dem relevanten Markt einzuschränken oder auszuschließen. Je höher die Marktzutrittsschranken auf dem relevanten Markt sind, desto mehr

---

196 Beispielsweise liegt ein vertikaler Zusammenschluss bei einem Zusammenschluss von einem Automobilhersteller mit einem Automobilzulieferer vor.
197 Siehe hierzu unten C.III.2.f)(bb). Hierzu siehe auch *Shang*, Ming, Merger Control in EU and Several Member States, S. 55 ff.
198 Man spricht insoweit von einem *foreclosure*.
199 *Lettl*, Tobias, Kartellrecht, S. 197 f.

kann bei einem horizontalen Zusammenschluss das Verschwinden eines Wettbewerbers vom Markt negative Auswirkungen auf den Wettbewerb haben. Ist hingegen die Marktzutrittsschwelle besonders niedrig, kann sogar das Verschwinden eines Wettbewerbers auf einem Markt mit wenigen Marktteilnehmern ggf. hinnehmbar sein, da jederzeit neue Wettbewerber auf dem Markt auftreten können. Aus diesem Grund sind Marktzutrittsschranken primär aus Sicht der potentiellen Wettbewerber zu beurteilen.[200]

Der geplante Zusammenschluss an sich kann aber ebenfalls die bestehenden Marktzutrittsschranken verändern. Das ist etwa dann der Fall, wenn der Wettbewerbsvorsprung der am Zusammenschluss beteiligten Unternehmen durch den Zusammenschluss so vergrößert wird, dass er potentielle Wettbewerber abschreckt. Bei vertikalen Zusammenschlüssen kann insbesondere eine mit dem Zusammenschluss verbundene Abschottung der vor- oder nachgelagerten Märkte die Marktzugangsschranken aus Sicht der Wettbewerber verschlechtern.

Auch ist ein Zusammenschluss auf einen erst in Entstehung begriffenen Markt, insbesondere in einem Zukunfts- bzw. Innovationsmarkt, aus wettbewerblicher Sicht brisant.[201] Auf einem solchen Markt kann es sein, dass es noch keine Wettbewerber gibt. Aus diesem Grund führt auch ein anfänglicher Marktanteil von 100 % an sich noch nicht zwangsläufig zur Annahme einer marktbeherrschenden Stellung und damit zu einer Untersagung des Zusammenschlusses. Vielmehr kommt es in einem solchen Fall darauf an, ob eine Alleinstellung durch den Zusammenschluss auf Dauer begründet wird oder ob in absehbarer Zeit mit Wettbewerb durch Marktzutritt weiterer Wettbewerber gerechnet werden kann.[202] Die Wichtigkeit des Marktzutritts und des potentiellen Wettbewerbs kommt hierbei besonders zum Ausdruck. Die Schwierigkeit für eine fusionskontrollrechtliche Entscheidung besteht darin, die Entwicklungen eines Zukunftsmarkts *ex ante* zu beurteilen. Durch zu restriktive Entscheidungen könnte das Wettbewerbsrecht den technischen Fortschritt bremsen.[203] Der Europäischen Kommission ist daher zu empfehlen, die Zeitspanne, innerhalb derer auf dem neu entstehenden Markt mit Wettbewerb gerechnet wird, möglichst großzügig handzuhaben.[204]

---

200 Tz. 69 ff. der Horizontalen Leitlinie. Vgl. *Körber*, Thorsten in Immenga/Mestmäcker, EU-Wettbewerbsrecht. 5 Aufl., Art. 2 FKVO, Tz. 287.
201 *Behrens*, Peter, Europäisches Marktöffnungs- und Wettbewerbsrecht, S. 700.
202 *Europäische Kommission*, Entscheidung vom 9.11.1994, WuW/E EV 2231-2256, Tz. 55.
203 Hierzu *Camesasca*, Peter D., European Merger Control: Getting the Efficiencies Right, Intersentia, 2000, S. 245 f.
204 *Ebenda*.

Die Entscheidungen der Europäischen Kommission orientieren sich bislang stets an den besonderen Umständen des Einzelfalls. Bestimmte Zeitspannen sind demnach nicht ersichtlich. Dennoch ist festzustellen, dass die Europäische Kommission durchaus die Besonderheiten eines neuen Marktes anerkennt und den Marktführer eines solchen Marktes nicht ohne weitere unangemessene Verpflichtungen auferlegen will.[205] Dies deutet *Peter Behrens* als Bereitschaft zur großzügigen Handhabung zukünftiger Entwicklungen.[206]

(4) Technischer und wirtschaftlicher Fortschritt

Das letzte ausdrücklich von der Europäischen Kommission zu berücksichtigende Kriterium ist nach Art. 2 Abs. 2 lit. b FKVO der technische und wirtschaftliche Fortschritt, sofern dieser dem Verbraucher dient und den Wettbewerb nicht behindert.

Der Zusatz, „sofern er den Wettbewerb nicht behindert" macht deutlich, dass dieses Kriterium nur sehr bedingt wettbewerblicher Natur ist. Der Zusatz „sofern dieser dem Verbraucher dient" wiederum lässt sich als Anlehnung an ein dem Verbraucherwohl dienenden Maßstab bei der europäischen Fusionskontrolle verstehen.[207]

Mit technischem und wirtschaftlichem Fortschritt sind in erster Linie Effizienzgewinne beispielsweise in den Bereichen Forschung, Entwicklung und Innovation gemeint. Derartige Effizienzgewinne können zudem zu Kosteneinsparungen in der Produktion führen, die letztendlich auch dem Verbraucher zu Gute kommen. Letzteres gilt selbstverständlich nur dann, sofern die Einsparungen durch Preissenkungen an die Verbraucher weitergegeben werden. So wird der Aspekt des technischen und wirtschaftlichen Fortschritts im Rahmen von Art. 2 Abs. 2 lit. B FKVO auch konsequenterweise als Auf-

---

205 Hierzu siehe Richtlinie 2002/21/EG des Europäischen Parlaments und des Rates vom 7.3.2002 über einen gemeinsamen Rechtsrahmen für elektronische Kommunikationsnetze und –dienste (Rahmenrichtlinie), AB 2002 Nr. L 108/33, im Folgenden „Rahmenrichtlinie Kommunikationsnetze", Tz. 27.

206 *Behrens*, Peter, Europäisches Marktöffnungs- und Wettbewerbsrecht, S. 701.

207 Zu einer Ausrichtung der Europäischen Fusionskontrolle nach dem Konsumentenwohlfahrtsstandard siehe auch *Kokkoris*, Ioannis / *Shelanski*, Howard, EU Merger Control, S. 35, 38 f.; *Kroes*, Neelie, European Competition Policy: Delivering Better Markets and Better Choices, SPEECH/05/52, aufrufbar unter http://europa.eu/rapid/press-release_SPEECH-05-512_en.htm.

hänger für eine generelle Berücksichtigung von Effizienzgewinnen in der europäischen Fusionskontrolle diskutiert.[208]

e) Kausalität zwischen Zusammenschluss und Wettbewerbsbehinderung

Die Europäische Kommission würdigt die wettbewerblichen Auswirkungen des Zusammenschlusses auf Basis eines Vergleichs zu den Wettbewerbsbedingungen ohne den Zusammenschluss.[209] Wichtig ist daher auch die Kausalität zwischen dem Zusammenschluss und der Wettbewerbsbehinderung. Im Regelfall ist von der Kausalität des Zusammenschlusses für die Verschlechterung der Wettbewerbsbedingungen auszugehen.[210] Die Kausalität könnte aber in Frage stehen, wenn eines der am Zusammenschluss beteiligten Unternehmen ohne den Zusammenschluss aus dem Markt ausscheidet und sein Marktanteil ohnehin automatisch dem im Markt verbliebenen Wettbewerber zuwachsen würde (sog. Sanierungsfusion oder *failing firm defence*).[211]

Anders als etwa die US-amerikanische Fusionskontrolle[212] hat die europäische Fusionskontrolle den Fall der Sanierungsfusion nicht ausdrücklich in der FKVO geregelt. Obwohl die Europäische Kommission anfänglich eine *failing firm defence* nicht zuzulassen schien,[213] hat sie seit der *Kali und Salz* Entscheidung[214] nunmehr ihre Meinung dahingehend geändert, dass eine solche auch in der Europäischen Fusionskontrolle möglich ist. Die vorhersehbare Zahlungsunfähigkeit eines am Zusammenschluss beteiligten Unternehmens kann also dazu führen, dass die Kausalität des Zusammenschlusses für die Begründung oder Verstärkung einer marktbeherrschenden Stellung verneint wird.[215]

Hierfür müssen aber die beteiligten Unternehmen das Vorliegen der folgenden Voraussetzungen kumulativ nachweisen:[216]

---

208 Ob und inwieweit die europäische Fusionskontrolle tatsächlich Effizienzgewinne berücksichtigt oder berücksichtigen sollte, ist stark umstritten. Siehe hierzu unten C.III.2.f)cc).
209 Tz. 9 der Horizontalen Leitlinie.
210 *Europäische Kommission*, Rewe/Meinl, Tz. 63 ff.
211 *Bergmann*, Helmut in FS Huber, S. 1069.
212 U.S. Horizontal Merger Guidelines 2010, No. 11.
213 *Europäische Kommission*, Entscheidung von 2.10.1991, WuW/E EV 1675, „Aerospatiale-Alenia/de Havilland", Tz. 31.
214 *Europäische Kommission*, Entscheidung vom 14.12.1993, ABl 1994 Nr. L 136/38, bestätigt von EuGH 31.3.1998, Slg. 1998 I 1375.
215 *Europäische Kommission*, Entscheidung vom 14.12.1993, ABl 1994 Nr. L 136/38, Tz. 70 bestätigt von EuGH 31.3.1998, Slg. 1998 I 1375, Tz. 114 ff.
216 Vgl. Tz. 89-91 der Horizontalen Leitlinie.

(i) Ohne den Zusammenschluss würde das erworbene Unternehmen aus dem Markt ausscheiden

(ii) Die Marktposition des erworbenen Unternehmens würde im Falle seines Ausscheidens aus dem Markt dem erwerbenden Unternehmen zuwachsen, und

(iii) Es existiert keine weniger wettbewerbsschädliche Erwerbsalternative.

Besonders hohe Anforderungen gelten für den Fall, dass nicht das ganze Unternehmen aus dem Markt ausscheidet, sondern lediglich ein Unternehmensteil.[217]

Die Frage, ob eine erweiterte *failing firm defence* bei Sachverhalten greift, bei denen das übernommene Unternehmen zwar nicht zahlungsunfähig ist, aber dennoch nicht in der Lage ist wirksam als Wettbewerber auf den Markt aufzutreten, hat die Europäische Kommission bislang verneint.[218]

f) Besonderheiten

aa) Unilaterale und koordinierte Effekte auf Oligopolmärkten

Im Gegensatz zur *ex post* Betrachtung bei Art. 102 AEUV erfolgt die Prüfung eines Zusammenschlusses *ex ante* und zukunftsbezogen. Aus dem präventivem Charakter folgt, dass die Europäische Kommission bei der Fusionskontrolle mögliche Auswirkungen des Zusammenschlusses prognostizieren muss.[219] Die Prognosewirkung mit ihren Ungewissheiten wird insbesondere bei Zusammenschlussprüfungen auf Oligopolmärkten deutlich.

Im Gegensatz zu dem unter normalen Umständen vorrangig durchzuführenden Marktbeherrschungstest neigt die Europäische Kommission dazu, in Oligopolmärkten bei einem Marktanteil der fusionierten Unternehmen von 25 - 50 % auf die eindeutige Feststellung der Marktbeherrschung zu verzichten und stattdessen direkt die unilateralen und koordinierten Wirkungen des Zusammenschlusses auf den Wettbewerb zu untersuchen.[220]

---

217 Ablehnend *Europäische Kommission* in Bertelsmann/Kirch/Premiere, Tz. 71 und Rewe/Meinl, Tz. 65.

218 *Behrens*, Peter, Europäisches Marktöffnungs- und Wettbewerbsrecht, S. 740.

219 *Behrens*, Peter, Europäisches Marktöffnungs- und Wettbewerbsrecht, S. 677.

220 Als Beispiel siehe *Europäische Kommission*, Entscheidung vom 30.1.2013, COMP/M. 6570, „UPS/TNT Express". Auch der EuG hat diese Herangehensweise bereits bestätigt. EuG, Slg. 2007 II 2153, Tz. 141. Die Europäische Kommission spricht insoweit von nicht koordinierten und koordinierten Wirkungen. Vgl. Tz. 22 der Horizontalen Leitlinie.

Unilaterale Effekte sind nicht koordinierte Wirkungen, die durch den Wegfall von Wettbewerbsdruck durch einen oder mehrere Anbieter entstehen.[221] Es sind damit negative wettbewerbliche Wirkungen gemeint, die ein zusammengeschlossenes Unternehmen auf den Wettbewerb am relevanten Markt unmittelbar durch Verlust von Wettbewerb erzielt, ohne dass das zusammengeschlossene Unternehmen sein Verhalten mit anderen Wettbewerbern koordinieren muss.

Koordinierte Effekte meinen solche negativen Auswirkungen auf den Wettbewerb, die durch koordinierte Verhaltensweisen des zusammengeschlossenen Unternehmens gegenüber Wettbewerbern nach dem Zusammenschluss entstehen.

Aufgrund des präventiven Charakters liegen zum Zeitpunkt der fusionsrechtlichen Prüfung aber keine nachweisbaren unilateralen oder koordinierten Effekten vor. Vielmehr muss die Europäische Kommission eine Prognose darüber treffen, wie wahrscheinlich es ist, dass das zusammengeschlossene Unternehmen in der Zukunft negative Auswirkungen durch unilaterale bzw. koordinierte Effekte auf den Wettbewerb haben wird. Insbesondere bei den koordinierten Effekten muss sie somit eine Prognoseentscheidung über die Wahrscheinlichkeit treffen, dass sich das zusammengeschlossene Unternehmen aufgrund der strukturellen Veränderung des Marktes mit weiteren Wettbewerbern „verbündet", um sich gemeinsam wettbewerbswidrig zu verhalten. Dieser Prognosecharakter der Prüfung stellt eine besondere Herausforderung der Fusionskontrolle dar.

Koordinierte Effekte sind unstreitig bereits von der alten FKVO[222] erfasst. Sie stimmen mit den Voraussetzungen für die Annahme gemeinsamer Marktbeherrschung überein, was auch die Möglichkeit einer kollektiven Marktbeherrschung durch mehrere Oligopolisten umfasst.[223] Wie bereits oben erwähnt, ist weder eine strukturelle Verbindung der Oligopolisten noch eine kartellartige Absprache zwingend notwendig.[224] Aufgrund der oligopolistischen Interdependenz ist vielmehr bereits ein bewusstes Parallelverhalten ausreichend. Erforderlich ist das Vorliegen des Nachweises über folgende drei Voraussetzungen: Die Oligopolisten haben

(i) aufgrund der hinreichenden Markttransparenz die Möglichkeit sich gegenseitig beobachten zu können, um ihre jeweiligen Verhaltensweisen wie z.B. Preissteigerungen zur gemeinsamen Gewinnmaximierung aneinander

---

221 Tz. 24 der Horizontalen Leitlinie.
222 VO 4064/89.
223 *Mestmäcker*, Ernst-Joachim / *Schweitzer*, Heike, Europäisches Wettbewerbsrecht, S. 720.
224 Vgl. C.III.2.b).

anzupassen (Überwachungsmöglichkeit der Koordinierungsmodalitäten), (ii) u.a. aufgrund der abschreckenden Wirkung von Sanktionen keinen Anreiz für ein abweichendes Verhalten haben, und (iii) keine Reaktion von Kunden oder Wettbewerber zu befürchten, die die von der Koordination erwarteten Ergebnisse gefährden können.[225]

Der von den Gerichten geforderte Standard des Nachweises für das Vorliegen dieser Voraussetzungen und damit die Annahme der kollektiven Marktbeherrschung ist hoch. Dies gilt insbesondere seit der EuGH Entscheidung *Bertelsmann und Sony/Impala* aus dem Jahr 2008.[226] Der EuGH fordert darin unter anderem, dass die Markttransparenz nicht isoliert bestimmt werden darf, sondern in Bezug auf einen sog. postulierten Überwachungsmechanismus analysiert werden muss.[227] Aus Sicht der Europäischen Kommission gilt eine Bejahung einer kollektiven Marktbeherrschung aufgrund koordinierter Effekte angesichts dieser sehr hohen Anforderung im Hinblick auf eine gerichtliche Überprüfung als risikoreich. Hiermit lässt sich auch die Haltung der Europäischen Kommission zur eindeutigen Bejahung der koordinierten Wirkungen und einer damit verbundenen Marktbeherrschung erklären. In der Praxis stellt die Europäische Kommission bei Oligopolmärkten, sofern möglich, primär auf die unilateralen Effekte ab und lässt das Vorhandensein einer eventuellen Marktbeherrschung aufgrund koordinierter Effekte offen.[228]

Im Gegensatz zu den koordinierten Effekten war die Behandlung von unilateralen Effekten auf Oligopolmärkten unter der alten FKVO lange Zeit umstritten. Die eindeutige Erfassung dieser Effekte auf Oligopolmärkten und die damit verbundene Schließung einer Rechtslücke war einer der ausschlaggebenden Gründe für die Reform der FKVO im Jahre 2004.[229] Unter Erwägungsgrund 25 FKVO wird seitdem eindeutig klargestellt, dass wettbewerbsschädliche Wirkungen, die allein auf die Verringerung des Wettbewerbsdrucks auf einem oligopolistisch strukturierten Markt zurückzuführen

---

225 EuG, Slg. 2002 II-3585, Tz. 62. EuG, Slg. 1999 II-753, Tz. 275 ff.; Die von der Rechtsprechung entwickelten Grundsätze hat die Europäische Kommission auch in Tz. 41 der Horizontalen Leitlinie aufgenommen und in Tz. 44 ff. weiter spezifiziert.
226 EuGH, Slg. 2008 I 4951.
227 EuGH, Slg. 2008 I 4951, Tz. 130. Dazu kritisch: *Berg*, Werner, Die Odyssee geht weiter: EuGH hebt Sony/BMG-Entscheidung auf und verweist die Sache zurück an das EuG., EWS 2008, Heft 8, S. 1; *Hirsbrunner*, Simon / *von Köckritz*, Christian, Da capo senza fine - Das Sony/BMG-Urteil des EuGH, EuZW, 2008, S. 591 (591 f.).
228 Siehe z.B. *Europäische Kommission*, Entscheidung von 26.4.2006, COMP/M.3916, „T-Mobile Austria/Tele.ring", Tz. 127 ff.; Hutchinson 3G Austria/Orange Austria, Tz. 448. *Behrens*, Peter, Europäisches Marktöffnungs- und Wettbewerbsrecht, S. 720.
229 Siehe hierzu oben C.III.2.a).

sind, ebenfalls zur Annahme einer wesentlichen Behinderung wirksamen Wettbewerbs und damit zur Untersagung des Zusammenschlusses führen können. Der Verlust des Wettbewerbs zwischen den am Zusammenschluss beteiligten Unternehmen kann nämlich dazu führen, dass ein wirksamer Wettbewerb der verbliebenen Wettbewerber auf dem Oligopolmarkt mangels Wettbewerbsdrucks nicht mehr zustande kommt.

Zur Prognose unilateraler Effekte greift die Europäische Kommission auf das ökonomische Modell des sog. *upward pricing pressure* –Tests zurück.[230] Problematisch bei dem Test ist jedoch, dass er -wie so oft bei den ökonomischen Modellen- nur dann verlässlich funktionieren kann, wenn die Informations- und Datenlage stimmt.[231] Diese klare Ausgangslage liegt in der Praxis aber nur in den seltensten Fällen vor.[232]

bb) Nichthorizontale Unternehmenszusammenschlüsse

Das Hauptaugenmerk der Fusionskontrolle liegt schwerpunktmäßig auf horizontalen Unternehmenszusammenschlüssen. Diese Art von Unternehmenszusammenschlüssen ist wettbewerblich besonders problematisch, da die beteiligten Unternehmen auf ein und demselben Markt agieren und damit vor dem Zusammenschluss Wettbewerber waren. Auf diese Weise scheidet bei einem horizontalen Zusammenschluss zumindest ein Wettbewerber nach dem geplanten Zusammenschluss aus dem relevanten Markt aus.

Bei nichthorizontalen Zusammenschlüssen trifft dies nicht zu, da die beteiligten Unternehmen auf verschiedenen Märkten agieren. Zudem ist ein nichthorizontaler Zusammenschluss in der Regel mit erheblichen Effizienzgewinnen verbunden.[233] Sie sind daher im Vergleich zu horizontalen Zusammenschlüssen aus wettbewerblicher Sicht grundsätzlich weniger problematisch.[234] Um dieser Wertung gerecht zu werden, wendet die Europäische

---

230 Erstmals *Europäische Kommission*, Hutchinson 3G Austria/Orange Austria, Tz. 184 ff. Zu dem *upward pricing pressure*-Test siehe *Farell*, Joseph/*Shapiro*, Carl, Antitrust Evaluation of Horizontal Mergers: An Economic Alternative o Market Definition, The B.E. Journal of Theoretical Economics 2010, Vol. 10(1), S. 1-41. Siehe auch oben C.III.1.c).

231 *Oinonen*, Mika, Modern economic advances in contemporary merger control: an imminent farewell to the market definition? E.C.L.R. 2011, 32 (12), S. 629 (632).

232 Zur Gegenüberstellung der Entscheidungen bei denen unilaterale Effekte angenommen bzw. abgelehnt worden sind siehe *Wrase*, Silvelyn, Europäische Fusionskontrolle, S. 93 ff.

233 *Shang*, Ming, Merger Control in EU and Several Member States, S. 55.

234 *Mestmäcker*, Ernst-Joachim / *Schweitzer*, Heike, Europäisches Wettbewerbsrecht, S. 722.

Kommission hinsichtlich der Prüfung von nichthorizontalen Zusammenschlüssen einen im Vergleich zur Prüfung von horizontalen Zusammenschlüssen privilegierten Maßstab an. Diesen Prüfungsmaßstab hat die Europäische Kommission in der Nichthorizontalen Leitlinie konkretisiert.

Danach gibt es auch bei nichthorizontalen Zusammenschlüssen denkbare Konstellationen, die sich negativ auf den Wettbewerb auswirken können. Die Nichthorizontale Richtlinie stellt insoweit darauf ab, ob der Zusammenschluss die Wettbewerbsfähigkeit der fusionierten Unternehmen auf eine Weise verändern kann, die für den Verbraucher von Nachteil ist.[235] Mit Verbrauchern sind grundsätzlich auch „Zwischenverbraucher"[236] gemeint, sofern sie keine potentiellen Wettbewerber des fusionierten Unternehmens sind, denn in diesem Fall ist auf den Endverbraucher abzustellen. Dies entspricht der Wertung, dass der Wettbewerb an sich und nicht die Wettbewerber zu schützen ist.[237] Wie bei der Horizontalen Leitlinie ist damit auch bei der Nichthorizontalen Leitlinie ein Hinweis auf Verbraucherwohlfahrtstandards erkennbar. Der Fokus auf dem Verbraucherwohl als Wettbewerbsergebnis ist damit auch eine Aufweichung des rein strukturellen Ansatzes zum Schutz des Wettbewerbsprozesses.[238]

Bei nichthorizontalen Unternehmenszusammenschlüssen wird in der Regel wiederum zwischen vertikalen und diagonalen Zusammenschlüssen unterschieden.[239]

Die vertikalen Zusammenschlüsse sind aus wettbewerblicher Sicht größeren Bedenken ausgesetzt als diagonale Zusammenschlüsse, da die beteiligten Unternehmen zwar nicht auf dem gleichen Markt oder derselben Marktstufe, aber auf zusammenhängenden, in einem Vertikalverhältnis stehenden, Märkten agieren.[240] Umfasst ist damit die Übernahme von Unternehmen auf der vorgelagerten Wirtschaftsstufe (z.B. eines Zulieferers) als auch auf der nachgelagerten Stufe (etwa einer Vertriebsgesellschaft).[241] Solche Zusammenschlüsse können aus wettbewerblicher Sicht vorteilhaft sein, da mit ihnen in

---

235 Nichthorizontale Richtlinie Tz. 15
236 Zwischenverbraucher sind im Unterschied zu Endverbrauchern keine privaten Konsumenten, sondern Unternehmen die auf nachgelagerten Märkten agieren.
237 Die Beeinträchtigung von Wettbewerbern ist klarstellend nach Tz. 16 der Nichthorizontalen Leitlinie damit auch kein Problem.
238 Vgl. C.III.2.f)cc).
239 *Shang*, Ming, Merger Control in EU and Several Member States, S. 54.
240 *Mestmäcker*, Ernst-Joachim / *Schweitzer*, Heike, Europäisches Wettbewerbsrecht, S. 722.
241 Man spricht insoweit von Vorwärts- bzw. Rückwärtsintegration. Vgl. dazu *Mestmäcker*, Ernst-Joachim / *Schweitzer*, Heike, Europäisches Wettbewerbsrecht, S. 723.

der Regel hohe Effizienzgewinne möglich sind.[242] Bei vertikalen Unternehmenszusammenschlüssen kommt eine negative Auswirkung auf den Wettbewerb regelmäßig aber dann in Betracht, wenn durch den Zusammenschluss der Marktzugang zu vor – und/oder nachgelagerten Märkten für potentielle Wettbewerber erschwert wird.[243] Gemäß den Bestimmung der Nichthorizontalen Leitlinie erfolgt eine Prüfung des Zusammenschlusses im Hinblick auf solches Abschottungspotential wie folgt in drei Schritten: Zuerst ist zu prüfen, ob das fusionierte Unternehmen die Möglichkeit hätte, den Zugang zu dem benachbarten Markt abzuschotten. Als zweites ist zu prüfen, ob es den Anreiz dazu hätte und als drittes soll geprüft werden, ob eine solche Abschottungsstrategie spürbare nachteilige Auswirkungen auf den nachgeordneten Wettbewerb hätte.[244] Grundsätzlich ist ein Abschottungspotential in der Regel nur bei der marktbeherrschenden Stellung auf zumindest einem der relevanten Märkte auf der Vertikalstufe denkbar.[245]

Bei diagonalen Unternehmenszusammenschlüssen[246] agieren die beteiligten Unternehmen weder auf dem gleichen noch auf zusammenhängenden Märkten, mithin also auf komplett unterschiedlichen Märkten. Beispielsweise ist das dann der Fall, wenn ein Softwarehersteller ein Lebensmittelunternehmen kauft. Auf Grund der fehlenden Konnektivität der Märkte ist ein solcher diagonaler Unternehmenszusammenschluss in der Regel nicht in der Lage, den Wettbewerb auf den relevanten Märkten negativ zu beeinflussen. Er löst daher aus wettbewerblicher Sicht die geringsten Bedenken aus. Nur unter ganz besonderen Umständen kann auch ein diagonaler Zusammenschluss wettbewerbsbehindernd wirken.[247] Eine wettbewerbsbehindernde Wirkung geht von einem diagonalen Zusammenschluss dann aus, wenn besondere Wettbewerbsvorteile für die beteiligten Unternehmen gegenüber Wettbewerbern gerade aus der Angebotskombination der Produkte entstehen. Solche Wettbewerbsvorteile können wie folgt entstehen: Wenn aufgrund einer beherrschenden Stellung des am Zusammenschluss beteiligten Unternehmens 1 auf Markt A eine Hebelwirkung auf Markt B erzeugt wird, kann

---

242 Zur Behandlung von Effizienz vgl. C.III.2.f)cc).

243 Hierzu ausführlich *Shang*, Ming, Merger Control in EU and Several Member States, S. 55 ff. Vgl. zudem oben C.III.2.d)bb)(2).

244 Tz. 32 ff. der Horizontalen Leitlinie behandelt die Abschottung von Einsatzmitteln und Tz. 58 ff. der Horizontalen Leitlinie behandelt die Abschottung des Zugangs für Kunden.

245 *Mestmäcker*, Ernst-Joachim / *Schweitzer*, Heike, Europäisches Wettbewerbsrecht, S. 724.

246 Diagonale Zusammenschlüsse werden auch als konglomerate Zusammenschlüsse bezeichnet.

247 Vgl. Tz. 92 der Nichthorizontalen Leitlinie.

das auf Markt B tätige Unternehmen 2 durch die Hebelwirkung (*leverage*) ebenfalls eine beherrschende Stellung auf Markt B erlangen.[248] Die Märkte sind dabei stets getrennt voneinander zu untersuchen.[249]

Da die Prüfung der Fusionskontrolle *ex ante* und zukunftsbezogen erfolgt, muss daher zuerst analysiert werden, ob die Möglichkeit einer Hebelwirkung besteht. Sofern dies bejaht wird, ist in einem zweiten Schritt zu untersuchen, ob ein Anreiz zur Ausübung der möglichen Hebelwirkung besteht.[250] Für die Analyse der möglichen Hebelwirkung ist insbesondere maßgeblich, ob die relevanten Märkte miteinander in einem funktionalen Zusammenhang stehen, da ein solcher Zusammenhang die Möglichkeit einer Hebelwirkung begünstigt.[251] Ein solcher funktionaler Zusammenhang kann gegeben sein, wenn die beteiligten Unternehmen dem gleichen Industriezweig angehören oder die Produkte aus Sicht der Verbraucher zu einem großen Teil gemeinsam benötigt werden.

Kann eine mögliche Hebelwirkung bejaht werden, ist zu prüfen, ob ein Anreiz für die Ausübung dieser Hebelwirkung besteht. Dabei muss die Europäische Kommission nach den von der Rechtsprechung entwickelten Grundsätzen insbesondere klären, ob ein solches wettbewerblich missbräuchliches Verhalten trotz der Verbote in Art. 102 AEUV wahrscheinlich ist.[252] Bei ihrer Prüfung soll die Europäische Kommission wirtschaftliche Anreize für die Ausübung des wettbewerbswidrigen Verhaltens gegenüber solchen Faktoren abwägen, die diese Anreize verringern oder beseitigen können.[253] Zu diesen Faktoren zählen auch die von den beteiligten Unternehmen angebotenen Verpflichtungen im Hinblick auf ihr zukünftiges Verhalten.[254] Die von der Rechtsprechung entwickelten Grundsätze zur Überprüfung des Anreizes für die Ausübung der Hebelwirkung wurde teilweise als zu streng kritisiert.[255] Immerhin hat der EuGH die weite Rechtsprechung des EuG zumindest insoweit relativiert, dass eine Berücksichtigung von wettbewerbswidrigem

---

248 *Lettl*, Tobias, Kartellrecht, S. 200 ff.

249 EuG, Slg. 2002, II-4381 Tz. 142; EuGH, Slg. 2005, I-987.

250 *Shang*, Ming, Merger Control in EU and Several Member States, S. 64.

251 *Lettl*, Tobias, Kartellrecht, S. 201.

252 Zurückzuführen auf die sog. „Tetra Laval Entscheidung" des EuG, Slg. 2002, II-4381, Tz. 159. EuGH hat dies in Kern bestätigt, wenn auch die Forderung diese Punkte in jedem Fall zu prüfen, zurückgewiesen wurde. Siehe hierzu EuGH, Slg. 2005, I-987, Tz. 74 ff. ist Weiter spezifiziert in Tz. 46 und 71 der Nichthorizontalen Leitlinie.

253 EuGH Slg. 2005, I-987 Tz. 74.

254 EuGH Slg. 2005, I-987 Tz. 85.

255 Siehe z.B. *Schwaderer*, Melanie, Conglomerate Merger Analysis – The Legal Context: How the European Courts' Standard of Proof Put an End to the ex ante Assessment of Leveraging, ZWeR 2007, S. 482 (507).

Verhalten trotz Verstoß gegen Art. 102 AEUV[256] nicht in jedem Fall geprüft werden muss, zumal eine solche Prüfung zu spekulativ sein kann.[257] Entsprechend beurteilt die Europäische Kommission einen eventuellen zukünftigen Verstoß gegen Art. 102 AEUV auch nicht immer abschließend.[258] Stattdessen stellte sie oft darauf ab, dass selbst bei einem eventuellen Verstoß ein Anreiz für koordinierte Verhaltensweisen fortbesteht.[259]

cc) Berücksichtigung von Effizienzen

Ob und inwieweit die Europäische Kommission Effizienzgewinne im Rahmen der fusionskontrollrechtlichen Prüfung berücksichtigt oder berücksichtigen sollte, ist umstritten.[260]

Die Effizienz meint im Allgemeinen die Leistungsfähigkeit ausgedrückt durch das Verhältnis von Erfolg zu Mitteleinsatz, oder anders gesagt Nutzen zu Aufwand. Nach dem ökonomischen Prinzip geht es im wirtschaftlichen Bereich darum, mit den vorhandenen Mitteln einen möglichst großen Nutzen zu erzeugen.[261]

Der relevante Nutzen aus Sicht der am Zusammenschluss beteiligten Unternehmen ist die Gewinnmaximierung. Der erhoffte Effizienzgewinn ist für die einzelnen Unternehmen zumeist die treibende Kraft hinter den Unternehmenszusammenschlüssen.[262] Effizienz meint in diesem Sinne die Maximierung der unternehmerischen Leistungsfähigkeit des einzelnen Unter-

---

256 EuG, Slg. 2002, II-4381, Tz. 159
257 EuGH, Slg. 2005, I-987, Tz. 74 ff.
258 Siehe z.B. *Europäische Kommission*, Entscheidung von 21.12.2005, COMP/M.3696, „E.ON/MOL", Tz. 443 ff.
259 E.ON/MOL, Tz. 444.
260 Dazu z.B. *Klumpp*, Ulrich, Die „Efficiency Defence" in der Fusionskontrolle, S. 184 ff., *Iversen*, Hanne, E.C.L.R. 2010, Vol. 31, No. 9, S. 370 (370 ff.); *Böge*, Ulf / *Jakobi*, Wolfgang, Berücksichtigung von Effizienzen in der Fusionskontrolle, BB 2005, S. 113 ff.; *Möschel*, Wernhard, Europäische Fusionskontrolle, ZHR 2008, S. 716 (722); *Wirtz*, Markus M., Wohin mit den Effizienzen in der europäischen Fusionskontrolle, EWS 2002, S. 59 (60 ff.); *Roth*, Wulf-Henning, Aktuelle Probleme der europäischen Fusionskontrolle, UHR 2008, 670 (672 ff.); *Kirchner*, Christian, Fusionskontrolle und Konsumentenwohlfahrt, ZHR 2009, S. 775 ff.; *Barke*, Attila / *Stransky*, Anna, Der Sieg des SIEC – Auswirkungen der Übernahme des europäischen Fusionskontrollkriteriums, WRP 2014, S. 674 f.
261 *Klumpp*, Ulrich, Die „Efficiency Defence" in der Fusionskontrolle, S. 29.
262 Wobei verschiedene empirische Studien belegen, dass der Effizienzgewinn für zumindest einen signifikanten Teil der Unternehmen nach dem Zusammenschluss gar nicht oder nur minimal nachgewiesen werden kann, Vgl. hierzu die Studie aus dem Jahr 2016: *Blonigen*, Bruce A. / *Pierce*, Justin R., Evidence for the Effects of

nehmens, verstanden als Ertrag abzüglich Aufwand. Ein Unternehmenszusammenschluss kann nach dieser Betrachtung zu Effizienzgewinnen führen, wenn entweder auf Aufwandsseite Produktionskosten etwa aufgrund von Synergien gesenkt werden, und/oder der Ertrag, beispielsweise durch Erhöhung der Absatzmenge oder des Preises, erhöht wird. Die Erhöhung der Effizienz macht die Unternehmen profitabler und wettbewerbsfähiger.

Der Effizienzgewinn ist aber kein Teil des Wettbewerbs an sich, sondern lediglich ein wünschenswertes Ergebnis des Wettbewerbsprozesses. Eine Berücksichtigung von Effizienzgewinnen stellt daher eine Abweichung vom grundsätzlich strukturorientierten Ansatz der Europäischen Fusionskontrolle dar.

Inwieweit Effizienzen daher im Rahmen der Fusionskontrolle berücksichtigt werden sollen, ist nicht abschließend geklärt. Der Effizienzgewinn wird nicht ausdrücklich als zu berücksichtigendes Kriterium oder gar Rechtfertigungsgrund für wettbewerbswidrige Zusammenschlüsse genannt. Im Rahmen von Art. 2 Abs. 3 FKVO handelt es sich um eine gebundene Entscheidung, bei dem wettbewerbswidrige Unternehmenszusammenschlüsse zwingend zu untersagen sind. Rechtfertigungsgründe oder Ausnahmetatbestände sind nicht vorgesehen. Die mit einer Berücksichtigung von Effizienzen verbundene Abwägungsmöglichkeit widerspricht diesem einstufigen Aufbau der Europäischen Fusionskontrolle und erscheint deshalb systemfremd. Vergleicht man aber die Rechtslage nach altem[263] und neuem Recht[264] unter der FKVO, so ist eine eindeutige Rechtsentwicklung hin zur Berücksichtigung von Effizienzen erkennbar.

(1) Alte Rechtslage unter der VO 4064/89

Der zentrale Maßstab für die materielle Fusionskontrolle war nach alter Rechtslage Art. 2 VO 4064/89. Dort hieß es in Abs. 2 und Abs. 3:

(2) Zusammenschlüsse, die keine beherrschende Stellung begründen oder verstärken, durch die wirksamer Wettbewerb im Gemeinsamen Markt oder in einem wesentlichen Teil desselben erheblich behindert würde, sind für vereinbar mit dem Gemeinsamen Markt zu erklären.
(3) Zusammenschlüsse, die eine beherrschende Stellung begründen oder verstärken, durch die wirksamer Wettbewerb im Gemeinsamen Markt

---

Mergers on Market Power and Efficiency, aufrufbar unter: https://www.federalreserve.gov/econresdata/feds/2016/files/2016082pap.pdf.
263 Nach VO 4064/89.
264 Nach VO 139/2004.

oder in einem wesentlichen Teil desselben erheblich behindert würde, sind für unvereinbar mit dem Gemeinsamen Markt zu erklären.

Dieses spiegelverkehrte Konstrukt ist ein Relikt aus dem langwierigen Gesetzgebungsprozess, in dem zunächst eine zweistufige Prüfung (Untersagungsgrund/übergeordnete Genehmigungsgründe oder Regel/Ausnahme) vorgesehen war. Effizienzgesichtspunkte konnten als Genehmigungsgrund nach Abs. 3 gegebenenfalls wettbewerbsbehindernde Zusammenschlüsse rechtfertigen.[265] In der Endversion der VO 4064/89 wurde Abs. 3 zwar formal beibehalten, aufgrund des spiegelverkehrten Wortlauts zu Abs. 2 enthielt er aber keine darüber hinausgehende Bedeutung. Dies ist als bewusste Entscheidung gegen die ursprünglich vorgesehene zweistufige Prüfung und der damit verbundenen Möglichkeit, wettbewerbswidrige Zusammenschlüsse zu rechtfertigen, zu sehen.[266]

Das materielle Prüfungskriterium war mithin nach alter Rechtslage der Marktbeherrschungstest, unter dem die möglichen Veränderungen des Zusammenschlusses auf die strukturellen Gegebenheiten des relevanten Marktes untersucht werden. Effizienzgesichtspunkte konnten in diesem Zusammenhang allenfalls dann berücksichtigt werden, wenn sie unmittelbare Auswirkungen auf die Wettbewerbsbedingungen hatten. Eine darüber hinaus gehende Bedeutung der Effizienz war demnach grundsätzlich nicht möglich. Konsequenterweise wurde daher in der Endversion der Art. 2 VO 4064/89 eine Berücksichtigung der allgemeinen Vertragsziele, insbesondere der Fernziele des Art. 2 EGV wie beispielsweise nachhaltige Entwicklung des Wirtschaftslebens, hohes Beschäftigungsniveau oder Förderung des gemeinschaftlichen Zusammenhalt und Solidarität der Mitgliedstaaten,[267] nicht gefordert.

Soweit erschien die wettbewerbstrukturlierte Ausrichtung der alten FKVO stimmig. Bei näherem Hinsehen wies die FKVO im Folge ihres langwierigen Gesetzgebungsprozesses und als Ausdruck eines Kompromisses jedoch einige

---

265 *Klumpp*, Ulrich, Die „Efficiency Defence" in der Fusionskontrolle, S. 190 f.

266 *Immenga*, Ulrich, Die Sicherung unverfälschten Wettbewerbs durch Europäische Fusionskontrolle, WuW 1990, S. 371 (374).

267 Zu den Zielen nach Art. 2 EGV gehört es: „eine harmonische, ausgewogene und nachhaltige Entwicklung des Wirtschaftslebens, ein hohes Beschäftigungsniveau und ein hohes Maß an sozialem Schutz, die Gleichstellung von Männern und Frauen, ein beständiges, nichtinflationäres Wachstum, einen hohen Grad von Wettbewerbsfähigkeit und Konvergenz der Wirtschaftsleistungen, ein hohes Maß an Umweltschutz und Verbesserung der Umweltqualität, die Hebung der Lebenshaltung und der Lebensqualität, den wirtschaftlichen und sozialen Zusammenhalt und die Solidarität zwischen den Mitgliedstaaten zu fördern".

Stellen auf, die durchaus für eine Berücksichtigung von Effizienzgewinn sprechen könnten.

Als mögliches Einfallstor gilt insbesondere Art. 2 Abs. 1 VO 4064/89. Dort wurden Faktoren genannt, die die Europäische Kommission bei ihrer Prüfung berücksichtigt.

In lit. a hieß es, die Europäische Kommission berücksichtigt, „die Notwendigkeit, im Gemeinsamen Markt wirksamen Wettbewerb aufrechtzuerhalten und zu entwickeln, insbesondere im Hinblick auf die Struktur aller betroffenen Märkte und den tatsächlichen oder potentiellen Wettbewerb durch innerhalb oder außerhalb der Gemeinschaft ansässige Unternehmen".

Die gewählte Formulierung lässt alle möglichen Interpretationen zu. Der vage formulierte Zusammenhang zwischen Notwendigkeit zur Aufrechterhaltung von Wettbewerb und der Struktur aller betroffenen Märkte könnte darauf hindeuten, dass mit der Formulierung „aller betroffenen" Märkte die Gesamtheit der Märkte gemeint sind.[268] Dies spricht für eine gesamtheitliche Abwägung der Vor- und Nachteile eines Zusammenschlusses auf den Wettbewerb.[269] Bei der Erstellung einer solchen wettbewerblichen Bilanz könnten auch Effizienzgesichtspunkte eine herausragende Rolle spielen. Fraglich ist daher, ob der Wortlaut des Art. 2 Abs. 1 VO 4064/89 als Zeichen zu verstehen ist, Effizienzerwägungen mit zu berücksichtigen.

Dies ist allerdings angesichts des klaren Wortlauts der Anknüpfung an die „Struktur" der Märkte unwahrscheinlich. Vielmehr ist durch diese Anknüpfung erkennbar, dass der Gesetzgeber auch bei dieser Klausel einen wettbewerbprozesslichen Schutz bezweckte. Der Effizienzgewinn ist somit nicht als solches zu berücksichtigen, sondern lediglich dann zu beachten, wenn er positive Auswirkungen auf die Wettbewerbsbedingungen hat. Folglich bleibt es bei dem strukturellen Grundsatz, einen Zusammenschluss lediglich auf

---

268 *Bechtold*, Rainer, Abwägung zwischen wettbewerblichen Vor- und Nachteilen eines Zusammenschlusses in der europäischen Fusionskontrolle, EuZW 1996, S. 389 (389 f.); *Immenga*, Ulrich, Die Sicherung unverfälschten Wettbewerbs durch Europäische Fusionskontrolle, WuW 1990, S. 371 (376); *Kleemann*, Dietrich, Enthält Art. 2 der EG-Fusionskontrollverordnung eine wettbewerbliche Abwägungsklausel? In: *Niederleithinger*, Ernst / *Werner*, Rosemarie / *Wiedemann*, Gerhard, Festschrift für Otfried Lieberknecht zum 70. Geburtstag, S. 379 ff.

269 *Bechtold*, Rainer, Abwägung zwischen wettbewerblichen Vor- und Nachteilen eines Zusammenschlusses in der europäischen Fusionskontrolle, EuZW 1996, S. 389-393 (389 f.); *Kleemann*, Dietrich, Enthält Art. 2 der EG-Fusionskontrollverordnung eine wettbewerbliche Abwägungsklausel? In: *Niederleithinger*, Ernst / *Werner*, Rosemarie / *Wiedemann*, Gerhard, Festschrift für Otfried Lieberknecht zum 70. Geburtstag, C.H.Beck, 1997, S. 379-390 (379 ff.), *Röhling*, Andreas, Offene Fragen der europäischen Fusionskontrolle, ZIP 1990, S. 1179 (1182).

seine möglichen Auswirkungen auf den Wettbewerbsprozess zu überprüfen. Gesamtwirtschaftliche Effizienzen als mögliche Ergebnisse des Wirtschaftsprozesses werden nicht gesondert geprüft und berücksichtigt.[270] Als möglichen Hinweis Effizienzen zu berücksichtigen, könnte aber in der sog. Forschrittlichkeitsklausel des Art. 2 Abs. 1 lit. b VO 4064/89 gesehen werden. Darin heißt es, die Europäische Kommission berücksichtigt unter anderem „die Entwicklung des technischen und wirtschaftlichen Fortschritts, sofern diese dem Verbraucher dient und den Wettbewerb nicht behindert".

Der technische und wirtschaftliche Fortschritt ist nicht Teil von Wettbewerbsbedingungen, sie ist vielmehr ein typisches Ziel und somit ein erhofftes Ergebnis des Wettbewerbsprozesses. Sie hat für die Feststellung einer marktbeherrschenden Stellung kaum Bedeutung. Ihre Nennung zeigt damit, dass trotz der einstufigen Prüfung offenbar eine Beschäftigung mit den Auswirkungen des Zusammenschlusses auch auf die Wettbewerbsergebnisse stattfinden soll. Für einige Stimmen in der Literatur ist somit durch die Hintertür faktisch doch eine Rechtfertigungsmöglichkeit von wettbewerbswidrigen Zusammenschlüssen möglich, soweit der Effizienzgewinn groß genug ist.[271]

Die wohl herrschende Meinung lehnte es unter der alten FKVO indes ab, die Fortschrittsklausel als Rechtfertigungsmöglichkeit von wettbewerbswidrigen Zusammenschlüssen anzuerkennen.[272]

Bereits die historische Auslegung zeigt, dass eine solche Interpretation der Fortschrittsklausel nicht im Sinne des Gesetzgebers war. Trotz der ursprünglich vorgesehenen Ausnahmetatbestände in Art. 2 Abs. 3 VO 4064/89 hatte sich der Gesetzgeber bewusst entschieden, die zweistufige Prüfung aufzugeben und keine Rechtsfertigungsgründe in die VO 4064/89 aufzunehmen. Die Nennung der Fortschrittlichkeitsklausel war Ausdruck eines gesetzgeberischen Kompromisses. Sie war als Entgegenkommen an die Mitgliedstaaten zu sehen, die traditionell eine gesamtwirtschaftliche Abwägung befürworteten.

---

270 So auch *Klumpp*, Ulrich, Die „Efficiency Defence" in der Fusionskontrolle, S. 202.

271 *Löffler*, Heinz F.: Kommentar zur europäischen Fusionskontrollverordnung, Luchterhand, 2001, Art. 2 FKVO, Rn. 166, *Miersch*, Michael, Kommentar zur EG-Verordnung Nr. 4064/89 über die Kontrolle von Unternehmenszusammenschlüssen, Luchterhand, 1991, S. 47.

272 *Klumpp*, Ulrich, Die „Efficiency Defence" in der Fusionskontrolle, S. 206; *Immenga*, Ulrich, Die Sicherung unverfälschten Wettbewerbs durch Europäische Fusionskontrolle, WuW 1990, S. 371-381 (377); *Feldmann* Wolfgang, Die Europäische Fusionskontrolle, Ein Überblick für die Praxis, WRP 1990, S. 577 ff.; *Brittan*, Sir Leon, The Law and Policy of Merger Control in the EEC, European Law Review 1990, S. 351 ff.

Sie war aber nicht in der Lage, den rein wettbewerblichen Beurteilungsmaß-stab der europäischen Fusionskontrolle zu unterlaufen.[273]

Dies wird auch aus dem Wortlaut der Fortschrittsklausel selbst deutlich. Mit den Zusätzen „sofern diese dem Verbraucher dient" und „den Wettbe-werb nicht behindert" wird deutlich, dass die Europäische Kommission nicht Effizienzgewinne per se mit berücksichtigen sollte, sondern nur unter eben diesen zusätzlichen Voraussetzungen. Der wettbewerbliche Bezug wird ins-besondere im zweiten Zusatz deutlich.

Berücksichtigt man aber tatsächlich Effizienzgesichtspunkte lediglich dann, wenn der Wettbewerbsprozess überhaupt nicht beeinträchtigt wird, so hat die Berücksichtigung keine nennenswerte Bedeutung. Nur wenn die strukturori-entierte Prüfung zum Schutz des Wettbewerbsprozesses und die Prüfung von Effizienz zu unterschiedlichen Ergebnissen führt, ist eine Berücksichtigung von Effizienzen rechtlich interessant.

Effizienzgewinne und Schutz des Wettbewerbsprozesses können sich näm-lich im Einzelfall widersprechen. So können Effizienzgewinne wie techni-scher Fortschritt und eine damit verbundene Reduzierung der Produktions-kosten unter anderem dazu führen, dass mögliche Wettbewerber vom relevan-ten Markt verdrängt werden oder dass sich die Marktzutrittsschranken eines relevanten Marktes erhöhen. Paradoxerweise können Zusammenschlüsse, die eine besonders schwere Wettbewerbsbehinderung erzeugen, auch meist besonders hohe Effizienzgewinne erzeugen.

Betrachtet man jedoch den insoweit eindeutigen Wortlaut und auch die historischen und systematischen Hintergründe im Zusammenhang mit der VO 4064/89, ist es kaum denkbar, dass unter der Fortschrittsklausel auch Effizienzen berücksichtigt werden können, die im Widerspruch zum Ergebnis der strukturorientierten Prüfung stehen. Insbesondere ein Aufwiegen der ggf. bestehenden Wettbewerbsbedenken durch Effizienzen erscheint vor diesem Hintergrund nicht möglich. Die Fortschrittsklausel war daher vor allem eine Leerformel ohne Regelungscharakter.

Auch die Betrachtung der Erwägungsgründe der VO 4064/89 sprechen für eine überwiegend dem Wettbewerbsschutz dienende und damit strukturori-entierte Ausrichtung der Fusionskontrolle.

Die Erwägungsgründe 1 und 2 gaben als Ziel vor, „ein System zu errich-ten, dass den Wettbewerb innerhalb des gemeinsamen Marktes vor Verfäl-schungen schützt". Die mögliche positive Wirkung von Unternehmenszu-

---

273 *Immenga*, Ulrich in *Immenga*, Ulrich / *Mestmäcker*, Ernst-Joachim, Gesetz gegen Wett-bewerbsbeschränkungen, Kommentar, C.H.Beck, 2001, S. 824, Rn. 9, S. 890, Rn. 170; *Janicki*, Thomas, EG-Fusionskontrolle auf dem Weg zur praktischen Umsetzung, WuW 1990, S. 195 (199).

sammenschlüssen durfte nach Erwägungsgrund 5 nicht dazu führen, dass der Wettbewerb zu Schaden kommt. Dies sei der Grund für die Einführung der fusionskontrollrechtlichen Regelungen an sich. Die Erwägungsgründe 7 und 9 unterstrichen zudem, dass die Fusionskontrolle einen strukturellen Ansatz verfolgte. Die Fusionskontrolle war demnach ein Instrument, um Auswirkungen des Zusammenschlusses auf die Wettbewerbsstruktur zu untersuchen.

In Abweichung hierzu wurde in Erwägungsgrund 13 gefordert, dass sich die Europäische Kommission bei ihrer Beurteilung an den in Art. 2 EGV genannten Zielen orientieren soll. Diese übergeordneten gesellschaftlichen Ziele sind Ausfluss des Wettbewerbs, jedenfalls haben sie aber nichts mit dem Wettbewerbsprozess als solchem zu tun.

Dieser Verweis auf die Fernziele des Art. 2 EGV ist wiederum als gesetzgeberischer Kompromiss zu verstehen. Er ist quasi Ausdruck eines „Trostpreises" für Mitgliedstaaten, die traditionell eine gesamtheitliche Abwägung befürworteten. Diese stimmten im Gegenzug zu, dass die Anknüpfung an Fernziele und eine gesamtwirtschaftliche Abwägung der Vor- und Nachteile eines Zusammenschlusses nicht in den materiellen Prüfungsmaßstab der Art. 2 VO 4064/89 aufgenommen werden.[274] Zudem muss auch der Kontext des Erwägungsgrunds 13 betrachtet werden. Nicht nur sprechen die mehrheitlichen Erwägungsgründe für einen wettbewerbsstrukturlichen Ansatz, auch S. 1 des Erwägungsgrunds 13 ging von dem Erfordernis aus, wirksamen Wettbewerb aufrecht zu erhalten und zu entwickeln.

Insgesamt ist daher davon auszugehen, dass die VO 4064/89 einen reinen wettbewerblichen Ansatz verfolgte. Effizienzerwägungen spielten allenfalls dann eine Rolle, wenn sie für die Wettbewerbsbedingungen relevant waren. Dies ist etwa dann der Fall, wenn die an Marktanteilen gemessen zweit- und drittgrößten Unternehmen gegen ein marktbeherrschendes Unternehmen zusammenschließen. Historisch geprägt enthielt die VO 4064/89 somit Formulierungen, die auf eine gesamtwirtschaftliche Abwägung und der damit verbundenen allgemeinen Berücksichtigung von Effizienz sprachen. Allerdings handelte es sich hierbei lediglich um Leerformeln, die keine eigenständige Bedeutung hatten.

So ist es auch wenig verwunderlich, dass Effizienzerwägungen in der Fallpraxis der Europäischen Kommission nach der alten FKVO kaum bedeutend waren. Sie fanden nur in seltenen Fällen Erwähnung in den Entscheidungsbegründungen der Europäischen Kommission.[275] Diese Fälle wiederum lassen

---

274 *Klumpp*, Ulrich, Die „Efficiency Defence" in der Fusionskontrolle, S. 192.
275 Ähnlich auch *Klumpp*, Ulrich, Die „Efficiency Defence" in der Fusionskontrolle, S. 216, wobei er in diesem Zusammenhang von drei Untergruppen ausgeht.

sich im Wesentlichen in zwei Fallgruppen unterteilen.

In der ersten Fallgruppe wurden Effizienzerwägungen im Rahmen des Merkmals „Entstehung oder Verstärkung einer beherrschenden Stellung" geprüft.

Statt Effizienzvorteile positiv zu gewichten und damit möglicherweise sonstige nachteilige Effekte eines Zusammenschlusses auf den Wettbewerb zu gerechtfertigen, wurden Effizienzsteigerungen teilweise als mögliche Ursache für das Entstehen einer marktbeherrschenden Stellung und damit als wettbewerbsschädigend angesehen.[276]

Als positiv auf die Wettbewerbsstruktur wurden Effizienzgewinne von Zusammenschlüssen in einigen Oligopolsituationen von der Europäischen Kommission berücksichtigt. Durch den Zusammenschluss kleinerer Wettbewerber auf dem relevanten Markt ergab sich bei diesen Strukturmärkten die Chance, dass Konkurrenz gegenüber ein oder mehreren beherrschenden Unternehmen aufgebaut werden konnten. Die Europäische Kommission erkannte in diesen Fällen Synergieeffekte des Zusammenschlusses als positiv an, da sie einen belebenden Einfluss auf den Wettbewerb hatten.[277]

In der zweiten Fallgruppe wurden Effizienzerwägungen im Rahmen der Fortschrittsklausel aufgeführt. In diesen Fällen wurden Effizienzerwägungen zwar separat und unabhängig von dem Merkmal der beherrschenden Stellung geprüft, jedoch ließ die Europäische Kommission in ihrer Begründung stets erkennen, dass Effizienzerwägungen nur dann berücksichtigt werden, wenn sie dem Verbraucher zu Gute kommen und des Weiteren den Wettbewerb nicht behindern. Nach Ansicht der Europäischen Kommission führte ein Zusammenschluss, der eine marktbeherrschende Stellung begründete oder verstärkte zwingend zu Nachteilen für den Verbraucher und den Wettbewerb. Eine Abwägung oder gar Rechtfertigung einer marktbeherrschenden Stellung durch mögliche Effizienzgewinne war damit nicht möglich.[278]

---

276 So prüfte die *Europäische Kommission* etwa in den Fällen *AT&T/NCR, Delta Air Lines/PAN AM, MSG Media Service, Bertelsmann/Kirch/Premiere* und *RTL/Veronica/ Endemol* jeweils, ob die durch den Zusammen entstehende Synergieeffekte zu einer beherrschenden Stellung beitragen kann. *Europäische Kommission*, AT&T/NCR, Tz. 30; Delta Air Lines/PAN AM, Tz. 20 f.; MSG Media Service, Tz. 70 ff.; Bertelsmann/ Kirch/Premiere, Tz. 53 ff., 99 ff.; RTL/Veronica/Endemol Tz. 110.

277 *Europäische Kommission*, Rhone-Poulenc/SNIA, Ziff. 7.2.3; ABB/Daimler-Benz Tz. 112 ff.

278 Dies zeigen unter anderem die bereits erwähnten Fälle *MSG Media Service, Bertelsmann/Kirch/Premiere* aber auch die folgenden Fälle: *Aerospatiale-Alenia/de Havilland, Nordic Satellite Distribution, Gencor/Lonrho,* sowie *Danish Crown/Vestjyske Slagterier. Europäische Kommission*, MSG Media Service, Tz. 100; Bertelsmann/Kirch/Premiere Kommission Tz. 122; WuW/E EV 1675, Tz. 69 ff. „Aérospatiale-Alenia/de Havilland";

Zwar zeigte die Europäische Kommission in der zweiten Fallgruppe durchaus den Willen, sich mit Effizienzeffekten des Zusammenschlusses auseinanderzusetzen. Doch die strikte Haltung der Europäischen Kommission, dass eine beherrschende Stellung unweigerlich negativ für den Verbraucher sei, ließ wenig Spielraum für eine irgendwie geartete Abwägung zu. Konsequenterweise waren die von den Parteien vorgebrachten Effizienzgewinne in keinem der Fälle ausschlaggebend für die Entscheidung.[279] Zusammenfassend lässt sich daher sagen, dass die Entscheidungspraxis nach alter Rechtslage im Hinblick auf die Berücksichtigung und Gewichtung von Effizienzgewinne äußert zurückhaltend war.

(2) Neue Rechtslage unter der VO 139/2004

Während Effizienzerwägungen in der Fallpraxis der Europäischen Kommission nach der VO 4064/89 kaum eine Rolle spielten,[280] beschäftigt sich die Europäische Kommission unter der neuen Rechtslage unter der VO 139/2004 deutlich intensiver mit Effizienzgewinnen. Dies hängt damit zusammen, dass die Europäische Fusionskontrolle mit der Reform im Jahre 2004 deutlich ergebnisorientierter geworden ist.

Eine zentrale Rechtsänderung der Reform des Europäischen Fusionskontrollrechts durch VO 139/2004 betrifft die Änderungen des materiellen Prüfungskriteriums in Art. 2 Abs. 2 und Abs. 3 FKVO.

Der durch die alte Rechtslage vorgeschriebene Marktbeherrschungstest wurde durch den neu eingeführten SIEC-Test ersetzt. Zwar ist die Entstehung und Verstärkung einer marktbeherrschenden Stellung nach wie vor als Regelbeispiel genannt und der entsprechende Zusammenschluss daher in aller Regel wie nach der alten Rechtslage zu untersagen. Dennoch ist die Eingriffschwelle der Europäischen Fusionskontrolle durch die Neuerung gesunken. Nach neuer Rechtslage werden somit auch Fälle jenseits der Marktbeherrschung erfasst.

Die Kehrseite der Medaille ist, dass das bislang aus dem Wortlaut des alten Art. 2 und Art. 3 FKVO folgende Erfordernis der Untersagung eines Zusam-

---

WuW/E EV 2343, Tz. 152 „Nordic Satellite Distribution"; ABlEG Nr. L 011 vom 14.1.1997, Tz. 214 "Gencor/Lonrho"; ABlEG Nr. L 20 vom 25.1.2000, Tz. 198 „Danish Crown/Vestjyske Slagterier"
279 So auch *Behrens*, Peter, Europäisches Marktöffnungs- und Wettbewerbsrecht, S. 735.
280 *Fackelmann*, Christian R., Dynamic Efficiency Considerations in the EC Merger Control, the University of Oxford Centre for Competition Law and Policy, Working Paper (L) 09/06, S. 21.

menschlusses, der eine marktbeherrschende Stellung erzeugt oder verstärkt, aufgeweicht wurde. Da der Verweis auf die marktbeherrschende Stellung lediglich als Regelbeispiel formuliert ist, ist es nicht ausgeschlossen, dass ein Zusammenschluss im Einzelfall etwa aufgrund der damit verbundenen positiven Effekte für den Wettbewerb trotz der Entstehung oder Verstärkung einer marktbeherrschenden Stellung den wirksamen Wettbewerb nicht erheblich behindert.[281]

Der flexiblere Rahmen ebnet den Weg für eine differenziertere Betrachtung des Einzelfalls. Auch der Anspruch einer zunehmenden Verzahnung der Wettbewerbspolitik und des Wettbewerbsrechts mit wissenschaftlich ökonomischen Analysen, dem sog. *„more economic approach"*[282], den die Europäische Kommission seit Anfang 2000 verfolgt, zielt in die gleiche Richtung.[283] Durch wissenschaftliche Modelle und ökonomischen Analysen soll nicht nur wie bislang analysiert werden, ob ein Zusammenschluss strukturell zu mehr Verhaltensspielräumen führt, sondern auch prognostiziert werden, wie wahrscheinlich es ist, dass diese im Einzelfall zum Nachteil der Verbraucher genutzt werden.[284] Auch eine detaillierte Auseinandersetzung mit den positiven Effekten wie z.B. Effizienzgewinnen sowie eine Einzelfallabwägung mit den negativen Effekten eines Zusammenschlusses für den Wettbewerb scheint nunmehr möglich.

Insgesamt legen auch die Erwägungsgründe der VO 139/2004 nahe, dass die bisherige Betonung auf eine rein strukturorientierte Ausrichtung der Fusionskontrolle aufgegeben wurde.[285] Dies zeigt insbesondere Erwägungsgrund 29, der eine Berücksichtigung von Effizienzvorteilen im Rahmen der fusionsrechtlichen Prüfung ausdrücklich vorsieht. Dort heißt es:

---

281 Dazu *Berg*, Werner, Die neue EG-Fusionskontrollverordnung: praktische Auswirkungen der Reform, BB 2004, S. 561 (561 ff.); *Zimmer*, Daniel, Significant Impediment to Effective Competition, Das neue Untersagungskriterium der EU-Fusionskontrollverordnung, ZWeR 2004, S. 250 (252 f. u. 260 ff.). Auch Erwägungsgrund 29 S. 2 stellt dies nach seinem Wortlaut klar. Anders siehe etwa *Böge*, Ulf, Reform der Europäischen Fusionskontrolle, WuW 2004, S. 138-148 (138, 146).

282 Der Begriff geht auf den ehemaligen Wettbewerbskommissar *Mario Monti* zurück, der diesen Begriff mehrfach in seinen Vorträgen verwendet hat. So z.B. in der Rede zur Competition Reform Policy vom 11.5.2000.

283 Hierzu siehe *Christiansen*, Arndt, Der „More Economic Approach" in der EU-Fusionskontrolle, S. 21 ff.

284 Die Modellergebnisse sind allerdings mit Vorsicht zu genießen, da die Modellprämissen oft aufgrund von fehlenden Daten ungenau sein können. Hierzu siehe *Frenz*, Walter, Prognosesicherung in der Fusionskontrolle, EWS 2014, S. 16 (18). Vgl. auch *Böge*, Ulf, Reform der Europäischen Fusionskontrolle, WuW 2004, S. 138-148 (144).

285 So auch *Strohm*, A., Effizienzen in der Fusionskontrolle, Tz. 34, aufrufbar unter http://ec.europa.eu/dgs/competition/economist/strohm2.pdf.

„Um die Auswirkungen eines Zusammenschlusses auf den Wettbewerb im gemeinsamen Markt bestimmen zu können, sollte begründeten und wahrscheinlichen Effizienzvorteilen Rechnung getragen werden, die von den beteiligten Unternehmen dargelegt werden. Es ist möglich, dass die durch einen Zusammenschluss bewirkten Effizienzvorteile die Auswirkungen des Zusammenschlusses auf den Wettbewerb, insbesondere den möglichen Schaden für die Verbraucher, ausgleichen, so dass durch den Zusammenschluss wirksamer Wettbewerb im Gemeinsamen Markt oder in einem wesentlichen Teil desselben, insbesondere durch Begründung oder Stärkung einer beherrschenden Stellung, nicht erheblich behindert würde. Die Europäische Kommission sollte Leitlinien veröffentlichen, in denen sie die Bedingungen darlegt, unter denen sie Effizienzvorteile bei der Prüfung eines Zusammenschlusses berücksichtigen kann."

Auch wenn der Erwägungsgrund einige Fragen offenlässt,[286] ist erkennbar, dass sich die Europäische Fusionskontrolle nicht wie bisher auf eine strukturelle Untersuchung beschränken kann, sondern auch die Effizienz als Wettbewerbsergebnis berücksichtigen muss. Des Weiteren macht der Erwägungsgrund deutlich, dass Effizienz nunmehr auch in der Europäischen Fusionskontrolle als grundsätzlich positiv bewertet wird und ggf. mögliche Schäden des Zusammenschlusses auf den Wettbewerb ausgleichen kann.

Eine Einzelfallabwägung soll insbesondere die Vor- und Nachteile für den Verbraucher in den Mittelpunkt stellen. Der Verweis auf den Verbraucher ist als Anlehnung an einen Konsumentenwohlfahrtsstandard[287]zu verstehen.[288] Eine Orientierung der Fusionskontrolle an diesem Standard hat zur Folge, dass bei der Frage, ob ein Zusammenschluss untersagt wird, entscheidend

---

286 Etwa die Frage, warum und wie Effizienzvorteile zu berücksichtigen sind.
287 Konsumentenwohlfahrtsstandard wird auch als *„consumer surplus standard"* bezeichnet.
288 Zu den einzelnen Wohlfahrtstandards der Fusionskontrolle vgl. *Kokkoris*, Ioannis / *Shelanski*, Howard, EU Merger Control, S. 32 ff. Der Consumer Surplus Standard ist demnach der vorherrschende Standard für die Fusionskontrolle in den USA und Europa. Für eine Orientierung der Europäischen Fusionskontrolle am Konsumentenwohlfahrt vgl. *Hacker*, Nicole in: Von der Groeben/Schwarze/Hatje, Europäisches Unionsrecht, VO (EG) 139/2004, Art. 2 Rn. 24. Dagegen allerdings *Kirchner*, Christian, Fusionskontrolle und Konsumentenwohlfahrt, ZHR 2009, S. 775 (786). Er stellt darauf ab, dass bei Erwägungsgrund 29 Verbraucher nur in S. 2 im Zusammenhang mit Schäden erwähnt werden, aber nicht in S. 1 in Zusammenhang mit den Effizienzvorteilen, die zu berücksichtigen sind. Diese Betrachtung reißt allerdings den Sinnzusammenhang zwischen S. 1 und S. 2 auseinander.

darauf abgestellt wird, ob hierdurch die Konsumentenrente steigt oder eine Reduktion der Konsumentenrente zu erwarten ist.[289]

Auch die von der Europäischen Kommission erlassenen Leitlinien lassen auf eine dynamische Entwicklung hin zu einem Konsumentenwohlfahrtsstandard schließen. In Textziffer 79 der Horizontalen Leitlinie heißt es:

„Behauptete Effizienzvorteile werden daran gemessen, dass die Verbraucher durch den Zusammenschluss nicht benachteiligt werden. Deshalb sollten die Effizienzvorteile erheblich sein, sich rechtzeitig einstellen und den Verbrauchern in den relevanten Märkten zugutekommen, in denen ansonsten Wettbewerbsbedenken entstehen würden."

Die Berücksichtigung der Effizienzgewinne sollte demzufolge nur erfolgen, wenn sie sich schnell realisieren und an die Verbraucher weitergegeben werden. Dies ist als ein klarer Schritt in Richtung der Orientierung an einem Konsumentenwohlfahrt zu verstehen. Im Jahre 2005 sagte auch die damalige Kommissarin *Kroes* in einer Rede, dass die Konsumentenwohlfahrt nunmehr ein etablierter Standard sei, den die Europäische Kommission unter anderem bei der Beurteilung von Zusammenschlüssen anwende.[290] Seitdem bezieht die Europäische Kommission im Rahmen des *more economic approaches* zunehmend wissenschaftliche Prognosen zur Auswirkungen des Zusammenschlusses auf Abnehmer und Verbraucher in ihre fusionsrechtliche Prüfung mit ein.

Die Orientierung in Richtung Konsumentenwohlfahrtsstandard demonstriert den Wandel innerhalb der Europäischen Fusionskontrolle von einem rein strukturorientierten Ansatz hin zu einem auch ergebnisorientierten Ansatz.

Dieser neue Ansatz legt nahe, dass die Fortschrittsklausel in Art. 2 Abs. 2 S. 2 lit. b) FKVO, die durch die Reform 2004 unverändert geblieben ist, in Zukunft eine deutlich größere Rolle spielt. Eine indirekte Aufwertung der Klausel wird auch deshalb erwartet, da die Absenkung der Eingriffschwelle des Art. 2 und Abs. 3 FKVO die Notwendigkeit nach sich zieht, Einreden zuzulassen.[291] In diesem Zusammenhang ist es denkbar, dass das Fortschrittsargument, insbesondere bei den Zusammenschlüssen, die nicht zur Marktbeherrschung

---

289 *Kirchner*, Christian, Fusionskontrolle und Konsumentenwohlfahrt, ZHR 2009, S. 775 (776).

290 *Kroes*, Neelie, European Competition Policy: Delivering Better Markets and Better Choices, SPEECH/05/52. Aufrufbar unter http://europa.eu/rapid/press-release_SPEECH -05-512_en.htm; *Crane*, Daniel A., Rethinking Merger Efficiencies, Michigan Law Review 2011, Vol. 110, No. 3, S. 347 (372).

291 *Voigt*, Stefan / *Schmidt*, André, Switching to Substantial Impediments of Competition (SIC) Can Have Substantial Costs – SIC!, E.C.L.R. 2004, Vol. 25, No, 9, S. 584 (584, 589).

führen und daher nach altem Recht nicht zwingend zu untersagen sind, hohe Bedeutung zukommt.[292] Zwar lässt sich aus dem Wortlaut der Klausel nicht eindeutig ein Effizienzeinwand entnehmen. Dafür, dass die Reform 2004 einen Effizienzeinwand schaffen wollte, spricht aber, dass die Reform auch vor dem Hintergrund der internationalen Rechtsharmonisierung stattfand. Angesichts der zunehmend globalen Dimension von Unternehmenszusammenschlüssen ging es bei der Reform auch darum, Prüfungsmaßstäbe anzugleichen und damit einen *level playing field* zu schaffen. Einen Effizienzvorwand ist aber gerade in den USA bereits seit dem Erstarken der Chicago School gegenüber der Harvard School anerkannt. Räumt man den Unternehmen eine so wichtige Verteidigung wie den Effizienzeinwand nicht ebenso zu, so bleibt von den gewollten gleichen Bedingungen wohl kaum etwas übrig.[293]

Eine Berücksichtigung von Effizienzen darf jedoch nicht uneingeschränkt gelten. Insbesondere wäre eine auf Effizienzen begründete quasi Rechtfertigung von monopolartigen Strukturen in Anbetracht des wettbewerblich orientierten Ansatzes der Europäischen Fusionskontrolle systemwidrig. Um die Ergebnisse einer nach wie vor strukturorientierten Prüfung im Rahmen der Zusammenschlusskontrolle nicht zu unterlaufen, müssen daher an die Berücksichtigung von Effizienzen strenge Voraussetzungen gestellt werden.

In diesem Sinne hat die Europäische Kommission in ihren Leitlinien Bedingungen für die Berücksichtigung von Effizienzen aufgestellt.[294] Die Europäische Kommission verpflichtet sich in den Leitlinien, Effizienzvorteile nur dann zu berücksichtigen, wenn folgende vier Voraussetzungen kumulativ erfüllt sind:[295] Die Effizienzvorteile

(i) sind fusionsspezifisch, also eine unmittelbare Folge des Unternehmenszusammenschlusses,[296]

(ii) sind überprüfbar, also durch Unternehmensdaten überzeugend nachgewiesen,[297]

---

292 *Klumpp*, Ulrich, Die „Efficiency Defence" in der Fusionskontrolle, S. 233.

293 Während die Berücksichtigung von Effizienz nunmehr weitgehend unumstritten ist, ist die Einordnung der Berücksichtigung im Rahmen einer ein- oder zweistufigen Prüfung nach wie vor umstritten. Hierzu siehe *Wapler*, Philipp Sebastian, Die Effizienz in der Europäischen Fusionskontrolle, S. 149 ff.

294 Tz. 13 und 76 ff. der Horizontalen Leitlinie; Tz. 52 ff., 115 ff. Der Nichthorizontalen Leitlinie.

295 Die Voraussetzungen werden in der Horizontale Leitlinie Abschnitt VII geregelt. Diese Grundsätze finden gem. Tz. 53 der Nichthorizontalen Leitlinie auf nichthorizontale Zusammenschlüsse ebenfalls Anwendung.

296 Tz. 85 der Horizontalen Leitlinie.

297 Tz. 86-88 der Horizontalen Leitlinie .

(iii) kommen den Verbrauchern in den relevanten Märkten zugute,[298] und
(iv) weniger wettbewerbsbeeinträchtigende Alternativen sind nicht möglich.[299]

Die am Zusammenschluss beteiligten Unternehmen tragen für das Vorliegen der Voraussetzungen die Beweislast. Die Leitlinien sehen dabei hohe Hürden für die Erbringung des Nachweises vor. Für die Nachweisbarkeit der unter (iii) gelisteten Voraussetzung stellt beispielsweise Tz. 86 der Horizontalen Leitlinie folgende Vorrausetzungen auf:

„Die Effizienzvorteile und die daraus resultierenden Vorteile für die Verbraucher sollten nach Möglichkeit mit Zahlenangaben untermauert werden. Sind keine Daten vorhanden, um eine genaue Zahlenanalyse vorzunehmen, müssen klar identifizierbare und nicht lediglich marginale positive Wirkungen auf die Verbraucher vorhersehbar sein."

Seit der Reform und der damit verbundenen Neuausrichtung der Fusionskontrolle gab es deutlich mehr Entscheidungen, in denen sich die Europäische Kommission mit der Frage der Berücksichtigung von Effizienzvorteilen auseinandersetzt.[300] Dies trifft vor allem auf nichthorizontale Zusammenschlüsse zu.[301]

Allerdings unterstreichen die bisherigen Entscheidungen auch die hohen Anforderungen der Europäischen Kommission an die Nachweisbarkeit der Voraussetzungen für die Berücksichtigung von Effizienzen.[302] Vor diesem Hintergrund dürfte insbesondere der Nachweis, dass Effizienzvorteile dem Verbraucher zugutekommen, den beteiligten Unternehmen kaum gelingen. Eine vorgetragene Reduktion der Fixkosten aufgrund von Skalenvorteilen

---

298 EuG, 06.7.2010, Slg. 2010, II-3457, Tz. 434. Hierbei wird nicht nur eine Preissenkung, sondern auch sonstige Vorteile für den Verbraucher erfasst, wie zum Beispiel verbesserte Qualität oder Fortentwicklung der Produkte, solange sie erheblich sind und sich rechtzeitig einstellen.

299 Tz. 85 der Horizontalen Leitlinie.

300 *Roth*, Wulf-Henning, Aktuelle Probleme der europäischen Fusionskontrolle, ZHR 2008, S. 670 (691). Vgl. auch *Europäische Kommission*, Entscheidung vom 14.5.2008, COMP/M.4854, „TomTom/Tele Atlas", Tz. 238 ff.

301 *Crane*, Daniel A., Rethinking merger efficiencies, Michigan Law Review 2011, Vol. 110, No. 3, S. 347 (359).

302 *Roth*, Wulf-Henning, Aktuelle Probleme der europäischen Fusionskontrolle, ZHR 2008, S. 670 (692). Andere Ansicht siehe *Wapler*, Philipp Sebastian, Die Effizienz in der Europäischen Fusionskontrolle, S. 227; *Bergmann*, Helmut, in HS Huber, S. 1070.

durch den geplanten Zusammenschluss oder eine lediglich behauptete Weitergabe der Vorteile an Verbraucher ist nicht ausreichend.[303]

Im Übrigen knüpft die Europäische Kommission in Tz. 84 der Horizontalen Leitlinie das Interesse der beteiligten Unternehmen an einer Weitergabe der Effizienzvorteile an den verbleibenden Wettbewerbsdruck auf dem relevanten Markt. Dort heißt es wörtlich:

„Das Interesse für das fusionierte Unternehmen, Effizienzvorteile an die Verbraucher weiterzugeben, hängt häufig davon ab, ob seitens der im Markt verbleibenden Unternehmen oder von einem potenziellen Markteintritt Wettbewerbsdruck ausgeht. Je größer die möglichen negativen Auswirkungen auf den Wettbewerb [sind], umso mehr muss die Europäische Kommission sicherstellen, dass die behaupteten Effizienzgewinne erheblich sind, mit hinreichender Wahrscheinlichkeit zustande kommen und in ausreichendem Maße an die Verbraucher weitergegeben werden. Es ist höchst unwahrscheinlich, dass ein Zusammenschluss, der zu einer Marktstellung führt, die einem Monopol nah kommt oder ein ähnliches Maß an Marktmacht erbringt, mit der Begründung für mit dem Gemeinsamen Markt vereinbar erklärt werden könnte, dass Effizienzvorteile ausreichen würden, den möglichen wettbewerbswidrigen Wirkungen entgegenzuwirken."

Hinsichtlich der Rechtfertigungsmöglichkeit eines aus wettbewerblicher Sicht mit Nachteilen verbundenen Zusammenschlusses greift damit die Je-desto-Formel.[304] Je größer der befürchtete negative Effekt eines Zusammenschlusses auf den Wettbewerb am relevanten Markt ist, desto höhere Anforderungen sind an den Effizienzgewinn zu stellen, um den Zusammenschluss dennoch zu rechtfertigen. Der letzte Satz der Tz. 84 der Horizontalen Leitlinie macht deutlich, dass jedenfalls eine Rechtfertigung von Monopolen durch Effizienzvorteile nur schwer denkbar sein dürfte.

Eine gängige Entscheidungspraxis der Europäischen Kommission oder gar der Gerichte zur Rechtfertigung von wettbewerbshindernden Zusammenschlüsse durch Effizienzvorteile existiert indes nicht.[305] Zwar beschäftigt sich die Europäische Kommission seit der Reform 2004 verstärkt mit der Frage von Effizienzen, jedoch hat sie bislang in keinem Fall tatsächlich Effizienzen

---

303 *Europäische Kommission*, u.a. T-Mobile Austira/Tele.ring, Tz. 10; Raynair/Aer Lingus, Tz. 39-43, bestätigt durch das EuG, 6.7.2010, Slg. 2010, II-3457, Tz. 403 ff. Hierzu siehe auch *Shang*, Ming, Merger Control in EU and Several Member States, S. 8 f.

304 Vgl. hierzu *Mestmäcker*, Ernst-Joachim / *Schweitzer*, Heike, Europäisches Wettbewerbsrecht, S. 735.

305 *Bergman*n, Helmut in FS Huber, S. 1067.

berücksichtigt.[306] Diese vorsichtige Haltung der Europäischen Kommission spricht wiederum für die Stärkung einer wettbewerblichen und grundsätzlich strukturorientierten Ausrichtung der Fusionskontrolle.

dd) Berücksichtigung wettbewerbsfremder Erwägungen

Eng verknüpft mit der Berücksichtigung von Wettbewerbsergebnissen wie Innovation und technischem Fortschritt ist auch die Frage, inwieweit wettbewerbsfremde Erwägungen wie industriepolitische Erwägungen im Rahmen der fusionskontrollrechtlichen Prüfung Berücksichtigung finden sollen.

Die Europäische Fusionskontrolle verfolgt wie bereits erwähnt eine grundsätzlich strukturorientierte Ausrichtung, wobei unter der neuen Rechtslage nach der Reform 2004 zunehmend auch ergebnisorientierte Überlegungen wie Effizienzen und Verbraucherwohl unter strengen Voraussetzungen berücksichtigt werden können. Hierbei verfolgt die Europäische Fusionskontrolle allerdings stets einen wettbewerblichen Ansatz. Die Berücksichtigung wettbewerbsfremder Erwägungen widerspricht damit grundsätzlich dem Charakter der Europäischen Fusionskontrolle.

Gerade auch deshalb können Fusionskontrollentscheidungen der Europäischen Kommission unter bestimmten Umständen in Konflikt zu den nationalen Interessen der einzelnen Mitgliedstaaten stehen.

(1) Politische Einflussnahme

Die Europäische Fusionskontrolle lässt an sich keine Berücksichtigung von gesamtgesellschaftlichen Interessen wie industriepolitischen Erwägungen zu. Die Europäische Kommission hat in ihren Entscheidungen immer lediglich eine wettbewerbliche Prüfung des Zusammenschlusses vorgenommen.

Befürchtungen für eine mögliche Einflussnahme auf die Entscheidung der Europäischen Kommission hinter verschlossenen Türen wird hauptsächlich durch die mangelnde politische Unabhängigkeit der Europäischen Kommission als Entscheidungsinstanz genährt.[307] Bereits *Walter Eucken* unterstrich

---

306 Hierzu insbesondere *Röller*, Lars Hendrik, Efficiencies in EU Merger Control: Do They Matter?, in *Lowe*, Philip / *Marquis*, Mel (eds), European Competition Law Annual 2010: Merger Control in European and Global Perspective, S. 61, 68.

307 *Schmidt*, Ingo in: Die Europäische Fusionskontrolle, S. 24. Siehe auch *Nnadi*, Matthias / *Okene*, Ovunda V.C., Merger Regulations and Ethics in the European Union: The Legal and Political Dimensions, E.C.L.R. 2012, Vol. 33, No. 3, S. 124 (128); *Levy*,

die Wichtigkeit der unabhängigen Kartellinstanz, da ein politisches Gremium „weit stärker dem Druck der Interessenten ausgeliefert ist".[308] Es ist also zu befürchten, dass Mitgliedstaaten politischen Druck auf die Europäische Kommission ausüben, um ein von ihnen nicht gewünschtes Ergebnis abzuwehren.

In einigen politisch brisanten Entscheidungen der Europäischen Kommission ist öffentlich erkennbar, dass enormer politischer Druck auf diese ausgeübt wurde.

Hierzu zwei Beispiele:

In der *Boeing/McDonnell Douglas* Entscheidung[309] ging es um den Zusammenschluss des damaligen Marktführers Boeing mit dem an Marktanteilen gemessen drittgrößten Unternehmen McDonnell Douglas auf dem Markt des zivilen Flugzeugbaus, wobei beide Unternehmen auch in der Rüstungsindustrie tätig waren.[310] Nach dem Zusammenschluss wurde erwartet, dass der Marktanteil von Boeing weltweit auf über 75 % ansteigen würde.[311] Während der Überprüfung der Europäischen Kommission drohte der damalige US Präsident *Bill Clinton* für den Fall einer fusionsrechtlichen Untersagung der EU mehr oder weniger offen mit Handelskrieg.[312] Die Europäische Kommission gab den Zusammenschluss letztlich unter Auflagen frei. Für einen innerpolitischen Druck seitens der Mitgliedstaaten, die eine politische Spannung mit den USA vermeiden wollten, sprechen nicht zuletzt auch die erleichterten Reaktionen dieser auf die Entscheidung der Europäischen Kommission. Der damalige deutsche Wirtschaftsminister *Günter Rexrodt* sei jedenfalls „froh, dass der drohende Handelskonflikt zwischen den USA und der EU abgewendet" worden sei.[313] Trotz des vordergründigen Nachgebens ist die

---

Nicholas / *Frisch*, Sven / *Waksman*, Alexander, A Comparative Assessment of the EU's Reforms to Merger Control and Antitrust Enforcement, European Competition Journal 2015, Vol. 11, S. 426 (433 ff.).

308 *Eucken*, Walter, Grundsätze der Wirtschaftspolitik, S. 294.

309 *Europäische Kommission*, Entscheidung von 30.7.1997, IP/97/729. Zu den Hintergründen des Zusammenschlusses siehe *Mische*, Harald, Nicht-wettbewerbliche Faktoren in der europäischen Fusionskontrolle, S. 181 ff.

310 *Middel*, Andreas, Brüssel gibt Boeing-Fusion frei, in Die Welt vom 24.7.1997.

311 *Miller*, Jeffrey A., The Boeing/McDonnell Douglas Merger: The European Commission's Costly Failure to Properly Enforce the Merger Regulation, Maryland Journal of International Law 1998, S. 359 (362).

312 *Miller*, Jeffrey A., The Boeing/McDonnell Douglas Merger: The European Commission's Costly Failure to Properly Enforce the Merger Regulation, Maryland Journal of International Law 1998, S. 359; *Schmidt*, Ingo in: Die Europäische Fusionskontrolle, S. 22 f.; *Mische*, Harald, Nicht-wettbewerbliche Faktoren in der europäischen Fusionskontrolle, S. 188 (194).

313 *Middel*, Andreas, Brüssel gibt Boeing-Fusion frei, in Die Welt vom 24.7.1997. Für die Annahme eines innerpolitischen Drucks in dem Fall siehe auch *Mische*,

Entscheidung der Europäischen Kommission, den Zusammenschluss unter Auflagen freizugeben, aus wettbewerblicher Sicht durchaus nachvollziehbar. Die wettbewerblichen Bedenken wurden in diesem Fall vor allem durch Exklusivverträge mit US-Amerikanischen Airlines verursacht. Die Europäische Kommission konnte vor ihrer endgültigen Entscheidung genau in diesem Punkt Zugeständnisse der beteiligten Unternehmen aushandeln. Die Unternehmen versprachen im Rahmen von Zusagen die wettbewerblich brisanten Exklusivverträge aufzulösen.[314] Diese Zusagen wurden sodann auch als Auflagen in die Entscheidung aufgenommen.

Als zweites Beispiel für den großen politischen Druck auf die Kommission lässt sich der Fall *Alcatel/AEG Kabel* anführen. Dieser Fall zeugt von einem Tauziehen zwischen zwei großen Mitgliedstaaten der EU.[315] In der Sache ging es um die Übernahme der Kabelsparte von AEG durch den französischen Konzern Alcatel. Während die französische Regierung die Übernahme befürwortete, befürchtete insbesondere das Bundeskartellamt, dass damit eine marktbeherrschende Stellung auf dem deutschen Markt erzeugt würde.[316] Die Europäische Kommission befürchtete hingegen keine Beeinträchtigung des Wettbewerbs und gab die geplante Übernahme frei. Sie wies damit einen zuvor gestellten Verweisungsantrag des Bundeskartellamts ab, da sie die Zuständigkeit des Bundeskartellamts verneinte. Das Bundeskartellamt sah beides anders. Der Fall wurde daher auch zum Tauziehen zwischen zwei großen Fusionskontrollsystemen, wobei sich hierbei die damals noch sehr junge Europäische Fusionskontrolle durchsetzen konnte. Während sich der damalige Konzernchef von Alcatel beim deutschen Botschafter über die Einmischung durch deutsche Minister in die Angelegenheit beschwerte, gehen Ansichten in Deutschland davon aus, dass die Entscheidung der Europäischen Kommission auf den politischen Druck der französischen Regierung zustande kam.[317] Der damalige Bundesfinanzminister *Theo Waigel* befürchtete, dass der neue Kabelgigant der Telekom die Lieferkonditionen diktieren könnte und drängte daher auf Gegenmaßnahmen. Sogar über eine Klage vor dem europäischen Gerichthof wurde angedacht. Letztlich verzichtete die Bundesregierung auf diesen Schritt, wohl auch deswegen, da man befürch-

---

Harald, Nicht-wettbewerbliche Faktoren in der europäischen Fusionskontrolle, S. 188 (196 f.).

314 *Mische*, Harald, Nicht-wettbewerbliche Faktoren in der europäischen Fusionskontrolle, S. 202.

315 *Europäische Kommission*, Entscheidung vom 18.12.1991, IV/M.165, „Alcatel/AEG Kabel".

316 Flüchtiger Blick, Ein französischer Konzern baut ein gewaltiges Kabelkartell auf – Ist der Wettbewerb in Gefahr, Beitrag in Der Spiegel vom 2.3.1992.

317 *Schmidt*, Ingo in: Die Europäische Fusionskontrolle, S. 21 f.

tete, dass Frankreich dies als Politikum betrachten könnte.[318] Äußerungen der Kommissionsbeamten zufolge hat eine eventuelle Rücksichtnahme auf Frankreich hingegen keine Rolle bei der Bewertung des Zusammenschlusses gespielt.[319] Die Entscheidung der Europäischen Kommission ist aus wettbewerblicher Sicht auch durchaus nachvollziehbar. Insbesondere steht die von der deutschen Seite kritisierte Auffassung zur Marktanteilskonzentration in Einklang mit ihrer Entscheidungspraxis. Die von der deutschen Seite geäußerte Kritik an der Entscheidung belegt somit noch nicht die Annahme einer industriepolitisch motivierten Entscheidung auf politischen Druck Frankreichs.[320]

Insgesamt zeigen die Fusionskontrollentscheidungen der Europäischen Kommission eine stark wettbewerbliche Ausrichtung. Bei einigen politisch brisanten Fällen ist sie zwar enormem politischen Druck ausgesetzt.[321] Darüber, dass sie in Einzelfällen industriepolitische Erwägungen berücksichtigt hat, wird zwar spekuliert,[322] lässt sich aber nicht belegen. Die Entscheidungen der Europäischen Kommission waren auch in umstrittenen Entscheidungen wettbewerblich vertretbar und nachvollziehbar. Sie zeigen, dass die Europäische Kommission dem politischen Druck durchaus standhält und ihre wettbewerblichen Prinzipien nicht über Bord wirft.[323] In den jüngeren Entscheidungen legt die Europäische Kommission einen starken Fokus auf wissenschaftliche Methoden zur Begründung ihrer Position.[324] Auch dieser *„more economic approach"* ist ein Versuch zur Begegnung der Subjektivität und politische Einflussnahme im Rahmen der Fusionskontrolle.[325]

---

318 *Mische*, Harald, Nicht-wettbewerbliche Faktoren in der europäischen Fusionskontrolle, S. 272; *Schmidt*, Ingo in: Die Europäische Fusionskontrolle, S. 21 f.

319 *Mische*, Harald, Nicht-wettbewerbliche Faktoren in der europäischen Fusionskontrolle, S. 274.

320 *Nnadi*, Matthias / *Okene*, Ovunda V.C., Merger Regulations and Ethics in the European Union: The Legal and Political Dimensions, E.C.L.R. 2012, Vol. 33, No. 3, S. 124 (128).

321 *Mische*, Harald, Nicht-wettbewerbliche Faktoren in der europäischen Fusionskontrolle, S. 274.

322 Siehe hierzu auch *Pan*, Zhicheng, Prozess zur Antimonopolentscheidung im Rahmen der Fusionskontrolle, S. 62 ff.

323 Zu diesem Schluss kommt im Wesentlichen auch *Mische*, Harald, siehe *Mische*, Harald, Nicht-wettbewerbliche Faktoren in der europäischen Fusionskontrolle, S. 325 f.

324 Siehe hierzu *Hirsbrunner*, Simon, Die Entwicklung der europäischen Fusionskontrolle im Jahr 2012, EuZW 2013, 657 (657 ff.).

325 *Nnadi*, Matthias / *Okene*, Ovunda V.C., Merger Regulations and Ethics in the European Union: The Legal and Political Dimensions, E.C.L.R. 2012, Vol. 33, No. 3,

(2) Englische Klausel

Ein weiteres „Einfallstor" für die politische Einflussnahme der Mitgliedstaaten könnte die sog. „Englische Klausel" in Art. 21 Abs. 4 FKVO, darstellen.[326] Grundsätzlich ist ausschließlich die Europäische Kommission für die Beurteilung der Zusammenschlüsse im Anwendungsbereich der FKVO zuständig. Eine eigene Kontrollmöglichkeit der Mitgliedstaaten besteht nicht.[327] Ausnahmsweise dürfen Mitgliedstaaten jedoch nach Art. 21 Abs. 4 UnterAbs. 1 FKVO Maßnahmen zum Schutz solcher Interessen treffen, die nicht von der FKVO berücksichtigt werden, sofern diese Interessen mit den allgemeinen Grundsätzen und den übrigen Bestimmungen des Gemeinschaftsrechts vereinbar sind. Solange die Europäische Kommission einen Zusammenschluss überprüft, trifft den betreffenden Mitgliedstaat zudem eine „Stillhalteverpflichtung", folglich also ein Durchführungsverbot für evtl. anvisierte Maßnahmen.[328]

Als berechtigte Interessen gelten nach Art. 21 Abs. 4 UnterAbs. 2 FKVO „die öffentliche Sicherheit, die Medienvielfalt und die Aufsichtsregeln". Andere öffentliche Interessen kommen nur als berechtigte Interessen im Sinne von Art. 21 Abs. 4 FKVO in Betracht, sofern die Europäische Kommission diese nach Mitteilung durch den betreffenden Mitgliedstaat innerhalb von 25 Tagen anerkennt.

Die Europäische Kommission ließ bislang eindeutig erkennen, dass nationale wirtschaftspolitische Interessen jedenfalls nicht als berechtigte Interessen im Sinne von Art. 21 Abs. 4 FKVO anerkannt werden können.[329] Dennoch kann ein Missbrauch durch Mitgliedstaaten aufgrund des weit auslegbaren und nicht klar eingrenzbaren Begriffs „öffentliche Sicherheit" nicht gänzlich ausgeschlossen werden. Anders als bei anderen berechtigten Interessen nach Art. 21 Abs. 4 UnterAbs. 3 FKVO, müssen Mitgliedstaaten die Europäische Kommission nicht vorab involvieren, sofern sie sich auf die in Art. 21 Abs. 4

S. 124 (128); *Frenz*, Walter, Prognosesicherung in der Fusionskontrolle, EWS 2014, S. 16 (18).

326 Zur grundsätzlichen Debatte siehe *Jones*, Alison / *Davies*, John, Merger Control and the Public Interest: Balancing EU and National Law in the Protectionist Debate, European Competition Journal 2014, Vol. 10, No. 3, S. 453 (453 ff.).

327 Art. 21 Abs. 2, Art. 4 Abs. 1 FKVO.

328 *Europäische Kommission*, E.ON/Endesa, Tz. 34.

329 *Europäische Kommission*, BSCH/A.Champalimaud, Tz. 26-28.

UntersAbs. 2 FKVO genannten Interessen wie beispielsweise die öffentliche Sicherheit berufen.[330]

Die Praxis zeigt, dass die „Englische Klausel" von den Mitgliedsstaaten unter anderem benutzt wird, um ausländische Übernahmen von ehemaligen Staatsunternehmen zu verhindern.[331] Der Fall *E.ON/Endesa*[332] ist hierfür exemplarisch. Während die Europäische Kommission die geplante Übernahme von Endesa durch E.ON im Vorprüfverfahren genehmigte, verschärfte Spanien nicht nur die Gesetzeslage zur Übernahme von Gas- und Elektrizitätsunternehmen, sondern stellte auch insgesamt 19 Bedingungen für die Durchführung des geplanten Zusammenschlusses auf.[333] Spanien stützte seine Maßnahmen auf die Wahrung der öffentlichen Sicherheit nach Art. 21 Abs. 4 UntersAbs. 2 FKVO. Vor der Ergreifung der Maßnahmen wurde die Europäische Kommission nicht informiert.[334]

Die Europäische Kommission hat allerdings zügig in einer hierauf folgenden Entscheidung klargestellt, dass Spanien die Mehrzahl der Bedingungen aufheben muss, da sie nicht auf Art. 21 Abs. 4 FKVO gestützt werden können und diskriminierend wirken. Dies zeigt, dass sich die Europäische Fusionskontrolle gegen eine politische Einmischung aufgrund von protektionistischen Überlegungen wehren kann. Auf eine industriepolitische Motivation der Europäischen Fusionskontrolle kann daher auch in diesem Fall nicht geschlossen werden.

3. Entscheidung der Europäischen Kommission

Während der Überprüfungszeit eines angemeldeten Zusammenschlusses durch die Europäische Kommission greift nach Art. 7 Abs. 1 FKVO ein Vollzugsverbot des geplanten Zusammenschlusses für die beteiligten Unternehmen.

Kommt die Europäische Kommission bei der Prüfung eines Zusammenschlusses nach Art. 2 Abs. 2 FKVO zu dem Schluss, dass der Zusammenschluss den Wettbewerb nicht wesentlich behindert, so trifft sie die Entscheidung, keine Einwände zu erheben und erklärt den Zusammenschluss für vereinbar

---

330 Da das Eingriffskriterium sehr weit gefasst ist, ergibt sich laut *Schmidt* die Gefahr, dass die Fusionskontrolle zu Zwecken der Struktur- und Industriepolitik missbraucht wird. *Schmidt*, Ingo in: Die Europäische Fusionskontrolle, S. 14.
331 *Roth*, Wulf-Henning, Aktuelle Probleme der europäischen Fusionskontrolle, ZHR 2008, 670-715 (705).
332 *Europäische Kommission*, E.ON/Endesa.
333 E.ON/Endesa, Tz. 18.
334 E.ON/Endesa, Tz. 34.

mit dem gemeinsamen Markt. Auf diese Weise wird der Zusammenschluss freigegeben und kann sodann vollzogen werden.

Stellt die Europäische Kommission im Rahmen ihrer Prüfung des Zusammenschlusses nach Art. 2 Abs. 3 FKVO fest, dass der Zusammenschluss den Wettbewerb wesentlich behindert, so muss sie den Zusammenschluss für unvereinbar mit dem gemeinsamen Markt erklären. In diesem Fall untersagt sie den Zusammenschluss und er darf nicht vollzogen werden.

Die am Zusammenschluss beteiligten Unternehmen können während der Überprüfung des Zusammenschlusses durch die Europäische Kommission den Zusammenschluss durch Anbieten von Verpflichtungszusagen abändern, um bestehende Wettbewerbsbedenken der Europäischen Kommission auszuräumen. Die Europäische Kommission muss bei rechtmäßiger Vorlage von Verpflichtungszusagen den geänderten Zusammenschluss auf eine Vereinbarkeit mit dem gemeinsamen Markt prüfen. Gemäß Erwägungsgrund 30 FKVO müssen die angebotenen Zusagen jedoch in angemessenem Verhältnis zum Wettbewerbsproblem stehen und in der Lage sein, die wettbewerblichen Bedenken vollständig zu beseitigen.[335] Die Europäische Kommission kann die angebotenen Verpflichtungen im Rahmen eines „Markttests" überprüfen. Hierzu werden Unternehmen konsultiert, die von den Verpflichtungen betroffen sein können, primär folglich Wettbewerber, Nachfrager oder Kunden.[336] Können die angebotenen Verpflichtungszusagen die wettbewerblichen Bedenken aus Sicht der Europäischen Kommission ausräumen, so muss die Europäische Kommission den Zusammenschluss gemäß Art. 6 Abs. 2 / Art. 8 Abs. 2 FKVO für vereinbar mit dem gemeinsamen Markt erklären.

Um die Einhaltung der Verpflichtungszusagen zu gewährleisten, kann die Europäische Kommission ihre Freigabeentscheidung nach Art. 6 Abs. 2 / Art. 8 Abs. 2 FKVO an Bedingungen und Auflagen knüpfen. Dies erfolgt in etwa 7 % aller anmeldungspflichtigen Fälle.[337] Die Freigabe unter Auflagen und Bedingungen ist im Vergleich zur unbedingten Freigabe für die beteiligten Unternehmen belastender. Sie unterliegt dem Verhältnismäßigkeitsgrundsatz und muss dem Grundsatz des geringstmöglichen Eingriffs unterliegen. Sie muss zudem angemessen sein.[338]

---

335 Siehe auch EuG, Slg. 2005, II-319, Tz. 307.
336 Mitteilung zu Abhilfemaßnahmen Tz. 79 lit. d u. Tz. 80 für Verpflichtungsangebote im Vorprüfverfahren sowie Tz. 91 lit. d für solche im Hauptverfahren.
337 *Shang*, Ming, Merger Control in EU and Several Member States, S. 82.
338 *Schwarze*, Jürgen: Die Bedeutung des Grundsatzes der Verhältnismäßigkeit bei der Behandlung von Verpflichtungszusagen nach der europäischen Fusionskontrolle, EuZW 2002, S. 741 (741, 745); *Frenz*, Walter, Zusagen in der Fusionskontrolle, EWS 2015, S. 79 (80).

Bemerkenswert ist im Rahmen der Auferlegung von Bedingungen und Auflagen, dass die Europäische Kommission nicht verpflichtet ist die Verpflichtungszusagen der beteiligten Unternehmen als Bedingungen oder Auflagen aufzunehmen. Fraglich ist damit, wie mit Verpflichtungszusagen umgegangen werden soll, die die Europäische Kommission zur Kenntnis genommen hat, ohne sie zum Gegenstand von Auflagen oder Bedingungen zu machen.[339] Nach der Rechtsprechung des EuG können solche Erklärungen der beteiligten Unternehmen Rechtswirkungen haben, wenn die Umstände ergeben, dass die Europäische Kommission diese hervorrufen wollte.[340] Die Europäische Kommission hat in *Oracle/SunMircrosystem*[341] angenommen, dass die Erklärungen der beteiligten Unternehmen als öffentliche Zusage (*„public pledges"*) zu qualifizieren sind, die die Unternehmen binden.[342] Die durch einen Wettbewerber hiergegen gerichtete Klage musste der EuG materiell nicht entscheiden, da sie aus verfahrensrechtlichen Gründen scheiterte.[343] Dennoch ist dieses Vorgehen der Europäischen Kommission durchaus fragwürdig. Die Entscheidung der Europäischen Kommission umfasst in einem Fall der Freigabe unter Bedingungen und Auflagen eine bedingte Genehmigung des Zusammenschlusses, sofern die von der Europäischen Kommission normierten Verpflichtungen, in die diese Bedingungen oder Auflagen formuliert sind, eingehalten werden. Die beteiligten Unternehmen müssen sich in diesem Fall darauf verlassen können, dass die Verpflichtungen, die in den Bedingungen und Auflagen zum Ausdruck kommen abschließend sind und ausreichen, um die Vereinbarkeit des Zusammenschlusses mit dem gemeinsamen Markt herzustellen. Dass die Unternehmen darüber hinaus noch zusätzliche Verhaltenspflichten erfüllen müssen, widerspricht dem Charakter der Freigabe unter Bedingungen und Auflagen und erzeugt Rechtsunsicherheit.[344] Zum Glück scheint es sich bei der Behandlung von öffentlichen Zusagen im Fall *Oracle/Sun Microsystems* bislang um einen Einzelfall in der Entscheidungspraxis der Europäischen Kommission zu handeln. Üblicherweise vermeidet die Europäische Kommission Bezugnahmen auf Verpflichtungserklärungen, die sie nicht zum Gegenstand von Auflagen oder Bedingungen gemacht hat. Sie teilt den Unternehmen unter normalen Umständen auch mit, wenn

---

339 Hierzu ausführlich *Hoeg*, Dorte, European Merger Remedies Law and Policy, S. 73.
340 EuG, Slg. 2000 II 1733, Tz. 96.
341 *Europäische Kommission*, Entscheidung von 21.1.2010, COMP/M.5529, „Oracle/Sun Microsystems".
342 Oracle/Sun Microsystems, Tz. 647 f.
343 EuG, Rs. T-292/10.
344 Ähnlich auch *Hoeg*, Dorte, European Merger Remedies Law and Policy, S. 77.

gemachte Verpflichtungszusagen nicht „gebraucht" werden, sodass sie von den beteiligten Unternehmen zurückgenommen werden können.[345]

Die Europäische Kommission ist nicht befugt von sich aus einseitig den beteiligten Unternehmen Verpflichtungen in Form von Auflagen oder Bedingungen aufzuerlegen, um die negativen Wirkungen eines Zusammenschlusses auf den Wettbewerb auszuschließen. Es obliegt vielmehr allein den beteiligten Unternehmen, der Europäischen Kommission solche Verpflichtungen anzubieten.[346] Das schließt allerdings einen gewissen Einfluss der Europäischen Kommission auf den Inhalt der Verpflichtungszusage nicht aus.[347] Üblicherweise werden daher die Verpflichtungen, die sodann in den Auflagen und Bedingungen der Entscheidung aufgenommen werden, von der Europäischen Kommission und den beteiligten Parteien ausverhandelt.[348]

Die Fristen und weitere Einzelheiten zur Vorlage von Verpflichtungsangebote werden in Art. 19 und Art. 20 der VO 802/2004 zur Durchführung der FKVO geregelt.[349] Des Weiteren gibt die Europäische Kommission in ihrer Mitteilung zu Abhilfemaßnahmen[350] eine Orientierungshilfe für die zulässigen Verpflichtungszusagen durch beteiligte Unternehmen. Die Europäische Kommission ist an diese Mitteilung zu Abhilfemaßnahmen gebunden, soweit diese nicht von den Vorschriften der AEUV oder der Durchführungsverordnung abweicht.[351]

Bei den möglichen Verpflichtungszusagen wird üblicherweise grob zwischen strukturorientierten und verhaltensbestimmenden Verpflichtungszusa-

---

345 *Behrens*, Peter, Europäisches Marktöffnungs- und Wettbewerbsrecht, S. 745.
346 *Grafunder*, René, Verhaltensbezogene Nebenbestimmungen in der deutschen und europäischen Fusionskontrolle, Welche Zukunft hat das Verbot der laufenden Verhaltenskontrolle im GWB, S. 161. EuG, WuW/E EU-R 647; *Mestmäcker*, Ernst-Joachim / *Schweitzer*, Heike, Europäisches Wettbewerbsrecht, S. 745 ff.
347 EuG, Slg. 2005 II 3499, Tz. 105, Slg. 2005 II 5575, Tz. 52.
348 *Grafunder*, René, Verhaltensbezogene Nebenbestimmungen in der deutschen und europäischen Fusionskontrolle, Welche Zukunft hat das Verbot der laufenden Verhaltenskontrolle im GWB, S. 164; *Behrens*, Peter, Europäisches Marktöffnungs- und Wettbewerbsrecht, S. 741.
349 VO (EG) Nr. 802/2004 der Kommission von 21.04.2004 zur Durchführung der VO Nr. 139/2004 des Rates über die Kontrolle von Unternehmenszusammenschlüssen, ABl 2004 Nr. L 133/1, ergänzt durch VO (EG) Nr. 1033/2008 von 20.10.2008, ABl 2008 Nr. L 279/3, im folgenden „FKVO Durchführungsverordnung".
350 *Europäische Kommission*, Mitteilung über nach der VO (EG) Nr. 139/2004 des Rates und der VO (EG) Nr. 802/2004 der Kommission zulässige Abhilfemaßnahmen, ABl 2008 Nr. C 267/1, im folgenden „Mitteilung zu Abhilfemaßnahmen".
351 Ständige Rechtsprechung seit EuG, Slg. 2003 II 1279, Tz. 143.

gen unterschieden.[352] Man spricht insoweit von strukturellen Zusagen bzw. Verhaltenszusagen.[353]

a) Strukturelle Zusagen

Strukturelle Zusagen genießen nach Ansicht der Europäischen Kommission absoluten Vorrang gegenüber Verhaltenszusagen.[354] In der Mitteilung zu Abhilfemaßnahmen wird eine dreistufige Prioritäteneinstufung vorgenommen.[355] Danach sind Veräußerungszusagen am besten geeignet, um wettbewerbliche Bedenken zu beseitigen. Als zweite Wahl kommen andere strukturelle Zusagen in Betracht. Am wenigsten geeignet sind Verhaltenszusagen, die „nur ausnahmsweise unter ganz besonderen Umständen zulässig sein" können.

Strukturelle Zusagen sind solche, die sich unmittelbar auf die Struktur des relevanten Marktes auswirken. Hierzu gehören insbesondere Veräußerungszusagen. In Abhängigkeit der Marktstrukturen erkennt die Europäische Kommission neben Veräußerungszusagen auch die Beendigung langfristiger Alleinbezugs- oder Alleinvertriebsverträge, die Beendigung oder Abschluss von Lizenzverträgen, die Zusammenlegung von Netzwerken oder den Zugang zu Infrastrukturen als andere strukturelle Zusagen an.[356] Bei den anderen strukturellen Zusagen spielt insbesondere die Einräumung von diskriminierungsfreiem Zugang zu Infrastrukturen eine herausragende Rolle.[357]

Veräußerungszusagen werden bevorzugt, da sie in der Lage sind bei horizontalen Zusammenschlüssen die wettbewerblich kritische Überschneidung aufzulösen.[358] Sie tragen zur Stärkung des bestehenden Wettbewerbs bzw. Entstehung von neuem Wettbewerb bei und erfordern zudem nur kurzfristige Kontrollen.[359]

---

352 Mitteilung zu Abhilfemaßnahmen Tz. 17. Hierzu *Grafunder*, René, Verhaltensbezogene Nebenbestimmungen in der deutschen und europäischen Fusionskontrolle, Welche Zukunft hat das Verbot der laufenden Verhaltenskontrolle im GWB, S. 162.

353 *Shang*, Ming, Merger Control in EU and Several Member States, Legislation & Enforcement Practice, S. 82 ff.

354 Dies folgt aus der Gewichtung in Tz. 17 der Mitteilung zu Abhilfemaßnahmen.

355 Tz. 17 der Mitteilung zu Abhilfemaßnahmen.

356 Tz. 26-29 der Mitteilung zu Abhilfemaßnahmen.

357 Mit der besonderen Erwähnung in Tz. 17 der Mitteilung zu Abhilfemaßnahmen. Umfangreiche Zugangspflichten wählte die Europäische Kommission z.B. in *Europäische Kommission*, Entscheidung von 21.3.2000, WuW/E EU-V 455, „BSkyB/Kirch-PayTV", Tz. 92; bestätigt durch EuG, Slg. 2003 II 3825, Tz. 183 ff.

358 *Frenz*, Walter, Zusagen in der Fusionskontrolle, EWS 2015, S. 79 (81).

359 Tz. 15 der Mitteilung zu Abhilfemaßnahmen.

Andere strukturelle Zusagen können nur unter bestimmten Umständen die wettbewerblichen Bedenken in vergleichbarer Weise wie Veräußerungszusagen ausräumen.[360] Dies hängt damit zusammen, dass sie zwar strukturell wirken, aber an ein Verhalten der beteiligten Unternehmen geknüpft sind.[361] Damit liegt die Sicherung der Wettbewerbsstrukturen über eine längere Zeit hinweg weiterhin in den Händen der beteiligten Parteien. Die strukturelle Wirkung ist damit nicht in jedem Fall in gleicher Weise effektiv.[362] Zudem erfordern an ein Verhalten geknüpfte Verpflichtungen weitgehende Überwachungsmaßnahmen.[363]

b) Verhaltenszusagen

Verhaltenszusagen sind Verpflichtungszusagen der beteiligten Unternehmen, die an ein bestimmtes zukünftiges Marktverhalten anknüpfen.[364] Hierzu gehört nach Ansicht des EuG beispielsweise auch die Nichtverwendung einer Marke.[365]

Die Europäische Kommission sieht Verhaltensverpflichtungen als Abhilfemaßnahme insgesamt kritisch, obwohl diese für beteiligte Unternehmen in der Regel weniger belastend wirken.[366] So heißt es in Tz. 17 der Mitteilung zu Abhilfemaßnahmen, dass Verhaltenszusagen „nur ausnahmsweise unter ganz besonderen Umständen zulässig sein" können. Vor allem seien Verpflichtungen, die Preise nicht anzuheben, die Produktpalette einzuschränken, Marken aufzugeben usw., im Allgemeinen nicht geeignet, um die wett-

---

360 Insbesondere dann wenn die wettbewerblichen Probleme gerade auf Faktoren wie Ausschließlichkeitsvereinbarungen, Netzwerkeffekten oder wichtigen Patenten beruhen. Hierzu siehe Tz. 62 ff. der Mitteilung zu Abhilfemaßnahmen.

361 Sehr deutlich im Fall *Europäische Kommission*, Entscheidung vom 7.2.2001, ABl 2002 Nr. L 59/1, „EdF/EnBW", Tz. 93. Zwar hat die Abhilfe eine strukturelle Wirkung auf dem Wettbewerb, bestand jedoch im Kern darin, dass EdF mindestens drei Jahre Jahr bestimmte Mengen von Strom versteigern soll. Dies knüpft damit eindeutig an ein zukünftiges Verhalten von EdF.

362 Insoweit gilt die Veräußerungszusage auch hinsichtlich ihrer Effizienz als „Benchmark", vgl. Tz. 61 der Mitteilung zu Abhilfemaßnahmen. Andere Zusagen können nur berücksichtigt werden, wenn die Europäische Kommission sie im Einzelfall als gleich effektiv beurteilt.

363 EuG, Slg. 1999 II 753, Tz. 319.

364 *Grafunder*, René, Verhaltensbezogene Nebenbestimmungen in der deutschen und europäischen Fusionskontrolle, Welche Zukunft hat das Verbot der laufenden Verhaltenskontrolle im GWB, S. 33.

365 EuG, Slg. 1999 II 753, Tz. 319.

366 *Frenz*, Walter, Zusagen in der Fusionskontrolle, EWS 2015, S. 79 (81).

bewerbsrechtlichen Bedenken zu beseitigen. Entsprechend zurückhaltend ist die Europäische Kommission, einen Zusammenschluss basierend auf reinen Verhaltenszusagen freizugeben. Im Fall *General Electric/Honeywell*[367] boten die Parteien unter anderem an, auf die Bündelung der Produkte zu verzichten. Die Europäische Kommission lehnte dies in ihrer Begründung ab, da dieser Vorschlag „rein verhaltensbezogen und daher nicht geeignet" sei, „die genannten Bedenken nachhaltig auszuräumen."[368] Lange Zeit beharrte die Europäische Kommission auf der Position, reine Verhaltenszusagen gar nicht erst näher zu prüfen, da diese von sich heraus schon nicht geeignet seien den Wettbewerb dauerhaft wiederherzustellen.[369]

Die Rechtsprechung hat indes diese Haltung zurückgewiesen. Im *Gencor*-Urteil hieß es hierzu, es ließe sich nicht *a priori* ausschließen, dass verhaltensbestimmende Verpflichtungen ebenfalls geeignet sein können, einer Marktbeherrschung entgegenzuwirken.[370] Demnach kommt es auf eine Prüfung im Einzelfall an. Die grundsätzliche Pflicht zur Prüfung von Verhaltenszusagen hat der EuGH im *Tetra Laval* Urteil ebenfalls bestätigt.[371]

Die Rechtsprechung hat die Entscheidungspraxis der Europäischen Kommission zumindest dahingehend geändert, dass die Europäische Kommission in ihrer Entscheidungsbegründung Verhaltenszusagen nicht mehr pauschal ablehnt. Dennoch sieht sie diese weiterhin sehr kritisch. Die Begründung zur Ablehnung einer Verhaltenszusage ist indes ausführlicher geworden. In der Entscheidung *EDP/ENI/GDP*, in der die beteiligten Parteien unter anderem Verhaltenszusagen anboten, wies sie diese beispielsweise nicht nur als „weit hinter den Abhilfemaßnahmen struktureller Art"[372] zurückbleibend, sondern begründete die Entscheidung auch damit, dass sie umfassend überwacht werden müssten und eine solche Überwachung im zugrundeliegenden Einzelfall schwierig sei.[373]

Die zögerliche Haltung der Europäischen Kommission gegenüber Verhaltenszusagen basiert somit zusammenfassend auf drei Gründen:

Zum einen erfordern Verhaltenszusagen komplizierte und oft ungewisse Analysen der wettbewerblichen Auswirkungen von zukünftigem Unterneh-

---

367 *Europäische Kommission*, Entscheidung vom 3.7.2001, COMP/M.2220, „General Electric/Honeywell".

368 General Electric/Honeywell, Tz. 530.

369 *Europäische Kommission*, Entscheidung von 31.10.2001, COMP/M.2416, „Tetra Laval/Sidel", Tz. 429; Gencor/Lonrho, Tz. 216.

370 EuG, Slg. 1999 II 753, Tz. 319.

371 EuGH, Slg. 2005 I 987, Tz. 86-89.

372 *Europäische Kommission*, Entscheidung vom 9.12.2004, COMP/M.3440, „EDP/ENI/GDP", Tz. 663.

373 EDP/ENI/GDP, Tz. 678 (vii), 719.

mensverhalten.[374] Zum anderen erfordern Verhaltenszusagen zur Sicherstellung ihrer Durchführung langwierige, durchgängige Verhaltenskontrollen durch die Europäische Kommission. Zudem erklärt sich die Vorrangstellung der strukturellen Zusagen auch durch das Verhältnis der Europäischen Fusionskontrolle zum Missbrauchsverbot des Art. 102 AEUV. Während Art. 102 AEUV einen Missbrauch einer bestehenden Marktbeherrschung sanktioniert, soll die Europäische Fusionskontrolle primär *ex ante* die Marktstrukturen dahingehend schützen, dass ein Missbrauch nach Art. 102 AEUV durch das fusionierte Unternehmen erst gar nicht ermöglicht wird. In jedem Fall stellt die Zusage der beteiligten Unternehmen, nach der Fusion keinen Verstoß nach Art. 102 AEUV zu begehen, keine ausreichende Abhilfe im Rahmen der Fusionskontrolle dar, denn sonst liefe die Fusionskontrolle weitgehend leer.[375]

4. Zwischenfazit

Im Rahmen der materiellrechtlichen Fusionskontrolle in der Europäischen Union wird in der Regel zunächst der relevante Markt abgegrenzt. Sodann wird geprüft, ob ein wirksamer Wettbewerb auf dem gemeinsamen Markt oder einem wesentlichen Teil desselben durch den geplanten Zusammenschluss erheblich behindert würde. Der Marktbeherrschungstest ist zwar immer noch wichtig, dennoch ist er nicht mehr der alleinige Prüfungsmaßstab. Der Prüfungsmaßstab ist seit der Reform 2004 mit dem eingefügten SIEC-Test an die amerikanische Prüfung angeglichen und materiell flexibler geworden. Er umfasst nunmehr unumstritten auch unilaterale Effekte auf Oligopolmärkten.

Des Weiteren haben Effizienzen seit der Reform 2004 deutlich an Bedeutung gewonnen. Zwar ist die Einordnung als echte *„efficiency defence"* nach wie vor umstritten, allerdings ist nunmehr erkennbar, dass die Europäische Fusionskontrolle gewillt ist, mehr auf die individuellen Effizienzerwägungen der beteiligten Unternehmen einzugehen und eine Abwägung mit den wettbewerbshindernden Faktoren des Zusammenschlusses zuzulassen. Die Berücksichtigung von Effizienzen markiert eine leichte Abschwächung von ihrem bisherigen rein auf wettbewerblichen Strukturen orientierten Ansatz.

---

374 *Grafunder*, René, Verhaltensbezogene Nebenbestimmungen in der deutschen und europäischen Fusionskontrolle, Welche Zukunft hat das Verbot der laufenden Verhaltenskontrolle im GWB, S. 187.

375 *Behrens*, Peter, Europäisches Marktöffnungs- und Wettbewerbsrecht, S. 741; *Shang*, Ming, Merger Control in EU and Several Member States, S. 84.

Um allerdings die grundsätzlich strukturorientierte Prüfung nicht zu kontrakarieren, werden strenge Voraussetzungen an die Berücksichtigung von Effizienzen gestellt. Dies gilt insbesondere für die Nachweisbarkeit der Effizienzgewinne und die Weitergabe dieser an die Verbraucher. Auch die Europäische Kommission war bisher in der Praxis sehr zurückhaltend gegenüber einer tatsächlichen Berücksichtigung von Effizienzen.

Im Rahmen ihres *„more economic approach"*-Ansatzes[376] versucht die Europäische Kommission seit Anfang 2000 zunehmend die tatsächlichen negativen und positiven Auswirkungen eines Zusammenschlusses im Einzelfall wissenschaftlich zu ermitteln. Dies hat den Vorteil, dass die Entscheidungen flexibler und ggf. besser dem Einzelfall angepasst werden können. Allerdings sind derartige Prüfungen kostspielig und gewonnene Erkenntnisse weniger übertragbar auf andere Fälle. Zudem ist fraglich, ob bei der Anwendung derart vieler wissenschaftlicher Modelle und Methoden die positiven und negativen Auswirkungen eines Zusammenschlusses im Einzelfall *ex ante* tatsächlich so viel besser vorausgesagt werden können als bei der strukturellen Betrachtung. Aus diesem Grund werden diese Methoden oftmals von der Europäischen Kommission lediglich ergänzend zur Begründung ihrer Position herangezogen.

Eine Berücksichtigung wettbewerbsfremder Faktoren ist in der Europäischen Fusionskontrolle nicht vorgesehen. Gerade deshalb kann aber eine wettbewerbsorientierte Prüfung zu einem Ergebnis führen, das im Widerspruch zu insbesondere industriepolitischen Interessen von Handelspartnern oder Mitgliedstaaten steht.

In diesem Fall ist zumindest das Szenario nicht ausgeschlossen, dass betroffene Handelspartner/Mitgliedstaaten politischen Druck auf die Europäische Kommission ausüben, um die Entscheidung der Europäischen Kommission zu beeinflussen. Obwohl in einigen Fällen der politische Druck auf die Europäische Kommission sehr groß sein dürfte, lässt sich eine politische Einflussnahme in bisherigen fusionsrechtlichen Prüfungen nicht belegen. Die Entscheidungen der Europäischen Kommission stützen sich vielmehr auch in den politisch brisanten Entscheidungen auf wettbewerbliche Argumentationen und sind, insbesondere unter Berücksichtigung ihrer Entscheidungspraxis, nachvollziehbar. Sie unterstreichen damit die weiterhin generell wettbewerbliche Ausrichtung der Europäischen Fusionskontrolle.

---

376 Siehe hierzu *Christiansen*, Arndt, Der „More Economic Approach" in der EU-Fusionskontrolle, S. 21 ff.

D. Vergleichende Betrachtung mit der chinesischen Fusionskontrolle

Für die Prüfung von Unternehmenszusammenschlüssen ist in China die MOFCOM[377] zuständig. Die MOFCOM kann – wie die Europäische Kommission im Rahmen der Europäischen Fusionskontrolle – gemäß Art. 28 und Art. 29 AMG einen Zusammenschluss genehmigen, unter Auflagen/Bedingungen[378] genehmigen oder untersagen.

Seit der Einführung der chinesischen Fusionskontrolle im Jahr 2008 hat die MOFCOM insgesamt 2090 Entscheidungen in Bezug auf Unternehmenszusammenschlüsse getroffen, wobei die große Mehrzahl der Entscheidungen, insgesamt 2052, ohne Auflagen genehmigt wurde.[379] In 36 Fällen genehmigte die MOFCOM den Zusammenschluss unter Auflagen und lediglich in zwei Fällen[380] wurde ein Zusammenschluss untersagt.

Trotz der unterschiedlichen politischen, gesellschaftlichen und wirtschaftlichen Gegebenheiten weist die materielle fusionsrechtliche Prüfung in beiden Rechtsordnungen viele Gemeinsamkeiten auf. Auf der anderen Seite lassen sich in materieller Hinsicht aber auch einige erhebliche Unterschiede feststellen. Nachfolgend erfolgt daher eine Gegenüberstellung der materiellen fusionsrechtlichen Prüfung in China mit der Europäischen Fusionskontrolle.

I. Historische Entwicklung

Um den Hintergrund der chinesischen Fusionskontrolle zu verstehen, ist ein Blick in die historische Entwicklung unerlässlich.

---

377 Ministry of Commerce of the Peoples's Republic of China.

378 Wobei die Unterteilung zwischen Auflagen und Bedingungen in der chinesischen Fusionskontrolle nicht vorkommen.

379 Stand April 2008, siehe https://zhuanlan.zhihu.com/p/20357507.

380 Hierbei handelt es sich um den geplanten Zusammenschluss zwischen Coca Cola und Huiyuan sowie den als P3 Allianz bekannten geplanten Zusammenschluss zwischen den europäischen Reedereien A.P. Moeller Maersk, Mediterranean Shipping Co. und der CMA CGM. Beide Zusammenschlüsse scheiterten in der Folge der ablehnenden Entscheidung der MOFCOM. Vgl. Nähere Erläuterungen hierzu unter D.III.4.c).

Die chinesische Fusionskontrolle ist ein relativ neues Rechtsgebiet. Das oft als „Wirtschaftsverfassung"[381] des Landes bezeichnete AMG wurde erst am 30. August 2007 auf der 29. Sitzung des Ständigen Ausschusses des Zehnten Nationalen Volkskongresses verabschiedet. Es trat am 1. August 2008 in Kraft. Damit ist die chinesische Fusionskontrolle eines der jüngsten Rechtsgebiete des chinesischen Rechts.[382]

Auf den ersten Blick erscheint dies aufgrund der wirtschaftlichen Bedeutung des chinesischen Marktes für die Weltwirtschaft und der hohen Regulierungsdichte in China überraschend. Auf den zweiten Blick ist allerdings die Tatsache, dass in China überhaupt ein Kartellrecht und mit ihr die Fusionskontrolle existiert, bemerkenswert. Immerhin versteht sich China als sozialistischer Staat mit einem sozialistischen System.[383] Nach der Lehre von *Karl Marx* und *Friedrich Engels* sollte die Planwirtschaft den Wettbewerb in einem solchen System komplett ersetzen.[384]

In den Anfangsjahren wurde in China die kommunistische Wirtschaftsform noch konsequent umgesetzt. Die Planwirtschaft war jahrzehntelang in der Verfassung verankert und der Wettbewerb wurde als „kapitalistische Abscheulichkeit"[385] verdammt.

Erst unter der Leitung von *Deng Xiaopin* im Jahre 1978 leitete China Wirtschaftsreformen[386] ein, die die chinesische Wirtschaft weg von der Planwirtschaft hin zur einer „sozialistischen Marktwirtschaft" reformierten.[387] Infolgedessen kam dem Wettbewerb eine wachsende Bedeutung zu.[388]

Bereits kurz nach der Einführung der ersten Wirtschaftsreformen erkannte die chinesische Politik, dass der durch die Reformen neu entstandene Wettbe-

---

381 *Huang*, Xisheng, Untersuchung der Gesetzgebung des Antimonopolrechts, Journal of Southwest University for Nationalities (Philosophy and Social Sciences) 1999, Vol. 20, S. 126 (126); *Lü*, Mingyu, Wettbewerbsrecht, S. 146.
382 Sie tritt damit etwa 20 Jahre nach der Einführung der Europäischen Fusionskontrolle in Kraft, die ihrerseits auf eine sehr kurze Geschichte zurückblickt.
383 Siehe Art. 1 der chinesischen Verfassung.
384 Dazu auch *Masseli, Markus*, Handbuch der chinesischen Fusionskontrolle, S. 2.
385 *Wang*, Xiaoye, Erlass und Ausführung des chinesischen Kartellgesetzes, RIW 2008, S. 417.
386 Insbesondere durch Reformen des 3. Plenum des 11. Zentralkomitees der kommunistischen Partei Chinas.
387 Vgl. Art. 15 der Chinesischen Verfassung in der im März 1993 geänderten Fassung: „Der Staat führt eine sozialistische Marktwirtschaft durch".
388 Denn auch wenn der Begriff der „sozialistischen Marktwirtschaft" unklar und in sich widersprüchlich erscheint, so zeigt die chinesische Ausprägung des Begriffs, dass sie grundsätzlich eine Marktordnung intendiert, die auf einem fairen und freien Wettbewerb aufbaut, so auch *Wang, Xiaoye*, Erlass und Ausführung des chinesischen Kartellgesetzes, RIW 2008, S. 417 (417).

werb eines Schutzes/bzw. einer Kontrolle durch die Rechtsordnung bedurfte. Im Oktober 1980 erließ der Staatsrat die „Vorläufigen Bestimmungen zur Entwicklung und zum Schutz des sozialistischen Wettbewerbs".[389] Im Jahre 1993 folgte das „Gesetz gegen den unlauteren Wettbewerb".[390] Das Gesetz gegen den unlauteren Wettbewerb enthielt jedoch keine Regelungen zur Regulierung von Unternehmenszusammenschlüssen. Dies war dem Umstand geschuldet, dass Unternehmenszusammenschlüsse ausdrücklich zur Stärkung der nationalen Wirtschaft erwünscht waren. Durch nicht untereinander kooperierende Verwaltungsstränge und lokalprotektionistische Interessen waren in China viele abgeschottete Gebietsmonopole entstanden. Diese und die insgesamt veraltete Wirtschaftsstruktur wollte man durch Förderung von „horizontalen Wirtschaftsverbindungen"[391], sowie Bildung von „Unternehmensgruppen"[392], das heißt Gruppen mehrerer selbstständiger Unternehmen unter einheitlicher Leitung, aufbrechen.[393] In der Gesellschaft wurde die Ansicht vertreten, dass die durch die Konzernierung entstandene oder verstärkte Monopolbildung[394] wünschenswert sei.[395] Chinesische Unternehmen seien noch „zu klein", um international wettbewerbsfähig zu sein. Die Erzielung von Skalenerträgen und die damit verbundene Erhöhung der Wettbewerbsfähigkeit chinesischer Unternehmen im internationalem Kontext sollte gerade durch Zusammenschlüsse der vorhandenen Unternehmen erreicht werden. Aus diesem Grund wurde vorherrschend die Ansicht vertreten, dass man in China Unternehmenszusammenschlüsse fördern statt untersagen sollte, um eine Globalisierung der chinesischen Unternehmen zu erleichtern.[396] Aus diesem Grund wurden Regelungen zur Bekämpfung von Mono-

---

389 Vorläufige Regelungen zur Entwicklung und zum Schutz des sozialistischen Wettbewerbs (关于开展和保护社会主义竞争的暂时规定) vom 17.10.1980, aufrufbar unter http://finance.sina.com.cn/g/20050418/12411526820.shtml. Demnach wurden Kartelle außerhalb der staatlich eingegrenzten Bereiche verboten, der Wettbewerb soll entwickelt werden. Siehe hierzu *Münzel*, Frank, Kartellrecht in China, RIW 1987, S. 261.
390 Gesetz gegen den unlauteren Wettbewerb (中华人民共和国反不正当竞争法) vom 25.9.1993, aufrufbar unter: http://www.gov.cn/gongbao/shuju/1993/gwyb199321.pdf.
391 经济联合.
392 企业集团.
393 *Masseli*, Markus, Handbuch der chinesischen Fusionskontrolle, S. 5.
394 Sog. „sozialistische Monopole".
395 *Masseli*, Markus, Handbuch der chinesischen Fusionskontrolle, S. 5.
396 Zu diesem Schluss kommt eine Untersuchung des chinesischen Zentrums für Unternehmensbewertung im Jahre 1987. Vgl. *das chinesische Zentrum für Unternehmensbewertung*, Bewertung der 100 größten chinesischen Unternehmen und 9 Branchen im Jahr 1987, Management World 1989, Vol. 2.

polen, die ursprünglich im zweiten und dritten Entwurf des Gesetzes gegen den unlauteren Wettbewerb inkludiert waren, wieder gestrichen.

So ist es auch wenig verwunderlich, dass es China bei der Handhabung von Unternehmenszusammenschlüssen lange Zeit bei der Betonung von allgemeinen Prinzipien belassen hat. Aufgrund der Allgemeinheit der Prinzipien verfügten sie allerdings über keine Regelungswirkung und waren damit nicht praxistauglich.[397]

Die fehlenden Regelungen von Unternehmenszusammenschlüssen hingen auch damit zusammen, dass es in China — abgesehen von den staatlich angeordneten Zusammenschlüssen staatlicher Unternehmen — lange Zeit keine verbreitete M&A-Aktivität gab.[398]Eine Regelung zur Eindämmung unkontrollierter M&A-Aktivitäten wurde folglich nicht benötigt.

Nach Eintritt Chinas in die WTO stieg die Anzahl der M&A-Aktivitäten jedoch rasant an. Insbesondere ausländische Investoren erwarben in zunehmendem Maße chinesische Unternehmen. Mangels rechtlichen Rahmens existierten keine Regeln zum Umgang und zur effektiven Kontrolle solcher Aktivitäten. Es wurde befürchtet, dass diese Aktivitäten chinesische Unternehmen aus dem Markt drängen und damit den aufkeimenden Wettbewerb im chinesischen Markt zerstören könnten.[399] Da Diskussionen aufgrund fehlender gesetzlicher Regelungen nicht innerhalb eines rechtlichen Rahmens stattfinden konnten, drifteten sie oft ins Moralische und teils gar ins Emotionale ab.[400] Auch die chinesische Regierung beschäftigte sich zunehmend mit dem Thema der Auslandsakquisitionen. In einem Bericht der MOFCOM von 2004 heißt es: „Internationale Unternehmen sind immer geneigter, inländische Unternehmen durch Mehrheitsakquisitionen zu erwerben. Die Unternehmensakquisition ist eine wichtige Form der Investition internationaler Unternehmen in China geworden." Ein herausragendes Problem läge darin, dass dem Einfluss solcher Akquisition durch internationale Unternehmen auf dem inländischen Markt noch nicht genügend Gewicht beigemessen wurde. Aus diesem Grund müsste die Novellierung des „Gesetzes gegen den unlauteren Wettbewerb" und der Erlass des „Antimonopolgesetzes" beschleunigt werden.

---

397 So auch *Weinrich-Zhao*, Tingting, Chinese Merger Control Law, S. 31 f.

398 *Zhang*, Wei, Untersuchung des Antimonopolprüfungssystems im Rahmen der M&A Tätigkeiten von Unternehmen, S. 25 f.

399 *Ding*, Yameng, Kauf chinesischer Unternehmen durch grenzüberschreitende Unternehmen, S. 3.

400 Protektionistische Ansichten gingen soweit zu argumentieren, dass Verkäufe chinesischer Unternehmen an ausländische Investoren „Landesverrat" darstellten.

Mithin stand die chinesische Politik nunmehr vor dem Dilemma, dass man einerseits Unternehmenszusammenschlüsse inländischer Unternehmen fördern wollte, um diese angesichts der zunehmenden Globalisierung des einheimischen Marktes zu stärken, andererseits aber den Ausverkauf der chinesischen Wirtschaft an ausländische Unternehmen verhindern wollte.

Um dieses Dilemma zu lösen, griff China zu ungewöhnlichen Mitteln. Unter Verstoß gegen den Gleichbehandlungsgrundsatzes der WTO erließ der chinesische Gesetzgeber zunächst vereinzelt isolierte Vorschriften.[401] 2003 folgte dann erstmals ein in sich abgeschlossenes Regelwerk der Fusionskontrolle, das aber nur für Ausländer galt. Es handelte sich bei dem Regelwerk um die sog. „Vorläufigen Regelungen für die Akquisition von inländischen Unternehmen durch ausländische Investoren",[402] die am 7.3.2003 gemeinsam von MOFTEC[403], SAIC[404] und der SAFE[405] erlassen wurden. Diese Regelungen wurden am 8.8.2006 durch die von MOFCOM, SASAC[406], SAIC, CSRC[407] und SAFE erlassenen „Regelungen für die Akquisition von inländischen Unternehmen durch ausländische Investoren"[408] ersetzt. Am 8.3.2007 ergänzte die MOFCOM die bestehenden Regelungen um die „Richtlinien für die Antimonopolanmeldung für Fusionen und Akquisitionen von inländischen Unternehmen durch ausländische Investoren"[409], die weitere prozessrechtliche Regelungen zur Durchführung der Fusionskontrolle vorsahen. Aufgrund ihres diskriminierenden Charakters gegenüber ausländischen Investoren war klar, dass das Regelwerk Chinas zur Kontrolle von ausländischen Akquisitionen nicht auf Dauer aufrechterhalten werden konnte.

Nach Einführung der Fusionskontrolle für ausländische Investoren stieg die Zahl der Unternehmenszusammenschlüsse im Zuge des Wirtschaftswachstums in China weiter an. Dies galt nicht nur für Akquisitionen chinesischer Unternehmen durch ausländische Investoren. Auch rein chinesische Unternehmenszusammenschlüsse stiegen rasant an. Sowohl staatliche als

---

401 *Weinrich-Zhao*, Tingting, Chinese Merger Control Law, S. 33.
402 外国投资者并购境内企业暂行规定aufrufbar unter http://www.pkulaw.cn/fulltext _form.aspx?Gid=44880.
403 Ministry of Foreign Trade and Economic Co-operation. Die MOFTEC ist die Vorgängerbehörde der MOFCOM.
404 State Administration for Industry and Commerce.
405 State Administration of Foreign Exchange.
406 State-owned Assets Supervision and Administration Commission.
407 China Securities Regulatory Commission.
408 外国投资者并购境内企业暂行规定aufrufbar unter http://www.pkulaw.cn/fulltext _form.aspx?Gid=44880.
409 外国投资者并购境内企业反垄断申报指南,aufrufbar unter http://www .lawinfochina.com/display.aspx?lib=law&id=6267&CGid=.

auch private chinesische Unternehmen tätigten zunehmend Akquisitionen, um sich am Markt zu behaupten und ihre Wettbewerbsfähigkeit zu steigern. Der Ruf nach umfassenden Regelungen zur Fusionskontrolle, die für inländische wie ausländische Unternehmen gleichermaßen gelten sollte, wurde immer lauter.

Der chinesische Gesetzgeber diskutierte unterdessen weiter intensiv über die Schaffung eines neuen Wettbewerbsrechts mit einer umfassenden Fusionskontrolle. Der Widerstand innerhalb der eigenen Reihen zur Schaffung der Fusionskontrolle auch für chinesische Unternehmen sank zwar angesichts der positiven Wirtschaftsentwicklung in China, war aber nach wie vor vorhanden. Zudem tobte ein Machtkampf zwischen vielen Organen und Abteilungen des chinesischen Staates, wer letztlich welche Befugnisse in dem neugeschaffenen System der Fusionskontrolle erhalten sollte. Die Entwürfe zum Antimonopolgesetz wurden daher zwischen 2002 bis 2006 immer wieder überarbeitet.[410] Hervorhebenswert ist dabei der intensive Austausch zwischen dem chinesischen Gesetzgeber und der EU ab dem Jahre 2003 zu Fragen des Wettbewerbsrechts.[411]

Ein weiterer Entwurf des AMG wurde auf der 22. Sitzung des Ständigen Ausschusses des Zehnten Nationalen Volkskongresses am 24.6.2006 beraten. Schließlich wurde das AMG in seiner jetzigen Fassung am 30.8.2007 auf der 29. Sitzung des Ständigen Ausschusses des Zehnten Nationalen Volkskongresses verabschiedet. Das AMG mit der neugeschaffenen, umfassenden Fusionskontrolle trat am 01.8.2008 in Kraft, genau 20 Jahre nachdem dieses Gesetzesvorhanden 1988 auf dem Arbeitsplan des Nationalen Volkskongresses aufgenommen worden war.[412]

---

410 Im Jahre 2002 wurde erstmals ein „Konsultationsentwurf eines Antimonopolgesetzes" vorgelegt. 2002 stellte die MOFCOM einen „Entwurf eines Antimonopolgesetzes" vor. Der Entwurf wurde 2004 überarbeitet und im März 2004 an das Rechtsbüro des Staatsrates weitergeleitet. Der Staatsrat seinerseits veröffentlichte im April 2005 einen „Diskussionsentwurf eines Antimonopolgesetzes". Dieses wurde 2005 und 2006 mehrfach überarbeitet.

411 *Meyer*, Peter / *Chen*, Zhaoxia, Fusionskontrolle in der VR China: Schaffen Richtlinien mehr Rechtssicherheit?, RIW 2009, S. 265 (268).

412 *Masseli*, Markus, Handbuch der chinesischen Fusionskontrolle, S. 8.

II. Rechtlicher Rahmen

1. Antimonopolgesetz

Die Fusionskontrolle wird vor allem im vierten Abschnitt des AMG geregelt. Dieser umfasst insgesamt zwölf Paragraphen.[413]

In materieller Hinsicht legt Art. 28 Abs. 1 AMG fest, dass Unternehmenszusammenschlüsse, die die Wirkung bzw. möglicherweise die Wirkung haben, den Wettbewerb auszuschließen oder zu beschränken, von der zuständigen Behörde (MOFCOM) untersagt werden sollen. Dies soll nach Art 28. Abs. 2 AMG nicht gelten, wenn die betroffenen Unternehmen entweder nachweisen können, dass die Vorteile des Zusammenschlusses die Nachteile für den Wettbewerb überwiegen, oder dass der Zusammenschluss aufgrund eines gesellschaftlichen Allgemeininteresses wünschenswert ist. Bei der materiellen Prüfung eines Unternehmenszusammenschlusses sind die in Art. 27 AMG genannten Faktoren zu berücksichtigen. Diese sind im Einzelnen: (1) Marktanteile und Marktkontrolle der am Unternehmenszusammenschluss beteiligten Unternehmen; (2) Grad der Konsolidierung auf dem relevanten Markt; (3) Einfluss des Unternehmenszusammenschlusses auf den Marktzutritt und den technischen Fortschritt; (4) Einfluss des Unternehmenszusammenschlusses auf Verbraucher und Wettbewerber; (5) Einfluss des Unternehmenszusammenschlusses auf die nationale Wirtschaftsentwicklung; sowie (6) Andere Faktoren, die nach Auffassung der zuständigen Behörde Einfluss auf den Wettbewerb am Markt haben.

Sofern die MOFCOM einen Zusammenschluss nicht untersagt, so kann sie nach Art. 29 AMG eine Freigabe auch an Bedingungen und Auflagen knüpfen, um den negativen Einfluss des Zusammenschlusses auf den Wettbewerb zu verringern. Die MOFCOM ist dabei nach Art. 30 AMG verpflichtet, Entscheidungen zu veröffentlichen, die eine Untersagung des Zusammenschlusses oder eine Genehmigung unter Auflagen beinhalten.

Sofern die nationale Sicherheit betroffen ist, stellt Art. 31 AMG klar, dass neben der Fusionskontrolle nach dem AMG auch eine Prüfung zur nationalen Sicherheit gemäß den relevanten Vorgaben des Staates durchlaufen werden muss.

---

413 Art. 20 bis Art. 31 AMG.

2. Nebenbestimmungen zum Antimonopolgesetz

Da das AMG in Bezug auf die Fusionskontrolle lediglich Rahmengesetzcharakter aufweist, wird sie durch eine Vielzahl an Nebenbestimmungen weiter konkretisiert. Für die materielle Prüfung sind insbesondere die folgenden Richtlinien relevant:

MarktabgrLL;[414]
Interim Assessment Provisions[415]
Interim Provisions on Restrictive Conditions[416]
Interim Divesture Provisions[417]
Review Measures[418]

III. *Materiellrechtlicher Prüfungsmaßstab*

Bei der materiellen Prüfung der chinesischen Fusionskontrolle geht es im ersten Schritt -ähnlich wie bei der Europäischen Fusionskontrolle- um die Prüfung einer kartellrechtlichen Konformität von Unternehmenszusammenschlüssen. Es geht also um die Beantwortung der Frage, ob der geplante Zusammenschluss geeignet ist, den Wettbewerb auf dem relevanten Markt auszuschließen oder zu beschränken.[419] Anders als bei der Europäischen Fusionskontrolle ist jedoch im Anschluss hieran zu prüfen, ob bei einer Feststellung einer wettbewerblichen Beschränkung der Zusammenschluss dennoch nach Art. 28 Abs. 2 AMG gerechtfertigt werden kann.

---

414 Leitlinien des Staatsrates für die Antimonopolprüfung zur Abgrenzung des relevanten Marktes (国务院反垄断委员会关于相关市场界定的指南) vom 24.5.2009.

415 Verordnung der MOFCOM 2011 Nr. 55: Interim Regelungen für die Bewertung der wettbewerblichen Auswirkungen von Unternehmenszusammenschlüssen (商务部公告2011年第55号关于评估经营者集中竞争影响的暂行规定).

416 Verordnung der MOFCOM 2014 Nr. 6: Vorläufige Regelungen in Bezug auf beschränkende Auflagen im Rahmen der Zusammenschlusskontrolle (商务部令2014年第6号关于经营者集中附加限制性条件的规定（试行）).

417 Verordnung der MOFCOM 2010 Nr. 41: Interim Regelungen für die Implementierung von Devestitionen von Assets oder Geschäftsbereichs im Rahmen von Unternehmenszusammenschlüssen (商务部公告2010年第41号关于实施经营者集中资产或业务剥离的暂时规定).

418 Verordnung der MOFCOM 2009 Nr. 12: Methode zur Prüfung von Unternehmenszusammenschlüssen (商务部令2009年第12号，经营者集中审查办法).

419 Art. 28 Abs. 1 AMG.

Der materielle Prüfungsmaßstab der chinesischen und Europäischen Fusionskontrolle stimmt in vielen Bereichen weitgehend überein. Im nicht übereinstimmenden Teil der fusionsrechtlichen Prüfung muss sodann wieder zwischen Abweichungen unterschieden werden, die zwar formal bestehen, inhaltlich aber keine wesentlichen Auswirkungen haben, und solchen, die tatsächlich substantiell sind.

1. Relevanter Markt

Die Bestimmung des relevanten Marktes markiert sowohl für die chinesische als auch für die Europäische Fusionskontrolle den Anfang der materiellen Prüfung.[420] Ähnlich wie in der fusionskontrollrechtlichen Prüfung der EU hat die Marktabgrenzung auch für die fusionsrechtliche Prüfung in China eine fundamental wichtige Bedeutung.[421] Der Markt ist ausschlaggebend für die Feststellung des vorhandenen Wettbewerbs auf dem relevanten Markt und dient als Relationsgröße für die Bestimmung der Auswirkungen des Unternehmenszusammenschlusses.[422] Während ein zu breit umgrenzter Markt zu einer künstlichen Abschwächung / Verwässerung der realen Marktanteile der am Zusammenschluss beteiligen Unternehmen führt, kann ein zu eng umgrenzter Markt die negativen Auswirkungen des Unternehmenszusammenschlusses auf den Wettbewerb aufgrund der falschen Bezugsgröße unangemessen vergrößern. Aus diesem Grund ist die korrekte Bestimmung des relevanten Marktes ausschlaggebend für die Prüfung, ob ein bestimmter Unternehmenszusammenschluss den Wettbewerb am Markt beeinträchtigt.

Die Bedeutung der Marktabgrenzung ist in beiden Rechtsordnungen daher im Rahmen der fusionsrechtlichen Prüfung entscheidend. Sie legt die Parameter der weiteren Prüfung fest. Insbesondere beeinflusst sie unmittelbar die Bestimmung der Marktanteile und die Marktmacht der am Zusammenschluss beteiligten Unternehmen. Aus diesem Grund ist die Marktabgrenzung auch in der Praxis einer der häufigsten Streitpunkte zwischen den am

---

420 *Wang*, Xiaoru / *Li*, Weiye, Wirtschaftliche Analyse von horizontalen Übernahmen: Relevanter Markt, Marktkonzentration und GUPPI, in: Wang, Xiaoye, Abgrenzung des relevanten Marktes im Rahmen des AMG, S. 71 (72).
421 § 2 MarktAbgrLL
422 *Zhang*, Wei, Untersuchung des Antimonopolprüfungssystems im Rahmen der M&A Tätigkeiten von Unternehmen, S. 62 f.

Zusammenschluss beteiligten Unternehmen und den zuständigen Prüfungsbehörden.[423]

Die Marktabgrenzung erfolgt in der chinesischen Fusionskontrolle ähnlich wie in der Europäischen Fusionskontrolle. Beide orientieren sich bei der Abgrenzung des Marktes an der Substituierbarkeit der Produkte.[424] Diese werden wiederum in beiden Fällen nicht rein objektiv anhand ihrer Merkmale, sondern aus Sicht des durchschnittlichen Verbrauchers bestimmt.[425] Sowohl die Europäische als auch die chinesische Fusionskontrolle folgen damit dem Bedarfskonzept.[426]

Bei der Marktabgrenzung werden in beiden Rechtsordnungen jeweils zunächst der sachlich relevante Markt und dann der räumlich relevante Markt abgegrenzt.[427]

a) Sachlich relevanter Markt

Der Begriff des relevanten Marktes wird in der chinesischen Rechtsordnung in Art. 12 AMG legaldefiniert. Gemäß Art. 12 S. 2 AMG ist der relevante Markt ein geographisch eingegrenzter Bereich, in dem Unternehmen innerhalb eines bestimmten Zeitraumes hinsichtlich bestimmter Waren oder Dienstleistungen miteinander konkurrieren.[428]

Wie der sachlich relevante Markt abgegrenzt wird, wird wiederum in der MarktAbgrLL konkretisiert. Gemäß § 3 Abs. 2 S. 1 MarktAbgrLL ist der sachlich relevante Markt ein Markt bestehend aus einer Produktgruppe oder Produktart, von denen Nachfrager, aufgrund von Produktbesonderheiten, Produktverwendung, Preis und anderen Faktoren annehmen, dass sie in einem relativ engen Substitutionsverhältnis stehen.

---

423 *Wang*, Xiaoru / *Li*, Weiye, Wirtschaftliche Analyse von Horizontalen Übernahmen: Relevanter Markt, Marktkonzentration und GUPPI, in: Wang, Xiaoye, Abgrenzung des relevanten Marktes im Rahmen des AMG, S. 71 (73).

424 Tz. 7 der Bekanntmachung zum relevanten Markt; § 3 Abs. 2 S. 1 MarktAbgrLL.

425 *Ebenda*.

426 Vgl. hierzu *Zheng*, Pengcheng, Interessenkampf und Grundprinzipien im Rahmen der Abgrenzung des relevanten Marktes, in Wang, Xiaoye, Abgrenzung des relevanten Marktes im Rahmen des AMG, S. 82 (94 f.).

427 In seltenen Fällen kommt es darüber hinaus noch zur zeitlichen Abgrenzung des Marktes. *Xie*, Yi / *Shi*, Zhengwen, Über die örtliche Marktabgrenzung im Rahmen des Antimonopolgesetzes, S. 84. Nur in äußerst seltenen Fällen ist denkbar, dass der Markt auch aus zeitlicher Hinsicht abgegrenzt wird. Aufgrund der mangelnden Praxisrelevanz wird auf eine Darstellung verzichtet.

428 Vgl. § 3 Abs. 1 S. 1 MarktAbgrLL.

Entscheidend für die sachliche Marktabgrenzung ist damit auch in der chinesischen Fusionskontrolle die Austauschbarkeit des Produkts aus Sicht des durchschnittlichen Verbrauchers.

Die sachliche Abgrenzung erfolgt in der chinesischen Fusionskontrolle primär traditionell nach den in § 8 MarktAbgrLL aufgelisteten Kriterien. Diese Kriterien sollen als Hilfestellung für die Beurteilung der Austauschbarkeit von Produkten aus Nachfragersicht dienen. Hierzu gehören nach § 8 MarktAbgrLL:

(1) Ausweichmöglichkeit der Nachfrager eines Produkts auf ein anderes Produkt;
(2) Ähnlichkeiten in den Eigenschaften und Verwendungsmöglichkeiten der Produkte;
(3) Preisunterschiede der Produkte;
(4) Ähnlichkeiten der Vertriebskanäle; und
(5) Andere gewichtige Faktoren, die ein Ausweichen des Nachfragers auf das jeweils andere Produkt erschweren.

Darüber hinaus wendet die chinesische Fusionskontrolle unter gewissen Umständen den sog. Hypothetischen Monopolistentest an bzw. zieht für die Marktabgrenzung Kriterien der Angebotssubstitution heran. Die chinesische Fusionskontrolle greift damit für die sachliche Marktabgrenzung in der Regel auf Marktabgrenzungskriterien zurück, die auch im Rahmen der Europäischen Fusionskontrolle verwendet werden. Bei genauer Betrachtung ergeben sich allerdings auch einzelne Unterschiede.

aa) Ausweichmöglichkeiten

Im Rahmen potentieller Ausweichmöglichkeiten wird in der chinesischen Fusionskontrolle ähnlich wie in der Europäischen Fusionskontrolle gefragt, ob Nachfrager bei Preissteigerungen oder anderweitigen Änderung der Wettbewerbsfaktoren auf andere Produkte ausweichen können. Entscheidend sind insbesondere empirische Befunde in der jüngeren Vergangenheit. So ist beispielsweise eine Ausweichmöglichkeit gegeben, wenn die Nachfrager in der jüngeren Vergangenheit ein Produkt aufgrund von Insolvenz eines Herstellers durch den Kauf eines anderen Produkts ersetzt haben.[429]

---

429 *Masseli*, Markus, Handbuch der chinesischen Fusionskontrolle, S. 123, *Ju*, Fanghui / *Zhang*, Ye, Die Wahl der Verbraucher, S. 82.

bb) Eigenschaften und Verwendungsmöglichkeiten

Existieren keine empirischen Befunde, kommt es in der chinesischen Fusionskontrolle vor allem auf einen Vergleich der Eigenschaften und Verwendungsmöglichkeiten der Produkte an. Bei den Eigenschaften kommt es dabei nach § 8 Abs. 2 MarktAbgrLL insbesondere auf einen Vergleich der äußeren Form, der Spezifikationen, der Qualität und der technischen Besonderheiten der Produkte an. Zugleich stellt § 8 Abs. 2 MarktAbgrLL fest, dass Produkte auch dann als enge Substitutionsgüter angesehen werden können, wenn sie hinsichtlich ihrer Eigenschaften zwar unterschiedlich, hinsichtlich ihrer Verwendung aber identisch sind. Daraus folgt, dass der Verwendungszweck grundsätzlich wichtiger für die Feststellung der Substituierbarkeit ist als die Produkteigenschaften. Auch dieses Vorgehen stimmt mit der Europäischen Fusionskontrolle überein.

cc) Preisunterschiede

Produkte, die ähnliche Eigenschaften und einen identischen Verwendungszweck aufweisen, müssen nicht zwingend substituierbar sein. Dies hängt damit zusammen, dass Preisunterschiede -ähnlich wie in der Europäischen Fusionskontrolle- auch im Rahmen der chinesischen Fusionskontrolle berücksichtigt werden. Unterschiedliche Preise können nämlich dazu führen, dass zwei Produkte, die dieselben Eigenschaften und Verwendungsmöglichkeiten aufweisen dennoch unterschiedlichen Märkten zugeordnet werden müssen. Verdeutlichen lässt sich das etwa am Beispiel von Parfum. Billige und teure Parfums sind in der Regel aus Sicht der Nachfrager nicht substituierbar, auch wenn sie ähnliche Eigenschaften aufweisen und dem gleichen Zweck dienen.[430]

Laut § 8 Abs. 3 MarktAbgrLL weisen daher Produkte, die in einem engen Substitutionsverhältnis stehen, in der Regel ähnliche Preise auf. Diese haben zudem im Falle einer preislichen Veränderung eine vergleichbare Preisentwicklung.

§ 8 Abs. 3 S. 2 MarktAbgrLL beinhaltet allerdings eine Unklarheit. Die Vorschrift fordert dem Wortlaut nach, dass bei der Analyse der Preise preisliche Änderungen außer Acht bleiben sollen, die auf anderen Faktoren als dem Wettbewerb beruhen. Fraglich ist, wie dieser Satz zu verstehen ist. Teilweise

---

430 *Shi*, Jichun, Antimonopolgesetz verstehen und anwenden, S. 81 f., *Wang*, Xiaoye, in Wang, Xiaoye, Kommentar zum Antimonopolgesetz der Volksrepublik China, S. 84 f.

wird hieraus der Schluss gezogen, dass nicht nur die tatsächlichen Preise zu berücksichtigen sind, sondern auch die Ursachen dieser Preise bzw. dieser Preisentwicklungen.[431] Die Europäische Fusionskontrolle sieht jedenfalls keine derartige Ursachenforschung der Marktpreise vor. Bei der Untersuchung des Preises von Produkten im Rahmen der Substituierbarkeit stehen nicht die Untersuchung der Marktpreise, sondern die Ermittlung der Kreuzpreiselastizität und die Anwendung des SSNIP-Tests im Mittelpunkt. Für die Anwendung des SSNIP-Tests werden als Ausgangspreise grundsätzlich die Marktpreise verwendet.[432]

Die MOFCOM hat erstmalig 2016 in *AB InBev S.A / N.V. - SAB Miller Plc.* eine unterschiedliche Markteinteilung aufgrund des Preises vorgenommen.[433] In der Sache unterteilte die MOFCOM den Biermarkt in einen Markt für normalpreisiges Bier und einen Markt für mittel- bis hochpreisiges Bier. Wie und warum die MOFCOM allerdings zu dieser Aufteilung kam, lässt sich aus der knapp halben Seite der Ausführungen zum relevanten Markt nicht entnehmen. Sie führt lediglich aus, dass 5 Yuan pro 500 ml „üblicherweise" als Schnittstelle dient, um den Biermarkt in normalpreisiges Bier und mittel- bis hochpreisiges Bier einzuteilen. Unklar bleibt, wie sie auf diese Zahl gekommen ist und was der Begriff „üblicherweise" in diesem Zusammenhang bedeuten soll. Des Weiteren ist der Entscheidung nicht zu entnehmen, ob der Richtwert 5 Yuan pro 500 ml Bier an den tatsächlichen Marktpreis anknüpft, und ob eine Ursachenforschung des Marktpreises vorangegangen ist. Aufgrund des hohen Ermittlungsaufwands und ungewissem Ausgangs ist aber eine Ursachenforschung äußerst unwahrscheinlich.

Die Entscheidung gibt jedoch aus einem anderen Grund Anlass zur Sorge. Auch wenn von der Entscheidung offenkundig keine diskriminierende Wirkung ausgeht, könnte sie eine Warnung für ausländische Unternehmen sein. In den meisten Fällen tendieren ausländische Unternehmen im chinesischen Markt dazu, ihre Produkte in einer besseren Qualität und zu höheren Preisen anzubieten als die meisten ihrer chinesischen Wettbewerber.[434] Die Eingrenzung anhand des Preises dürfte damit vor allem ausländische Hersteller treffen, da sie zu einem höheren Marktanteil auf dem viel enger gefassten *„high end"*-Markt führt. Insoweit könnte die Einteilung im Einzelfall auch dazu

---

431 *Zhang*, Wei, Untersuchung des Antimonopolprüfungssystems im Rahmen der M&A Tätigkeiten von Unternehmen, S. 71 f.
432 *Europäische Kommission*, Tz. 19 der Bekanntmachung zum relevanten Markt.
433 AB InBev S.A / N.V. - SABMiller Plc., Tz. 3.1.
434 *Wang*, Peter J. / *Zhang*, Yizhe / *Wang*, Lawrence , China MOFCOM Uses New Market Definition in AB InBev's Acquisition of SABMiller, aufrufbar unter https://www.lexology.com/library/detail.aspx?g=13454f92-868f-4e14-8c50-486263999c29.

benutzt werden, um protektionistische bzw. industriepolitische Ambitionen elegant zu überdecken.

dd) Vertriebskanäle

Wie im Rahmen der Europäischen Fusionskontrolle können Vertriebskanäle ebenfalls für die sachliche Marktabgrenzung im Rahmen der chinesischen Fusionskontrolle maßgeblich sein. Nach § 8 Abs. 4 MarktAbgrLL sprechen ähnliche Vertriebskanäle für die Substituierbarkeit der Produkte. Unterschiedliche Vertriebskanäle hingegen deuten darauf hin, dass die Nachfrager der Produkte unterschiedlich sind und ein Wettbewerbsverhältnis zwischen den Produkten nicht besteht.

Diese pauschale Feststellung der MarktAbgrLL weist allerdings Schwächen auf. Denn Produkte, die in unterschiedlichen Vertriebskanälen vertrieben werden, können auch auf einer nachgelagerten Ebene, etwa bei den Endverbrauchern, im Wettbewerb zueinander stehen. Dieser Wettbewerb, auch als „downstream competition" bekannt, kann dazu führen, dass unterschiedlich vertriebene Produkte dennoch substituierbar sind und ein und demselben Markt angehören.[435]

ee) Andere behindernde Faktoren bezüglich der Austauschbarkeit der Produkte

Anders als im Rahmen der Europäischen Fusionskontrolle kann die MOF-COM neben den ausdrücklich genannten Kriterien der MarktAbgrLL auch auf beliebige andere Kriterien zur Marktabgrenzung zurückgreifen, die nach Ermessen der MOFCOM die Verbraucher daran hindern, von einem Produkt auf ein vergleichbares auszuweichen. Nach § 8 Abs. 5 MarktAbgrLL sind derartige andere Faktoren beispielsweise Präferenzen oder Abhängigkeitsgrade der Nachfrager. Die Aufzählung in § 8 Abs. 5 MarktAbgrLL ist aber keineswegs abschließend. Der hierdurch der MOFCOM eingeräumte weite Ermessensspielraum macht die Entscheidungen der MOFCOM intransparent und wenig vorhersehbar. Aufgrund der Wichtigkeit der sachlichen Abgrenzung ist diese rechtliche Unsicherheit kritikwürdig.

Ob die MOFCOM in der Praxis tatsächlich von dem weiten Ermessensspielraum Gebrauch macht, ist allerdings fraglich. Aus den bisherigen Entschei-

---

435 *Zhang,* Wei, Untersuchung des Antimonopolprüfungssystems im Rahmen der M&A Tätigkeiten von Unternehmen, S. 72.

dungen der MOFCOM ist zumindest nicht erkennbar, dass die MOFCOM die sachliche Marktabgrenzung anhand von Kriterien vorgenommen hat, die nicht in der MarktAbgrLL genannt sind.

ff) Hypothetischer Monopolistentest

Kommt die Analyse nach den Kriterien des § 8 MarktAbgrLL zu keinem eindeutigen Ergebnis, so ist gemäß § 7 Abs. 1 S. 2 MarktAbgrLL im Rahmen der chinesischen Fusionskontrolle der sog. hypothetische Monopolistentest anzuwenden.[436]

Die Beschreibung des Tests findet sich in § 10 Abs. 2 MarktAbgrLL. Getestet wird dabei, ob bei einer hypothetisch dauerhaften (im Allgemeinen 1 Jahr) und geringen Erhöhung des Preises für ein Produkt im Bereich von 5-10 % die Verbraucher auf ein anderes Produkt ausweichen würden. Lässt sich die Frage bejahen, sind die Produkte substituierbar. Sie gehören dann in der Regel ein und demselben sachlich relevanten Markt an.

Die Durchführung des hypothetischen Monopolistentests in der chinesischen Fusionskontrolle stimmt damit im Wesentlichen mit der Durchführung des SSNIP-Tests in der Europäischen Fusionskontrolle überein. Anders als in der Europäischen Fusionskontrolle wird der Test aber nicht im Rahmen des Merkmals „Preis bzw. Preisunterschiede" geprüft. Vielmehr steht der hypothetische Monopolistentest selbstständig neben den traditionellen Abgrenzungsmerkmalen der Marktbestimmung nach § 8 MarktAbgrLL. Er wird zudem nach § 7 Abs. 1 S. 2 MarktAbgrLL erst dann angewandt, wenn der Markt sonst nicht hinreichend klar und sicher bestimmt werden kann. Damit räumt der chinesische Gesetzgeber der traditionellen Methode zur Bestimmung der Nachfragersubstituierbarkeit anhand der Analyse einzelner Kriterien Vorrang gegenüber der Anwendung des hypothetischen Monopolistentests ein.

Diese gestufte Herangehensweise, d.h. zunächst die Bestimmung des Produktmarktes anhand der Kriterien in § 8 MarktAbgrLL und erst subsidiär die Anwendung des hypothetischen Monopolistentests ist umstritten. Die Kritiker dieser Herangehensweise führen vor allen Dingen an, dass die

---

436 Der Test ist eine Möglichkeit den Markt zu bestimmen, um eventuell auftretende Unsicherheiten auszuräumen. Siehe hierzu ausführlich *Hu*, Jiaqing, „Hypothetischer Monopolistentest" im Rahmen der Marktabgrenzung, in: Wang, Xiaoye, Abgrenzung des relevanten Marktes im Rahmen des AMG, S. 124 ff; *Masseli*, Markus, Die chinesische Fusionskontrolle im Lichte der ersten Nebenbestimmungen zum Antimonopolgesetz, ZChinR 2009, S. 18 (32 f.).

Anwendung des hypothetischen Monopolistentests bzw. SSNIP-Tests zur Bestimmung der Substituierbarkeit von Produkten internationaler Praxis entspricht.[437] Auch im Rahmen der Europäischen Fusionskontrolle wird dieser Test im Rahmen des Kriteriums „Preis des Produkts" regelmäßig geprüft. Eine subsidiäre Anwendung des SSNIP-Tests ist damit nicht vorgesehen.

Trotz der vermeintlichen Unterschiede ist die praktische Anwendung des SSNIP-Tests in der Europäischen Fusionskontrolle einerseits und die Anwendung des hypothetischen Monopolistentest in der chinesischen Fusionskontrolle andererseits nicht weit voneinander entfernt.

In der fusionskontrollrechtlichen Praxis der MOFCOM ist die Verwendung des hypothetischen Monopolistentests trotz der vorgeschriebenen Subsidiarität eine regelmäßig gewählte Analysemethode im Rahmen der sachlichen Marktabgrenzung.[438]

In der europäischen Rechtsliteratur wird die Anwendung des SSNIP-Tests indes kritisch betrachtet.[439] Es wird häufig beanstandet, dass der SSNIP-Test zu unbrauchbaren Ergebnissen führt, wenn – wie häufig – Unsicherheit dahingehend besteht, ob der ursprüngliche Preis unter wettbewerblich geordneten Umständen zustandegekommen ist.[440] Die Europäische Kommission neigt, angesichts der Kritik an dem SSNIP-Test, daher dazu, den SSNIP-Test lediglich als ein ergänzendes Hilfsmittel heranzuziehen.[441] Zusammenfassend lässt sich festhalten, dass beide Rechtsordnungen den Test regelmäßig als ergänzendes Hilfmittel heranziehen.

Während der SSNIP-Test in Europa kritisch gesehen wird, findet keine vergleichbar kritische Auseinandersetzung mit dem hypothetischen Monopolistentest in der chinesischen Literatur statt. Zwar wird die Unzulänglichkeit des Tests in Fällen anerkannt, in denen die zugrundeliegenden Marktpreise bereits vor dem geplanten Zusammenschluss verfälscht sind.[442] Allerdings

---

437 *Zhang*,Wei, S. 72; *Ding*, Maozhong / *Liu*, Jiaming, Methoden, Gradwanderung und Kompromiss im Rahmen der Abgrenzung des relevanten Marktes, in: Wang, Xiaoye, Abgrenzung des relevanten Marktes im Rahmen des AMG, S. 154.

438 *Wang*, Xiaoru / *Li*, Weiye, Wirtschaftliche Analyse von Horizontalen Übernahmen: Relevanter Markt, Marktkonzentration und GUPPI, in: Wang, Xiaoye, Abgrenzung des relevanten Marktes im Rahmen des AMG, S. 71 (72).

439 Hierzu ausführlich *Behrens*, Peter, Europäisches Marktöffnungs- und Wettbewerbsrecht, S. 419 ff; *Lettl*, Tobias, Kartellrecht, S. 17.

440 *Lettl*, Tobias, Kartellrecht, S. 17; *Shang*, Ming, Merger Control in EU and Several Member States, S. 42 f.

441 *Behrens*, Peter, Europäisches Marktöffnungs- und Wettbewerbsrecht, S. 687.

442 *Hu*, Jiaqing, „Hypothetischer Monopolistentest" im Rahmen der Marktabgrenzung, in: Wang, Xiaoye, Abgrenzung des relevanten Marktes im Rahmen des AMG, S. 129 ff;

wird die grundsätzliche Anwendung des Tests nicht in Zweifel gezogen. Unter anderem wird eine auf verfälschten Preisen beruhende Fehlerhaftigkeit des hypothetischen Monopolistentests erst angenommen, wenn auf dem Markt bereits vor dem Zusammenschluss monopolartige Strukturen und Preise vorgeherrscht haben. Da aber vor einem horizontalen Zusammenschluss zumindest die beteiligten Unternehmen Wettbewerber auf dem Markt seien, seien Monopolpreise vor dem Zusammenschluss nur dann denkbar, wenn Anhaltspunkte für vorherige Kartellabsprachen bestehen.[443]

gg) Angebotssubstitution

Sowohl die chinesische als auch die Europäische Fusionskontrolle orientieren sich bei der Bestimmung des relevanten Marktes schwerpunktmäßig an der Substituierbarkeit der Produkte aus Nachfragersicht. Ausnahmsweise kann aber in beiden Rechtsordnungen auch eine Substituierbarkeit aus Angebotsseite ergänzend für die Marktbestimmung herangezogen werden. Dies ist regelmäßig dann der Fall, wenn aufgrund der Umstände des Einzelfalls eine Erhöhung der Produktivität des Produkts A dazu führt, dass Produzenten des Produkts B nunmehr ohne großen Aufwand das Produkt A produzieren könnten. In diesem Fall wirkt sich die Angebotssubstituierbarkeit erheblich auf die Kräfte des Marktes aus, da sie auf eine niedrige Marktzugangsschwelle und damit auf hohen potentiellen Wettbewerb hindeutet.

In diesem Sinne ist der Angebotssubstitutionsgrad in der chinesischen Fusionskontrolle gemäß Art. 6 S. 2 MarktAbgrLL umso höher, je geringer die erforderlichen Investitionen zur Erneuerung der Produktionsanlagen, je kleiner das zu übernehmende zusätzliche Risiko und je schneller die Bereitstellung von Substitutionswaren für andere Unternehmen sind.[444]

In der Praxis untersucht die MOFCOM die Angebotssubstitution allenfalls ergänzend und zieht die Ergebnisse als Argumente heran, um eine angenommene Marktabgrenzung zu stützen.[445]

Ding, Maozhong / *Liu*, Jiaming, Methoden, Gradwanderung und Kompromiss im Rahmen der Abgrenzung des relevanten Marktes, in: Wang, Xiaoye, Abgrenzung des relevanten Marktes im Rahmen des AMG, S. 147.

443 *Wang*, Xiaoru / *Li*, Weiye, Wirtschaftliche Analyse von Horizontalen Übernahmen: Relevanter Markt, Marktkonzentration und GUPPI, in: Wang, Xiaoye, Abgrenzung des relevanten Marktes im Rahmen des AMG, (2014), S. 71 (73).

444 Siehe hierzu auch *Masseli*, Markus, Die chinesische Fusionskontrolle im Lichte der ersten Nebenbestimmungen zum Antimonopolgesetz, ZChinR 2009, S. 18 (31).

445 Siehe z.B. in Maerks Line A/S - Hamburg Südamerikanische DampfschifffahrtsGesellschaft KG oder Becton, Dickinson and Company - C. R. Bard, Inc.

hh) Upward pricing pressure-Test

Aus ökonomischer Sicht ist die Ermittlung des Preiserhöhungsdrucks im Rahmen des sog. *upward pricing pressure*-Test als Alternative zur Eingrenzung des relevanten Marktes vorgeschlagen worden.[446] Während die Europäische Fusionskontrolle diesen Test bereits angewandt hat, hat die MOFCOM diesen bislang nicht angewendet.[447] Dies dürfte damit zusammenhängen, dass die Europäische Fusionskontrolle im Rahmen des erstrebten *more economic approachs* bemüht ist, komplexe wissenschaftliche Analysen in ihre fusionsrechtliche Entscheidung mit einzubeziehen, während die chinesische Fusionskontrolle in dieser Hinsicht zwar gute Ansätze zeigt, insgesamt aber noch Nachholbedarf hat. Die bisherige europäische Entscheidungspraxis zeigt allerdings auch, dass die Europäische Kommission grundsätzlich weiterhin an der traditionellen Prüfung des relevanten Marktes festhält und der *upward pricing pressure*-Test die Marktabgrenzung damit nicht ersetzt.[448] Die Bedeutung der wissenschaftlichen Analysen darf aber nicht überschätzt werden, da die Datengrundlage für die Durchführung dieser Analysen oftmals mit Unsicherheiten verbunden ist. Dennoch erhöht eine ergänzende Hinzuziehung dieser wissenschaftlichen Analysen die Nachvollziehbarkeit und Überprüfbarkeit der fusionsrechtlichen Entscheidung. China hat gerade in dieser Hinsicht noch einen enormen Nachholbedarf.

b) Räumlich relevanter Markt

Eine räumliche Abgrenzung dient in beiden Rechtsordnungen dazu, die Wettbewerbsbedingungen und Wettbewerbsverhältnisse zu bestimmen, um die Auswirkungen des geplanten Zusammenschlusses auf diesen untersuchen zu können. Im Gegensatz zur sachlichen Abgrenzung des Marktes gibt es für die räumliche Abgrenzung keine ökonomische Alternative.[449]

---

446 Hierzu siehe oben C.III.1.c).
447 Siehe auch *Wang*, Xiaoru / *Li*, Weiye, Wirtschaftliche Analyse von Horizontalen Übernahmen: Relevanter Markt, Marktkonzentration und GUPPI, in: Wang, Xiaoye, Abgrenzung des relevanten Marktes im Rahmen des AMG, S. 71 (73).
448 *Behrens*, Peter, Europäisches Marktöffnungs- und Wettbewerbsrecht, S. 712.
449 Denn auch im Rahmen des *upward pricing pressure*-Tests, die als Alternative zur sachlichen Markteingrenzung vorgeschlagen ist, bedarf es in jedem Fall einer räumlichen Abgrenzung des Marktes. Siehe auch *Farell*, Joseph/*Shapiro*, Carl, Antitrust Evaluation of Horizontal Mergers: An Economic Alternative to Market Definition, The B.E. Journal of Theoretical Economics 2010, Vol. 10(1), S. 1-41, Siehe auch *Shang*, Ming, Merger Control in EU and Several Member States, S. 47.

Die räumliche Eingrenzung des relevanten Marktes wird in der Regel sowohl in der chinesischen als auch in der Europäischen Fusionskontrolle nach der Bestimmung des sachlich relevanten Marktes vorgenommen. In beiden Rechtsordnungen ist im Einklang mit dem Bedarfskonzept die Sicht des Verbrauchers maßgeblich.

In der chinesischen Fusionskontrolle ist der räumliche Markt nach § 3 Abs. 3 S. 1 MarktAbgrLL der geographische Bereich, in dem die Nachfrager Produkte, die in einem engen Substitutionsverhältnis stehen, erwerben können. Der räumliche Markt zeichnet sich daher dadurch aus, dass die Nachfrager innerhalb des festgestellten geographischen Bereichs auf Konkurrenzprodukte ausweichen können.[450] Ähnlich wie bei der Bestimmung des Produktmarktes zieht es der chinesische Gesetzgeber vor, den räumlichen Markt zunächst anhand von allgemeinen Kriterien zu analysieren, die in § 9 MarktAbgrLL geregelt sind.

Für die Abgrenzung des räumlichen Markts sind die folgenden Kriterien heranzuziehen:

(1) Ausweichmöglichkeiten der Verbraucher auf andere Gebiete;
(2) Transportkosten und Transportmerkmale;
(3) Tatsächliches Bezugsgebiet der Nachfrager und Vertrieb der Unternehmen;
(4) Handelsbarrieren zwischen den Gebieten; sowie
(5) Andere Faktoren.

Wenn sich durch die Analyse dieser Faktoren der räumliche Markt nicht hinreichend klar und sicher bestimmen lässt, so wird nach § 7 Abs. 1 S. 2 MarktAbgrLL der hypothetische Monopolistentest zur Bestimmung des räumlichen Marktes angewendet.

In der Europäischen Fusionskontrolle umfasst der räumliche Markt „das Gebiet, in dem die beteiligten Unternehmen die relevanten Produkte oder Dienstleistungen anbieten, in dem die Wettbewerbsbedingungen hinreichend homogen sind und das sich von benachbarten Gebieten durch spürbar unterschiedliche Wettbewerbsbedingungen unterscheidet."[451] Entscheidend ist hierbei insbesondere die Feststellung der Homogenität der Wettbewerbs-

---

450 *Wang*, Xianlin, Zur Marktabgrenzung bei der Anwendung des Antimonopolrechts, Science of Law (Journal of Northwest University of Political Science and Law), 2008, Vol. 1, S. 124.

451 In den Durchführungsverordnungen zu den Artikeln 85 und 86 EG-Vertrag – insbesondere in Formblatt A/B zur Verordnung Nr. 17 und in Abschnitt V des Formblatts CO zur Verordnung 4064/89 über die Kontrolle von Unternehmenszusammenschlüssen von gemeinschaftsweiter Bedeutung – wurde auch der räumlich relevante Markt insoweit definiert. Siehe auch EuGH Slg. 1978, 207 Tz. 45ff; EuGH Slg. 1998

bedingungen. Bei der Prüfung stellt die Europäische Kommission regelmäßig auf grundlegende Faktoren wie die Identität und Marktanteile der Anbieter, Art der Kundenbeziehungen, Distributionskanäle zum Endverbraucher, Verbraucherpräferenzen, Nachfragetrends und Preise als Indizien gegenseitiger Marktdurchdringung ab.[452] Der SSNIP-Test kann für die Bestimmung des Faktors „Preis" im Rahmen der Untersuchung der gegenseitigen Marktdurchdringung ebenfalls herangezogen werden.

Trotz unterschiedlichen Wortlauts ist die Bestimmung des räumlichen Marktes damit in der Sache in beiden Rechtsordnungen weitgehend übereinstimmend.

Ein offenkundiger Unterschied besteht bei der räumlichen Marktabgrenzung darin, dass die chinesische Fusionskontrolle eine nachrangige Anwendung des hypothetischen Monopolistentests vorschreibt. Allerdings sind die praktischen Unterschiede, wie bereits bei der sachlichen Marktbegrenzung erläutert, begrenzt, da beide Rechtsordnungen den Test regelmäßig ergänzend heranziehen.[453]

In beiden Rechtsordnungen ist die Einordnung in regionale,[454] nationale oder globale Märkte üblich. In der bisherigen Praxis hat die MOFCOM vor allem den nationalen chinesischen Markt[455] und den globalen Markt[456] als räumlich relevante Märkte angenommen. Die Einordnung des EU-Binnenmarkt als relevanten Markt und der damit verbundenen Bedeutung der Fusionskontrolle für das Zusammenwachsen der europäischen Märkte existiert in der chinesischen Rechtsordnung verständlicherweise nicht. Ein wichtiger Unterschied liegt zudem darin, dass die chinesische Fusionskontrolle selbst bei Annahme eines globalen Marktes dennoch schwerpunktmäßig die Auswirkungen des Zusammenschlusses auf den nationalen chinesischen Markt und chinesische Konsumenten betrachtet.[457]

I 1375 Tz. 143; *Europäische Kommission*, Tz. 8 der Bekanntmachung zum relevanten Markt.

452 *Europäische Kommission*, Tz. 28 ff. der Bekanntmachung zum relevanten Markt.

453 Siehe oben E. I. 1. a.

454 Wobei die chinesische Fusionskontrolle bislang erkennbar nur in einem Fall innerchinesische Provinzmärkte als separate räumliche Märkte (Regionalmärkte) anerkannt hat. Siehe hierzu AB InBev S.A / N.V. - SABMiller Plc., Tz. 3.2.

455 z.B. in Becton, Dickinson and Company - C. R. Bard, Inc.

456 z.B. in Advanced Semiconductor Engineering, Inc.- Siliconware Precision Industries Co., Ltd.

457 Siehe z.B. Advanced Semiconductor Engineering, Inc.- Siliconware Precision Industries Co., Ltd.

c) Besonderheiten in Bezug auf die Entscheidungspraxis

Stellt man die Entscheidungspraxis in beiden Rechtsordnungen gegenüber, so zeigen sich weitere Gemeinsamkeiten und Unterschiede.

In der Praxis der Europäischen Kommission kommt es oftmals vor, dass der relevante Markt gänzlich offen gelassen wird.[458] Dies ist insbesondere dann eine Option, wenn die Eingrenzung schwierig ist und auf verschiedenen in Betracht kommenden Märkten jeweils eine beherrschende Stellung angenommen werden kann.[459]

Die MOFCOM hat in ihren fusionsrechtlichen Entscheidungen in der Regel immer einen relevanten Markt bestimmt.[460] Hierzu gibt es allerdings gerade zur Beginn ihrer Entscheidungspraxis Ausnahmen. In *Coca Cola – Huiyuan* erfolgte beispielsweise keine Auseinandersetzung mit dem relevanten Markt. Ob und ggf. welche Überlegungen die MOFCOM zur Marktabgrenzung in diesem Fall angestellt hat, war daher gänzlich unersichtlich. Auch was der tatsächlich festgestellte relevante Markt war, ließ sich nur erahnen.[461] Die Entscheidungsbegründungen der MOFCOM sind nicht so ausführlich wie die Entscheidungen der Europäischen Kommission.[462] So betragen Ausführungen zum relevanten Markt selten länger als eine DIN-A4 Seite. Ausführungen von einer halben Seite oder noch geringer sind durchaus die Regel.[463] Doch nicht nur der Umfang, auch der Inhalt der Ausführungen lassen zu wünschen übrig. Sie gleichen in der Regel eher Feststellungen als tatsächlichen Erklärungen oder rechtlichen Begründungen und lassen insbesondere keine Rückschlüsse auf evtl. gewählte Analysemethoden zu.[464] Die jüngeren Entscheidungen der MOFCOM zeigen immerhin eine positive Entwicklung. Mit zunehmendem Selbstbewusstsein der MOFCOM werden die Ausführungen zur Marktabgrenzung ausführlicher und fundierter. Als Momentaufnahme lässt sich dennoch feststellen, dass sie nicht dem europäischen Standard entsprechen.

---

458 *Behrens*, Peter, Europäisches Marktöffnungs- und Wettbewerbsrecht, S. 687.
459 z.B. *Europäische Kommission*, Entscheidung vom 11.10.2000, ABl 2000 Nr. L 268/28, „AOL/Time Warner", Tz. 24 f.
460 Auch wenn die Erklärungen hierzu insgesamt sehr dürftig und teilweise gar nicht vorhanden sind.
461 Coca Cola – Huiyuan, Tz. IV.2.
462 Hierzu auch *Masseli*, Markus, Chinesische Fusionskontrolle: Drache in der Ferne, Papiertiger daheim, ZChinR 2009, S. 337 (340); *Liu*, Yan, Über die Auflagenpraxis in der chinesischen Fusionskontrolle, S. 5.
463 Abbott Laboratories - St Jude Medical.
464 Z.B. AB InBev S.A / N.V. - SABMiller Plc.; Abbott Laboratories - St Jude Medical.

Die damit verbundene Intransparenz der chinesischen Fusionskontrolle dürfte den bislang größten Unterschied zur Europäischen Fusionskontrolle darstellen. Die Intransparenz wird zudem durch die Tatsache verstärkt, dass nicht alle Entscheidungen der MOFCOM veröffentlicht werden. Auch dies steht im Widerspruch zur fusionsrechtlichen Praxis der Europäischen Kommission. Eine Veröffentlichungspflicht besteht in der chinesischen Fusionskontrolle gemäß Art. 30 AMG lediglich für Entscheidungen, in denen ein Zusammenschluss entweder unter Auflagen freigegeben oder untersagt wird. Die weitaus größere Zahl der Zusammenschlüsse wird aber ohne Auflagen freigegeben. Diese fusionsrechtlichen Entscheidungen werden im Rahmen der chinesischen Fusionskontrolle demnach nicht veröffentlicht.

Die generelle Intransparenz der Entscheidungen im Rahmen der chinesischen Fusionskontrolle erschwert eine rechtsvergleichende Betrachtung. Eine detaillierte Auseinandersetzung mit den Argumenten der MOFCOM ist daher leider nur in sehr geringem Maße möglich.

d) Zusammenfassende Gegenüberstellung

Die Marktabgrenzung in der chinesischen Fusionskontrolle stimmt im Wesentlichen mit der Marktabgrenzung in der Europäischen Fusionskontrolle überein. Dies gilt sowohl für die sachliche als auch für die räumliche Marktabgrenzung.

Sowohl die Europäische als auch die chinesische Fusionskontrolle bestimmen den relevanten Markt primär nach traditionellen Abgrenzungskriterien und anhand des Bedarfskonzepts. Die Marktabgrenzung erfolgt zudem in beiden Rechtsordnungen weitgehend nach dem gleichen Muster wie bei der nachträglichen Missbrauchskontrolle.

In der Praxis sind im Rahmen der sachlichen Marktabgrenzung für die Substituierbarkeit der Produkte aus der Sicht der Verbraucher vor allem Eigenschaften, Verwendungsmöglichkeiten, Preise, sowie Wettbewerbsstrukturen und –bedingungen ausschlaggebend.[465]

Auch die zu untersuchenden Kriterien stimmen weitgehend überein. In der Regel ist der sachlich relevante Markt durch Vergleiche mit Referenzprodukten hinsichtlich der Eigenschaften, Verwendungsmöglichkeiten und Preise einzugrenzen. Auch die Wettbewerbsbedingungen und die Wettbewerbsstruktur am Markt können im Einzelfall ausschlaggebend sein. Dies gilt insbesondere dann, wenn die Produkte zwar hinsichtlich ihrer Eigenschaften

---

465 Im Detail siehe oben C.III.1.a) aa).

und Verwendung identisch sind, aber aufgrund verschiedener Absatzwege aus Sicht der Verbraucher nicht austauschbar sind.[466]

Eine Untersuchung der Angebotssubstituierbarkeit erfolgt sowohl in der chinesischen als auch in der Europäischen Fusionskontrolle relativ selten. Sie kommt in der Regel nur dann in Betracht, wenn sie genauso wirksam und sich unmittelbar auswirkt wie die Substituierbarkeit der Produkte aus Nachfragersicht.[467]

Auch in räumlicher Hinsicht sind die Kriterien zur Eingrenzung des Marktes in beiden Rechtsordnungen weitgehend vergleichbar. Der räumliche Markt wird dabei sowohl in der chinesischen als auch in der Europäischen Fusionskontrolle als geographischer Bereich gesehen, in dem die Verbraucher zwischen zwei vergleichbaren Produkten frei wählen können. Entscheidend ist somit in beiden Fällen die Feststellung der Homogenität der Wettbewerbsbedingungen.

Im Vergleich zur Europäischen Fusionskontrolle hat die MOFCOM allerdings bei der Bestimmung des relevanten Marktes einen sehr weiten Ermessenspielraum. Anders als die Europäische Kommission kann die MOFCOM im Einzelfall nach eigenem Ermessen Kriterien zur Marktabgrenzung heranziehen, die nicht kodifiziert sind. Die MOFCOM machte in ihren bisherigen Entscheidungen hiervon allerdings bisher keinen offensichtlichen Gebrauch.

Unterschiede bei der Marktabgrenzung ergeben sich auch hinsichtlich der zu untersuchenden Preise/Preisentwicklungen von Produkten und der damit verbundenen Anwendung des SSNIP-Tests bzw. des hypothetischen Monopolistentests. Die chinesische Fusionskontrolle sieht grundsätzlich im Gegensatz zur Europäischen lediglich eine subsidiäre Anwendung des hypothetischen Monopolistentests vor. Trotz dieser Subsidiarität wendet die MOFCOM den Test allerdings regelmäßig ergänzend an. Dis entspricht auch der Entscheidungspraxis der Europäischen Kommission. Die vorgeschriebene Subsidiarität des hypothetischen Monopolistentests steht aber im Kontext zu einer im Vergleich zur Europäischen Fusionskontrolle insgesamt zurückhaltenderen Haltung der chinesischen Fusionskontrolle bezüglich der Anwendung von wissenschaftlichen Modellen und Analysen. Hierfür spricht auch, dass die MOFCOM, anders als die Europäische Kommission, bislang den *upward pricing pressure*-Test nicht erkennbar angewandt hat.

Weitere Unterschiede ergeben sich aus der Gegenüberstellung der Entscheidungspraxis in beiden Rechtsordnungen. Aus der Entscheidungspraxis der Europäischen Kommission ist bekannt, dass die Europäische Kommis-

---

466 Angenommen etwa für Reifenerstausstattung und Ersatzreifen. Siehe EuGH Slg. 1983, 3461 Tz. 46.
467 *Europäische Kommission*, Tz. 20 der Bekanntmachung zum relevanten Markt.

sion regelmäßig auf eine klare Marktabgrenzung verzichtet, sofern auf verschiedenen in Betracht kommenden Märkten jeweils eine beherrschende Stellung angenommen werden kann. Die MOFCOM grenzt grundsätzlich einen relevanten Markt ab.[468] Die Ausführungen in den veröffentlichten Entscheidungen waren allerdings im Vergleich zu den Ausführungen der Europäischen Kommission wenig detailliert. Zudem veröffentlicht die MOFCOM im Gegensatz zur Europäischen Kommission nicht alle fusionsrechtlichen Entscheidungen, sondern nur solche, die einen Zusammenschluss untersagen oder unter Auflagen freigeben. Die damit verbundene Intransparenz der Entscheidungen der MOFCOM stellt einen signifikanten Unterschied der chinesischen Fusionskontrolle im Vergleich zur Europäischen Fusionskontrolle dar.

2. Untersagungstatbestand

Gemäß Art. 28 Abs. 1 AMG soll die MOFCOM einen Zusammenschluss untersagen, wenn er zum Ausschluss oder Einschränkung des Wettbewerbs führt bzw. führen kann. Die chinesische Fusionskontrolle wählte damit dem Wortlaut nach einem dem SIEC-Test in der Europäischen Fusionskontrolle vergleichbaren Prüfungsmaßstab.

a) SIEC / Marktbeherrschung

International haben sich vor allem zwei Prüfungsmaßstäbe bei dem Untersagungskriterium der Fusionskontrolle etabliert. Dabei handelt es sich einerseits um den sog. „Marktbeherrschungstest" nach ehemals deutschem Vorbild[469], andererseits um den sog. „SLC-Test"/ „SIEC-Test"[470] nach anglo-ame-

---

468 Lediglich in der Entscheidung Coca Cola - Huiyuan ist der relevante Markt nicht klar aus der veröffentlichten Entscheidungsbegründung erkennbar. Ob der relevante Markt in diesem Fall allerdings tatsächlich bewusst offen gelassen worden ist, ist wiederum fraglich. Siehe oben D.III.1.c).

469 Nach dem „Marktbeherrschungstest" gemäß § 36 Abs. 1 GWB alte Fassung war ein Unternehmenszusammenschluss zu untersagen, wenn zu erwarten war, dass er eine marktbeherrschende Stellung begründet oder verstärkt. Deutschland hat diesen Test international geprägt und bekanntgemacht. Schließlich wurde der Marktbeherrschungstest allerdings auch in Deutschland im Jahre 2013 zum Regelbeispiel im Rahmen des SIEC-Tests degradiert.

470 Zur Vereinfachung werden die SLC und SIEC-Test zusammen aufgeführt, da die Unterschiede marginal sind. Im Wesentlichen geht es bei beiden Tests darum, nach-

rikanischem Vorbild. Während der Marktbeherrschungstest für die Untersagung eines Zusammenschlusses zwingend die Begründung oder Bestärkung einer marktbeherrschenden Stellung durch den Zusammenschluss verlangt, ist der SLC/SIEC-Test flexibler formuliert. Eine Untersagung nach dem SLC/ SIEC Standard ist bereits dann möglich, wenn der Zusammenschluss den Wettbewerb auf dem relevanten Markt erheblich behindert.

Die chinesische Fusionskontrolle folgt wie die Europäische Fusionskontrolle dem Modell des „SIEC-Tests", obwohl beide Rechtsordnungen zunächst den Marktbeherrschungstest vorsahen. In der europäischen Fusionskontrolle wurde bis zur Reform im Jahre 2004 allein ein Marktbeherrschungstest angewandt. Auch in China wurde zunächst ein Marktbeherrschungstest bevorzugt. Der Entwurf des AMG sah nach seinem Wortlaut bis zum 8.4.2005 für die Untersagung noch die Begründung oder Verstärkung einer marktbeherrschenden Stellung vor.[471] Doch schließlich wurde der Wortlaut des Art. 28 S. 1 AMG in der finalen Version des AMG wie folgt geändert:

„Wenn der Unternehmenszusammenschluss eine wettbewerbsausschließende oder wettbewerbsbeschränkende Wirkung hat oder haben kann, muss das Antimonopolvollzugsorgan des Staatsrates (MOFCOM) den Unternehmenszusammenschluss untersagen."

Dies ist als klare Abkehr vom Marktbeherrschungstest hin zu einem SIEC-ähnlichen Maßstab zu werten. Die Revision des Wortlauts ist stark durch den Wechsel der Europäischen Fusionskontrolle vom Markbeherrschungstest zum SIEC-Test beeinflusst. Die Europäische Fusionskontrolle diente damit auch in dieser Hinsicht als Vorbild für die chinesische Fusionskontrolle.

Die Umstellung auf den SIEC-Test in der Europäischen Fusionskontrolle ist jedoch nicht nur auf Zustimmung gestoßen, da sie zu einer Aufweichung des Strukturbezugs der Fusionskontrolle führt.[472]Der Strukturbezug ist ein wichtiges Abgrenzungskriterium der Europäischen Fusionskontrolle gegenüber der nachträglichen Missbrauchskontrolle nach Art. 102 AEUV. Während Art. 102 AEUV den Missbrauch einer bestehenden Marktbeherrschung sanktioniert und damit als Verhaltenskontrolle *ex post* dient, handelt es sich bei der Fusionskontrolle nach der FKVO um vorbeugende Gefahrenabwehr, da damit Marktstrukturen verhindert werden sollen, die einen Missbrauch

---

teilige Effekte des Unternehmenszusammenschlusses auf den Wettbewerb durch einen wirtschaftswissenschaftlichen Ansatz zu ermitteln. Dazu *Masseli*, Markus, Handbuch der chinesischen Fusionskontrolle, S. 135.

471 *Meyer*, Peter / *Chen*, Zhaoxia, Fusionskontrolle in der VR China: Schaffen Richtlinien mehr Rechtssicherheit?, RIW 2009, S. 265 (268).

472 Siehe oben C.III.2.a).

überhaupt erst ermöglichen.[473] Die Anknüpfung an eine Marktbeherrschung in der Europäischen Fusionskontrolle spiegelt gerade diesen strukturellen Ansatz wider.[474] Die Einführung des SIEC-Tests weicht diesen strukturellen Bezug auf, da die Schwelle für eine wettbewerbliche Bedenklichkeit hierdurch erheblich abgesenkt wird.[475] Dies könnte zum einen ein Korrektiv erfordern,[476] zum anderen aber auch zur rechtlichen Unsicherheit führen, da nicht gleichermaßen klar vorhersehbar ist, wann ein Zusammenschluss zu untersagen ist.

Eine ähnliche Diskussion fand und findet in der chinesischen Rechtsliteratur nicht statt, obwohl der Entwurf des AMG bis zum 8.4.2005 für die chinesische Fusionskontrolle ebenfalls die Anwendung des Marktbeherrschungstests vorsah. Dies könnte unter anderem damit zusammenhängen, dass der Strukturbezug in der chinesischen Fusionskontrolle nicht gleichermaßen stark ausgeprägt ist. Dies ergibt sich insbesondere aus einer Betrachtung der zu berücksichtigenden Kriterien nach Art. 27 AMG.[477]

Trotz der Abkehr vom Marktbeherrschungstest hin zum SIEC-Test spielt die Marktbeherrschung in beiden Rechtsordnungen nach wie vor eine herausragende Rolle.

In der Europäischen Fusionskontrolle dient die Begründung oder Verstärkung der Marktbeherrschung gemäß Art. 2 Abs. 2 FKVO weiter als Regelbeispiel für eine Behinderung des Wettbewerbs im Rahmen des SIEC-Tests.[478] In der Entscheidungspraxis der Europäischen Kommission ist die Prüfung einer marktbeherrschenden Stellung weiterhin in den meisten Fällen ausschlaggebend.[479]

In der chinesischen Fusionskontrolle ist die Marktbeherrschung nicht als Regelbeispiel für die beschränkende Wirkung eines Zusammenschlusses auf

---

473 *Mestmäcker*, Ernst-Joachim / *Schweitzer*, Heike, Europäisches Wettbewerbsrecht, S. 719.

474 Siehe *Böge*, Ulf, Reform der Europäischen Fusionskontrolle, WuW 2004, S. 138 (138, 146), *Mestmäcker*, Ernst-Joachim, Zur Reform der europäischen Fusionskontrollverordnung, WuW 2004, S. 135; *Behrens*, Peter, Europäisches Marktöffnungs- und Wettbewerbsrecht, S. 678.

475 Siehe *Böge*, Ulf, Reform der Europäischen Fusionskontrolle, WuW 2004, S. 138 (138, 146), *Mestmäcker*, Ernst-Joachim, Zur Reform der europäischen Fusionskontrollverordnung, WuW 2004, S. 135; *Behrens*, Peter, Europäisches Marktöffnungs- und Wettbewerbsrecht, S. 678.

476 Etwa durch verstärkte Berücksichtigung von Effizienzen.

477 Unter anderem sind gemäß Art. 27 Abs. 5 AMG Auswirkungen des Zusammenschlusses auf die Entwicklung der Volkswirtschaft zu berücksichtigen.

478 Art. 2 Abs. 2, Abs. 3 FKVO; Erwägungsgrund 26 S. 1 FKVO. Siehe oben C.III.2.b).

479 Vgl. Tz. 4 der Horizontalen Leitlinie. Siehe auch *Behrens*, Peter, Europäisches Marktöffnungs- und Wettbewerbsrecht, S. 676.

den Wettbewerb formuliert. Dennoch spielt die marktbeherrschende Stellung auch in der chinesischen Fusionskontrolle eine entscheidende Rolle. Es handelt sich hierbei um ein wichtiges Kriterium, dass die MOFCOM in ihren Entscheidungen regelmäßig prüft.[480] Wie im Rahmen der Europäischen Fusionskontrolle wird eine marktbeherrschende Stellung in der Regel aus der Zusammenschau einer Vielzahl von Faktoren ermittelt. Hierzu zählen nach § 5 Interim Assessment Provisions die Marktanteile der beteiligten Unternehmen, die Wettbewerbssituation am relevanten Markt, die Substituierbarkeit des Produkts, die Produktionskapazität der verbliebenen Wettbewerber am relevanten Markt, die Fähigkeit der Konsumenten auf andere Wettbewerber auszuweichen, die Finanzkraft und der technische Standard der beteiligten Unternehmen sowie die Kaufkraft der Konsumenten auf einer unteren Marktebene.

Im Unterschied zur Europäischen Fusionskontrolle werden in der chinesischen Fusionskontrolle jedoch unterschiedliche Begrifflichkeiten für eine marktbeherrschende Stellung in Kontext der *ex ante* Fusionskontrolle und der *ex post* Missbrauchskontrolle verwendet. Das Pendant zur marktbeherrschenden Stellung im Rahmen der Fusionskontrolle lautet in China „Marktkontrolle" oder „Marktmacht"[481]. Diese ist gem. Art. 27 Abs. 1 AMG bei der Überprüfung von Unternehmenszusammenschlüssen zu berücksichtigen. Im Rahmen der Missbrauchsfälle prüft die MOFCOM hingegen nach Art. 17 AMG das Vorliegen einer wörtlich übersetzt „marktdominierenden Stellung".[482] Nur für diesen Begriff gibt es in Art. 19 AMG an Marktanteile anknüpfende Richtwerte als Vermutung für eine marktbeherrschende Stellung.[483] Die MOFCOM machte bislang auch nicht deutlich, dass diese Richtwerte auf Zusammenschlusstatbestände entsprechend angewandt werden können. Das Fehlen der Richtwerte für die Bestimmung der Marktkontrolle bzw. Marktmacht im Rahmen der Fusionskontrolle stellt einen Unterschied zur Europäischen Fusionskontrolle dar und steigert das rechtliche Risiko für die beteiligten Unternehmen.[484]

---

480 Siehe z.B. AB InBev S.A / N.V. - SABMiller Plc., Tz. 4.1.
481 市场的控制力.
482 市场支配地位.
483 Danach wird grundsätzlich eine „marktdominierende Stellung" vermutet, wenn ein Unternehmen über 50 % Marktanteil verfügt, zwei Unternehmen auf dem relevanten Markt über zweidrittel der Marktanteile verfügen oder drei Unternehmen auf dem relevanten Markt über dreiviertel der relevanten Anteile verfügen.
484 Siehe unten D.III.2.c)aa)(1)(a).

b) Zu berücksichtigende Kriterien in der chinesischen Fusionskontrolle

Ähnlich wie der Katalog des Art. 2 Abs. 1 b FKVO enthält auch die chinesische Fusionskontrolle einen Katalog an zu berücksichtigenden Kriterien im Rahmen der materiellen Prüfung eines Zusammenschlusses. In Art. 27 AMG werden diese Kriterien aufgezählt. Diese sind im Einzelnen:

(1) Marktanteile der am Zusammenschluss beteiligten Unternehmen auf dem relevanten Markt und ihre Macht den Markt zu kontrollieren;

(2) Konzentrationsgrad des relevanten Markts;

(3) Auswirkung des Unternehmenszusammenschlusses auf den Marktzutritt und auf den technischen Fortschritt;

(4) Auswirkung des Unternehmenszusammenschlusses auf die Verbraucher und andere Unternehmen;

(5) Auswirkung des Unternehmenszusammenschlusses auf die Entwicklung der Volkswirtschaft; und

(6) Andere Kriterien, die nach Ansicht des Antimonopolvollzugsorgans (MOFCOM) zu berücksichtigen sind.

Im Unterschied zur *ex post* Betrachtung bei einer Missbrauchskontrolle erfolgt die Prüfung eines betroffenen Zusammenschlusses in der chinesischen Fusionskontrolle ähnlich wie in der Europäischen Fusionskontrolle anhand der zu berücksichtigenden Kriterien *ex ante* und zukunftsbezogen.

c) Vergleichende Betrachtung der zu berücksichtigenden Kriterien

Sowohl die Europäische als auch die chinesische Fusionskontrolle haben Kriterien entwickelt, die im Rahmen der fusionsrechtlichen Prüfung berücksichtigt werden sollten. Den Katalog der zu berücksichtigenden Kriterien kann man dabei grob in drei Kategorien einteilen.

Die erste Kategorie umfasst Kriterien, die Auswirkungen des Zusammenschlusses auf die Struktur des Wettbewerbsprozesses betreffen. Schutzgut ist hierbei allein der Wettbewerb als Prozess ohne Bezugnahme auf wünschenswerte Wettbewerbsergebnisse. Zu den Kriterien der Kategorie 1 zählen insbesondere die Auswirkungen des Zusammenschluss auf die Marktstellung der beteiligten Unternehmen einerseits und auf Marktzutrittsmöglichkeiten für potentielle Wettbewerber andererseits.

Die zweite Kategorie umfasst Kriterien, die nicht unmittelbar den Wettbewerbsprozess, aber Auswirkungen des Zusammenschlusses auf wünschenswerte Wettbewerbsergebnisse auf einem relevanten Markt betreffen.[485] Hierzu gehören Auswirkungen des Zusammenschlusses auf Verbraucher oder Effizienzgewinne der beteiligten Unternehmen. Schutzgut der Kriterien dieser Kategorie 2 sind bestimmte, wünschenswerte Ergebnisse des Wettbewerbs auf einem relevanten Markt. Während der Bezug zum Wettbewerb auf einem relevanten Markt damit nach wie vor besteht, ist dieser im Vergleich zu den Kriterien der Kategorie 1 weniger stark ausgeprägt, da ein struktureller Bezug fehlt. Die Berücksichtigung der Kriterien der Kategorie 2 macht die Fusionskontrolle insgesamt ergebnisorientierter.

Die dritte Kategorie umfasst Kriterien, die weder unter Kategorie 1 noch unter Kategorie 2 fallen. Es handelt sich somit um Kriterien, die völlig losgelöst vom Wettbewerb auf einem bestimmten relevanten Markt beurteilt werden, folglich also um nichtwettbewerbliche Kriterien. Hierzu gehören insbesondere industriepolitisch oder protektionistisch motivierte Kriterien wie z.B. die die Entwicklung der Volkswirtschaft oder andere gesamtgesellschaftliche Interessen.

Berücksichtigt eine Rechtsordnung im Rahmen der Fusionskontrolle lediglich Kriterien der Kategorie 1, so weist sie eine rein wettbewerbliche und strukturelle Ausrichtung auf. Werden auch Kriterien der Kategorie 2 berücksichtigt, so beinhaltet die Fusionskontrolle neben strukturellen auch ergebnisorientierte Elemente. Die Ausrichtung der Fusionskontrolle kann aber in diesem Fall dennoch insgesamt wettbewerblich zu bewerten sein, wenn die Kriterien der Kategorie 1 überwiegen und die Kriterien der Kategorie 2 lediglich unter engen Voraussetzungen ergänzend herangezogen werden. Die Berücksichtigung der Kriterien der Kategorie 3 spricht hingegen für eine industriepolitische Ausrichtung der Fusionskontrolle.

aa) Kriterien der Kategorie 1

Die chinesische und die Europäische Fusionskontrolle legen beide den Schwerpunkt ihrer Prüfung auf die Analyse und Berücksichtigung der Kriterien der Kategorie 1.[486] Die Ermittlung und Bewertung dieser Kriterien steht am Anfang und im Mittelpunkt der fusionsrechtlichen Prüfung in beiden Rechtsordnungen. Die Entscheidungspraxis in beiden Rechtsordnungen

---

485 Hierzu zählen insbesondere die Interessen des Verbrauchers aber auch der technische Fortschritt.
486 Siehe für die Europäische Fusionskontrolle z.B. *Hermann*, Maximilian, Die Neufassung des materiellen Untersagungskriteriums in Art. 2 Abs. 2 und 3 EG-FKVO, S. 72 ff.

zeigt zudem, dass die Kriterien der Kategorie 1 in der Regel wesentlich für das Ergebnis der fusionsrechtlichen Prüfung sind.

(1) Marktstellung und Marktkonzentration

Beide Rechtsordnungen beginnen die Untersuchung der möglichen Wettbewerbsbehinderung in der Regel mit der Untersuchung der Marktanteile der beteiligten Unternehmen auf dem relevanten Markt.[487] Ausgehend von der Bestimmung der Marktanteile wird sodann eine eventuell marktbeherrschende Stellung der beteiligten Unternehmen (sog. Marktkontrolle) auf dem relevanten Markt unter Zuhilfenahme von verschiedenen Faktoren anhand der Gegebenheiten des Einzelfalls geprüft.

(a) Marktanteile

Der Marktanteil drückt nach chinesischem Verständnis im Regelfall die Wirtschafts- und Wettbewerbskraft eines Unternehmens aus.[488] Aus den Marktanteilen der beteiligten Unternehmen lässt sich aus chinesischer Sicht erahnen, ob und inwieweit durch einen Unternehmenszusammenschluss ein Wettbewerbsausschluss oder eine Wettbewerbsbeschränkung wahrscheinlich ist.[489]

Ähnlich wie in der Europäischen Fusionskontrolle steht die Ermittlung der Marktanteile der beteiligten Unternehmen am Anfang der fusionsrechtlichen Prüfung hinsichtlich einer eventuell vorliegenden Wettbewerbsbeeinträchtigung durch einen Unternehmenszusammenschluss. Marktanteile werden auch in der chinesischen Fusionskontrolle im Normalfall anhand des Umsatzes berechnet. Lediglich in Ausnahmefällen wird bei der Berechnung auf andere Faktoren wie beispielsweise Produktionskapazität, Produktionsmengen, Vorratsmengen oder Transportmengen zurückgegriffen.[490]

Ausführungen zum Marktanteil und zur möglichen Marktkontrolle der beteiligten Unternehmen finden sich in allen von der MOFCOM veröffentlichten Entscheidungen.[491]

---

487 Art. 2 Abs. 2. lit. b FKVO bzw. Art. 27 Abs. 1 AMG.
488 *Masseli*, Markus, Handbuch der chinesischen Fusionskontrolle, S. 143.
489 *Wang*, Xiaoye, Erlass und Ausführung des chinesischen Kartellgesetzes, RIW 2008, S. 417 (425); *Liu*, Xufeng, Antimonopolgesetz, S. 268.
490 *Shang*, Ming, Antimonopolgesetz der Volksrepublik China, Verstehen und Anwenden, S. 238.
491 Hierzu ausführlich *Masseli*, Markus, Handbuch der chinesischen Fusionskontrolle, S. 143.

Marktanteile werden in China als ein wichtiges Indiz für eine eventuell vorliegende Marktkontrolle angesehen. Doch grundsätzlich bestimmt sich der Grad der Marktkontrolle auch in der chinesischen Fusionskontrolle nicht unmittelbar aus den Marktanteilen der beteiligten Unternehmen. Auch wenn die am Zusammenschluss beteiligten Unternehmen zusammen über große Marktanteile verfügen, lässt sich hieraus nicht ohne weiteres auf den Grad der Marktkontrolle schließen, da hierfür zumindest in der Theorie eine Vielzahl von anderen Faktoren ebenfalls eine Rolle spielt.[492]

Trotz der Betonung auf einer Ausbalancierung und Berücksichtigung unterschiedlicher Faktoren zur Bestimmung der Marktkontrolle in der Theorie, zeigen die veröffentlichten Entscheidungen, dass die MOFCOM für die Untersuchung der Marktkontrolle dennoch in erster Hinsicht auf die Marktanteile abstellt. Sind diese erkennbar hoch, etwa bei über 50 %, verzichtet die MOFCOM auf weitere Ausführungen und begründet die Marktkontrolle und eine damit verbundene wettbewerbliche Behinderung allein mit der Höhe der Marktanteile.[493]

Ein derartiges Vorgehen ist aus europäischer Sicht fragwürdig. Marktanteile als alleiniger Indikator für Marktmacht heranzuziehen weist erhebliche Schwächen auf. Daher reicht in der Europäischen Fusionskontrolle ein Verweis auf hohe Marktanteile in der Regel nicht aus, um eine beherrschende Marktstellung zu begründen. Neben hohen Marktanteilen spielen insbesondere der potentielle Wettbewerb durch ggf. niedrige Marktzutrittsschranken oder auch die ausgleichende Wirkung einer vorhandenen Nachfragemacht eine entscheidende Rolle.[494] Allenfalls gilt in der Europäischen Fusionskontrolle die umgekehrte Einschätzung, nämlich dass geringe Marktanteile – zumindest bei fachgerechter Durchführung der Marktdefinition – ein besserer Indikator für fehlende Marktmacht darstellen.[495]Auch wenn die Europäische Fusionskontrolle daher keine absolute *safe-harbour* Regelung kennt, wird in der Regel davon ausgegangen, dass der Wettbewerb am relevanten Markt nicht erheblich behindert wird, wenn die am Zusammenschluss beteiligten Unternehmen zusammen weniger als 25 % der Marktanteile halten.[496]

---

492 *Shang*, Ming, Antimonopolgesetz der Volksrepublik China, Verstehen und Anwenden, S. 243.
493 Siehe z.B. AB InBev S.A / N.V. - SABMiller Plc., Tz. 4.1.
494 *Friederiszick*, Hans W., Marktabgrenzung und Marktmacht, S. 6 ff., aufrufbar unter http://ec.europa.eu/competition/mergers/cases/decisions/m6497_20121212_20600 _3210969_EN.pdf.
495 *Ebenda*.
496 Erwägungsgrund 32 S. 2 FKVO spricht insoweit von einem Indiz.

Anders als in der Europäischen Fusionskontrolle gibt es keine solche Vermutungsregel in der chinesischen Fusionskontrolle. Erfahrungswerte, die für oder gegen eine wettbewerbliche Bedenklichkeit sprechen, finden sich auch nicht in den kodifizierten Regelungen der chinesischen Fusionskontrolle. Schließlich brachte auch die Entscheidungspraxis der MOFCOM keine Klarheit. Vielmehr hatte die MOFCOM in einigen Fällen auch bei niedrigen Marktanteilen und bei niedrigem Anstieg des Marktanteils nach dem Zusammenschluss ohne großen Begründungsaufwand eine wettbewerbsbeschränkende Wirkung festgestellt. So stellte sie bei *Glencore – Xstrata* wettbewerbsbeschränkende Wirkungen fest, obwohl der kombinierte Marktanteil der am Zusammenschluss beteiligten Unternehmen lediglich 9,3 % betrug. In *Marubeni – Gavilon* wurden wettbewerbsbeschränkende Wirkungen bei einem kombinierten Marktanteil von 18 % und einem Anstieg des Marktanteils nach dem Zusammenschluss um lediglich weniger als 1 % festgestellt.[497]

Das Fehlen der Festlegung von Richtwerten macht die Entscheidungen der MOFCOM aus Sicht der Unternehmen intransparent und schwer vorhersehbar. Die damit verbundene Rechtsunsicherheit für beteiligte Unternehmen wird auch in der chinesischen Rechtsliteratur kritisiert.[498] Der chinesische Gesetzgeber sieht entsprechende Richtwerte für die *ex post* Missbrauchskontrolle vor. Der Verzicht auf die Festlegung entsprechender Richtwerte im Rahmen der Fusionskontrolle ist daher als bewusste Entscheidung zu interpretieren. Diese Entscheidung dürfte im Wesentlichen damit zusammenhängen, dass der Gesetzgeber der MOFCOM einen möglichst breiten Ermessensspielraum zur Verfügung stellen will. Auf diese Weise kann die MOFCOM, gerade aufgrund der Intransparenz ihrer Entscheidungsprozesse, leichter unliebsame Transaktionen unterbinden.

Die Verteidigungsmöglichkeit der beteiligten Unternehmen wird zusätzlich dadurch erschwert, dass die MOFCOM bislang nur sehr wenige Entscheidungen veröffentlicht hat.[499] Die Bezugnahme auf Präzedenzfälle ist daher so gut wie unmöglich.

---

497 Siehe hierzu auch *Ng*, Wendy, The Political Economy of Competition Law in China, S. 35.

498 *Wang*, Xiaoru / *Li*, Weiye, Wirtschaftliche Analyse von Horizontalen Übernahmen: Relevanter Markt, Marktkonzentration und GUPPI, in: Wang, Xiaoye, Abgrenzung des relevanten Marktes im Rahmen des AMG, S. 71 (72); *Shi*, Jiansan / *Qian*, Shiyu, Betrachtung des materiellen Prüfungsstandards bei chinesischen Unternehmenszusammenschlüssen aus einer internationalen Perspektive, China Management Studies, 2009, Vol. 4, S. 155 (165 f.); *Wang*, Xurong, Wissenschaftliche und juristische Analyse im Rahmen der Marktkonzentration, Contemporary Law Review, 2016, Vol. 3, S. 119 (119 ff.).

499 Stand April 2018 sind es bislang nur 38 Entscheidungen.

(b) Marktkonzentration

Neben den Marktanteilen spielt in beiden Rechtsordnungen auch die Markt-konzentration eine wichtige Rolle bei der Bewertung der marktbeherrschen-den Stellung.[500] Dies hängt damit zusammen, dass der Konzentrationsgrad eines Marktes nützliche Hinweise auf die Wettbewerbssituation vor und nach einem geplanten Zusammenschluss geben kann.[501] Im Grundsatz gilt: Je kon-zentrierter ein relevanter Markt ist, desto wahrscheinlicher führt der Unter-nehmenszusammenschluss in der Regel zu einer Bildung oder Verstärkung einer marktbeherrschenden Stellung.[502]

Gemäß § 6 der Interim Assessment Provisions kann die MOFCOM wie in der Europäischen Fusionskontrolle den Konzentrationsgrad des relevanten Marktes anhand des HHI bestimmen. Dies ist mittlerweile gängige Praxis in beiden Rechtsordnungen.[503]

Während die Europäische Kommission Richtwerte für die Einschätzung der Zusammenschlüsse anhand von HHI in den Horizontalen Leitlinien festgelegt, gibt es bislang keinen kodifizierten chinesischen Standard zur Einschätzung einer wettbewerblichen Relevanz von Unternehmenszusam-menschlüssen anhand von HHI-Werten. Auch verlässliche Erfahrungswerte anhand der Entscheidungspraxis der MOFCOM lassen sich nicht ermitteln. Während die MOFCOM in älteren Entscheidungen gar nicht erst auf HHI-Werte eingeht,[504] beschäftigt sie sich seit 2013 regelmäßig mit HHI-Werten.[505] In *Thermo Fisher – Lifei* stellte sie etwa fest, dass ein HHI Wert über 1500 und eine Veränderung des Wertes von über 100 vergleichsmäßig hoch ist und wei-terer Untersuchungen bedarf.[506] Angesichts der Tatsache, dass die MOFCOM bislang aber lediglich 38 Entscheidungen[507] veröffentlicht hat und dabei in etwa der Hälfte der Entscheidungen den HHI nicht einmal erwähnt, ist die

---

500 Für die Rolle des HHI innerhalb der chinesischen Fusionskontrolle siehe: *Wang*, Xiaoye, Erlass und Ausführung des chinesischen Kartellgesetzes, RIW 2008, S. 417 (425); *Liu*, Xufeng, Antimonopolgesetz, S. 268; *Ng*, Wendy, The Political Economy of Competition Law in China, S. 35 f.; *Masseli*, Markus, Volksrepublik China – Aktuelle Entwicklungen in der Fusionskontrolle, GRUR Int. 2010, S. 183 (184).
501 *Behrens*, Peter, Europäisches Marktöffnungs- und Wettbewerbsrecht, S. 694.
502 *Zhang*, Wei, Untersuchung des Antimonopolprüfungssystems im Rahmen der M&A Tätigkeiten von Unternehmen, S. 79.
503 Tz. 16 der Horizontalen Leitlinie; § 6 der Interim Assessment Provisions.
504 Siehe z.B. Coca Cola – Huiyuan.
505 Erstmals in Baxter – Gambro, Tz. 3.1. Sie geht seitdem in den meisten Entschei-dungen auf den Konzentrationsgrad und HHI Werte ein. Für eine Ausnahme siehe allerdings Merck-AZ Electronic Materials.
506 Thermo Fisher – Life Technologies, Tz. 3.1.
507 Stand April 2018.

chinesische Fusionskontrolle noch sehr weit davon entfernt als dass man von gefestigten Erfahrungswerten oder gar *case law* sprechen könnte. Das Fehlen eines chinesischen HHI-Standards kann unterschiedliche Ursachen haben. Zum einen dürfte die Unerfahrenheit und der Nachholbedarf der chinesischen Fusionskontrolle in Bezug auf wissenschaftliche Standards/ Modelle bzw. Methoden eine Rolle spielen. Zum anderen sichert das Fehlen eines kodifizierten Standards der MOFCOM einen möglichst breiten Ermessensspielraum zu und könnte aus diesem Grund gerade wünschenswert sein.

Die chinesische Rechtsliteratur schätzt die Rolle des HHI für die Bestimmung einer möglichen Wettbewerbsbeeinträchtigung unterdessen als überragend wichtig ein und kritisiert die fehlende Festlegung eines chinesischen Standards.[508]

Auf der anderen Seite sollte die Rolle der HHI-Werte aber auch nicht überschätzt werden. Die Europäische Kommission stellt in Tz. 21 der Horizontalen Leitlinie klar, dass die HHI-Werte lediglich einen ersten Hinweis für fehlende Wettbewerbsbedenken geben, für sich allein aber nicht ausreichen, um eine rechtliche Vermutung für oder gegen eine Wettbewerbsbehinderung zu begründen. Dies gilt auch für nichthorizontale Zusammenschlüsse. Zwar stellt Tz. 25 der Nichthorizontalen Leitlinie in Aussicht, dass ein Zusammenschluss „kaum Wettbewerbsbedenken" auslöst, sofern der Marktanteil 30 % und der HHI 2000 nicht überschreitet. Die Vermutung greift aber auch hier nicht absolut, sondern vorbehaltlich der Ausnahmen nach Tz. 26 lit. a der Nichthorizontalen Leitlinie.[509]

Insgesamt ist somit festzustellen, dass die Europäische Fusionskontrolle insoweit auch keine eindeutige *safe-harbour* Regelung basierend auf Marktanteilen und Konzentrationsgraden enthält. Die kodifizierten HHI-Werte dienen lediglich als Richtwerte für eine erste Grobeinschätzung der wettbewerblichen Situation. Zudem ist die Europäische Kommission nach der

---

508 Siehe für herschende Meinung *Wang*, Xiaoru / *Li*, Weiye, Wirtschaftliche Analyse von Horizontalen Übernahmen: Relevanter Markt, Marktkonzentration und GUPPI, in: Wang, Xiaoye, Abgrenzung des relevanten Marktes im Rahmen des AMG, S. 71 (72); *Shi*, Jiansan / *Qian*, Shiyu, Betrachtung des materiellen Prüfungsstandards bei chinesischen Unternehmenszusammenschlüssen aus einer internationalen Perspektive, China Management Studies, 2009, Vol. 4, S. 155 (165 f.); *Wang*, Xurong, Wissenschaftliche und juristische Analyse im Rahmen der Marktkonzentration, Contemporary Law Review, 2016, Vol. 3, S. 119 ff.; *Huang*, Yong / *Jiang*, Tao, Die Antimonopolregelung nichthorizontaler Unternehmenszusammenschlüsse, Tsinghua Law Review 2009, Vol. 3 Nr. 2, S. 147 (159); *Liu*, Xiaoyan, Simulation Analysis on the Unilateral Effect of Horizontal Merger - Case of Chinese Household Air-conditioning Market, S. 132.

509 Siehe oben C.III.2.d)bb)(1)(a).

Rechtsprechung des EuG auch nicht in jedem Fall verpflichtet einen HHI-Index zu prüfen.[510]

Eine Festlegung eines HHI-Standards ist aber dennoch sinnvoll. Zum einen bietet ein solcher Standard für die beteiligten Unternehmen schon in der Planungsphase einer Fusion bzw. einer Übernahme eine wirksame Orientierung und Hilfestellung. Zum anderen wird auch die Arbeit der zuständigen Fusionskontrollinstanz erleichtert, da ein derartiger Standard diesen eine Orientierung bietet, wann ggf. ein Zusammenschluss näher untersucht werden muss.

Bei der Festlegung eines chinesischen HHI-Standards kann eine Orientierung am Europäischen HHI-Standard sinnvoll sein. Dieser kann auf eine lange Anwendungspraxis zurückblicken und hat sich bereits in der Praxis bewährt. Auch im Hinblick auf eine internationale Harmonisierung der fusionsrechtlichen Standards wäre ein ähnlicher HHI-Standard wie in der Europäischen Fusionskontrolle wünschenswert. In Zeiten der Globalisierung mehren sich Zusammenschlüsse, die in beiden Rechtsordnungen anmeldungspflichtig sind. Die Vereinheitlichung der Standards würde für die beteiligten Unternehmen eine wesentliche Erleichterung darstellen. Weiterhin würde die Festlegung eines HHI-Standards nach europäischem Vorbild gefährdet zudem den erwünschten weiten Ermessensspielraum für die MOFCOM in der chinesischen Fusionskontrolle kaum gefährdebn. Der europäische Standard legt insoweit lediglich Richtwerte fest und begründet keine verbindliche Vermutung für die fusionsrechtliche Zulässigkeit eines Zusammenschlusses. Die MOFCOM hat unter Abwägung der Umstände des Einzelfalls somit in Ausnahmefällen immer noch die Möglichkeit sich gegen das von den Richtwerten indizierte Ergebnis zu entscheiden.

(2) Marktzutritt / Zugang zu Beschaffungs- bzw. Absatzmärkten

Die Frage des Marktzutritts und der Marktzutrittsschranken ist ebenfalls in der Beurteilung des Zusammenschlusses in der chinesischen wie auch in der Europäischen Fusionskontrolle bedeutend. Der Marktzutritt ist dabei sowohl bei der Prüfung der horizontalen Zusammenschlüssen wie auch bei der Prüfung von nichthorizontalen Zusammenschlüssen wichtig.

Bei horizontalen Zusammenschlüssen kann der Zusammenschluss den Wettbewerbsvorsprung der beteiligten Unternehmen unter Umständen so stark vergrößern, dass potentielle Wettbewerber abgeschreckt werden. Bei

---

510 EuG, Rs. T-405/08, Tz. 66.

vertikalen Zusammenschlüssen kann etwa eine Verknappung bzw. Preiserhöhung von Ressourcen den Marktzugang aus Sicht von Wettbewerbern oder potentiellen Wettbewerbern erschweren. Bei der Ermittlung der Marktzutrittsschranken ist im Einzelfall die Sicht der Wettbewerber bzw. potentiellen Wettbewerber entscheidend.[511] Auswirkungen auf den Marktzutritt wurden in den meisten der veröffentlichten Entscheidungen und insbesondere in den neueren Entscheidungen der MOFCOM thematisiert.[512]

Insgesamt lässt sich feststellen: Je höher die Marktzutrittsschranken auf dem relevanten Markt bereits sind oder durch den Zusammenschluss werden, desto eher kann der Zusammenschluss negative Auswirkungen auf den Wettbewerb haben.

Auch im Rahmen der Europäischen Fusionskontrolle ist die Möglichkeit des Marktzugangs ein von der Fusionskontrolle zu berücksichtigendes Kriterium. Art. 2 Abs. 2 lit. b FKVO unterteilt diesen Punkt allerdings in „Zugang zu den Beschaffungs- und Absatzmärkten" sowie „rechtliche oder tatsächliche Marktzutrittsschranken". Das erste Kriterium bezieht sich vor allem auf eine Untersuchung des Marktzugangs bei nichthorizontalen Zusammenschlüssen, während das zweite Kriterium sich eher auf den Marktzutritt von potentiellen Wettbewerbern bei einem horizontalen Zusammenschluss bezieht.

Die chinesische Fusionskontrolle kennt diese Unterteilung nicht. Zu untersuchen ist gemäß Art 27 Abs. 3 AMG, ob ein geplanter Unternehmenszusammenschluss Auswirkungen auf den Markteintritt von potentiellen Wettbewerbern hat. Gemäß §7 der Interim Assessment Provision ist in diesem Sinne umfassend zu untersuchen, ob durch die erworbene oder gesteigerte Marktkontrollmöglichkeit Marktzutrittshindernisse geschaffen oder verstärkt werden können, die die Markteintrittsschwelle erhöhen. Markteintrittshindernisse können sich nach §7 Interim Assessment Provisions z.B. aus der Kontrolle von Ressourcen, Vertriebskanälen, technischen Entwicklungsvorteilen oder wichtigen Anlagen ergeben. Das Kriterium des Markteintritts umfasst damit in der chinesischen Fusionskontrolle gleichermaßen den Marktzugang zu vor- und nachgelagerten Märkten bei vertikalen Zusammenschlüssen als auch die Möglichkeit des potentiellen Wettbewerbs bei horizontalen

---

511 Siehe Art 27 Abs. 3 AMG, Tz. 69 ff. der Horizontalen Leitlinie.
512 Siehe z.B. in Coca Cola – Huiyuan, Pfizer – Wyeth, Panasonic – Sanyo, AB InBev S.A / N.V. - SABMiller Plc. Vergleichsweise ausführlich wird der Markteintritt in Pfizer – Wyeth diskutiert. In Tz.4.2.3 wird unter anderem auf die technische Barriere, lange Dauer und hohe Entwicklungskosten im Bereich der Forschung und Entwicklung von Medizinprodukten eingegangen. Hieraus schlussfolgert die MOFCOM, dass der Unternehmenszusammenschluss den Markteintritt erschwert. Siehe auch *Masseli*, Markus, Chinesische Fusionskontrolle: Drache in der Ferne, Papiertiger daheim, ZChinR 2009, S. 337 (342).

Zusammenschlüssen. Dies hängt im Wesentlichen damit zusammen, dass kodifizierte Vorschriften der chinesischen Fusionskontrolle nicht explizit zwischen horizontalen, vertikalen und konglomeraten Zusammenschlüssen unterscheiden.[513] Dies ist eine wesentliche Abweichung von der Europäischen Fusionskontrolle, in der insbesondere die Europäische Kommission Leitlinien für die unterschiedliche Bewertung von horizontalen und nichthorizontalen Zusammenschlüssen erlassen hat. Trotzdem ist die Unterscheidung von horizontalen und nichthorizontalen Zusammenschlüssen auch in der chinesischen Fusionskontrolle anerkannt.[514] Nachfolgend wird insbesondere auf die Untersuchung des Marktzugangs von horizontalen und nichthorizontalen Zusammenschlüssen in der Europäischen und der chinesischen Fusionskontrolle näher eingegangen.

(a) Horizontale Zusammenschlüsse

Bei horizontalen Unternehmenszusammenschlüssen geht es im Rahmen des Kriteriums Marktzutritt um einen möglichen Markteintritt von potentiellen Wettbewerbern. Ist ein solcher Marktzutritt ohne weiteres möglich, können potentielle Wettbewerber auf den relevanten Markt gelangen, sodass die Wettbewerbssituation eventuell trotz hoher Marktanteile der am Zusammenschluss beteiligten Unternehmen bzw. einem hohen Konzentrationsgrad des relevanten Marktes, positiv beurteilt werden kann.[515]

Sowohl die chinesische als auch die Europäische Fusionskontrolle untersuchen die Möglichkeit des Marktzutritts und die damit verbundene Möglichkeit eines potentiellen Wettbewerbs eingehend. Im Grundsatz untersuchen beide Rechtsordnungen hierbei die bestehenden Marktzutrittsschranken eines relevanten Marktes und analysieren zusätzlich, ob der Zusammenschluss die Marktzutrittsschranken aus Sicht von potentiellen Wettbewerbern erhöht.[516]

Im Rahmen der Europäischen Fusionskontrolle hat die Frage nach einem ausgleichenden Einfluss des potentiellen Wettbewerbs aufgrund von nied-

---

513 Siehe hierzu *Wang*, Margaret, China's Current Approach to Vertical Arrangements Under the Anti-Monopoly Law, S. 1, aufrufbar unter h t t p s : / / w w w .competitionpolicyinternational.com/assets/Free/cpiasiawang.pdf.
514 Siehe z.B. General Motors – Delphi, Tz. 5. Hierzu siehe unten D.III.2.f)bb).
515 *Europäische Kommission*, Entscheidung vom 9.11.1994, WuW/E EV 2231-2256, Tz. 55.
516 Siehe Art. 27 Abs. 3 AMG, §7 der Interim Assessment Provision, Tz. 69 ff. der Horizontalen Leitlinie.

rigen Marktzutrittsschranken große praktische Bedeutung.[517] Aus diesem Grund werden sie fast in jeder fusionsrechtlichen Entscheidung durch die Europäische Kommission geprüft.[518]

Die Möglichkeit des Marktzutritts von potentiellen Wettbewerbern wurde auch in den meisten der veröffentlichten Entscheidungen und insbesondere in den neueren Entscheidungen der MOFCOM thematisiert.[519] Um eine ausgleichende Funktion des niedrigen Markteintritts und damit des potentiellen Wettbewerbs anzunehmen, berücksichtigt die MOFCOM, ob ein zügiger Markteintritt durch potentielle Wettbewerber möglich ist und ob diese direkt nach einem möglichen Markteintritt bereits in der Lage wären einen hinreichenden Umsatz zu generieren, um den Wettbewerb zu stärken.[520] Dies ist regelmäßig dann der Fall, wenn die benötigten Ressourcen in Form von Kapital und Know-how sowie das finanzielle Risiko für den Markteintritt relativ gering sind.

Eine besondere Schwierigkeit stellt die Beurteilung von Marktzutrittsschranken auf einem noch in der Entstehung begriffenen Markt dar.[521] Meistens sind nur wenige Marktteilnehmer auf einem solchen Markt aktiv, die gleichzeitig über einen Wettbewerbsvorsprung z.b. durch technisches Knowhow verfügen. Wenn man bei einem Zusammenschluss auf diesem Markt[522] das technische Wissen der beteiligten Unternehmen als tatsächliche Marktzutrittsschranke einordnet, könnte das Wettbewerbsrecht am Ende den technischen Fortschritt bestrafen.[523] Die Europäische Kommission erkennt durchaus die Besonderheiten eines neuen Marktes an und will dem Marktführer eines solchen Marktes nicht ohne weiteres unangemessene Verpflichtungen auferlegen.[524]

---

517 *Körber*, Thorsten in Immenga/Mestmäcker, EU-Wettbewerbsrecht. 5 Aufl., Art. 2 FKVO, Tz. 292 ff. *Riesenkampff*, Alexander / *Lehr*, Stefan, in Loewenheim/Meessen/ Riesenkampff, Art. 2 FKVO, Tz. 91.

518 *Kommission*, XXI. Wettbewerbsbericht (1991), S. 410 ff.

519 Siehe z.b. in Coca Cola – Huiyuan, Pfizer – Wyeth, Panasonic – Sanyo, AB InBev S.A / N.V. - SABMiller Plc.

520 Siehe auch, Xiaoru / *Li*, Weiye, Wirtschaftliche Analyse von Horizontalen Übernahmen: Relevanter Markt, Marktkonzentration und GUPPI, in: Wang, Xiaoye, Abgrenzung des relevanten Marktes im Rahmen des AMG, S. 71 (74).

521 *Behrens*, Peter, Europäisches Marktöffnungs- und Wettbewerbsrecht, S. 700.

522 Meistens geht es um ein durch Innovation und technischen Fortschritt geprägten Zukunftsmarkt.

523 Hierzu *Camesasca*, Peter D., European Merger Control: Getting the Efficiencies Right, Intersentia, 2000, S. 245 f.

524 Hierzu siehe Richtlinie 2002/21/EG des Europäischen Parlaments und des Rates vom 7.3.2002 über einen gemeinsamen Rechtsrahmen für elektronische Kommuni-

Die MOFCOM nimmt hingegen regelmäßig an, dass eine technische Überlegenheit der beteiligten Unternehmen durch Zusammenführung ihres Know-hows nach dem Zusammenschluss zu einer Erhöhung der Marktzutrittsschranken führt.[525] Anhaltspunkte auf eine besondere Behandlung bei neu entstehenden Märkten ist aus der Entscheidungspraxis der MOFCOM bislang nicht zu entnehmen. Eine disbezügliche Diskussion findet in der chinesischen Literatur ebenfalls nicht statt.[526] Es ist daher möglich, dass die chinesische Fusionskontrolle im Vergleich zur Europäischen Fusionskontrolle die Besonderheiten eines neu entstehenden Markts nicht genügend berücksichtigt. Für eine Förderung der Innovation, die auch im Sinne der chinesischen Wettbewerbspolitik ist, wäre aber eine solche Berücksichtigung allerdings wünschenswert.

(b) Nichthorizontale Zusammenschlüsse

Bei nichthorizontalen Unternehmenszusammenschlüssen geht es im Rahmen des Kriteriums des Marktzutritts vor allem um die Frage, inwieweit die beteiligten Unternehmen ihre Marktstellung auf einem Markt dazu nutzen können, um den Marktzugang auf dem anderen relevanten Markt zu beschränken oder zu erschweren.[527]

Dies kann insbesondere durch eine künstliche Verknappung der Ressourcen oder Absatzmöglichkeiten im Rahmen von vertikalen Zusammenschlüssen erfolgen.[528]

Entscheidend ist bei der Prüfung der Europäischen Fusionskontrolle in diesem Zusammenhang das Abschottungspotential eines Zusammenschlusses, und inwieweit die beteiligten Unternehmen einen Anreiz haben, von diesem Abschottungspotenzial Gebrauch zu machen.

Ein vertikaler Zusammenschluss kann auch in der chinesischen Fusionskontrolle wettbewerbliche Bedenken auslösen. Die Voraussetzungen hierfür sind viel niedriger als in der Europäischen Fusionskontrolle. Im Rahmen der chinesischen Fusionskontrolle reicht eine einfache Erhöhung der Marktzu-

---

kationsnetze und –dienste (Rahmenrichtlinie), ABl 2002 Nr. L 108/33, im Folgenden „Rahmenrichtlinie Kommunikationsnetze", Tz. 27.

525 Siehe z.B. Pfizer – Wyeth Tz.4.2.3. Siehe hierzu auch *Masseli*, Markus, Chinesische Fusionskontrolle: Drache in der Ferne, Papiertiger daheim, ZChinR 2009, S. 337 (342).

526 *Ng*, Wendy, The Political Economy of Competition Law in China, S. 37.

527 *Mestmäcker*, Ernst-Joachim / *Schweitzer*, Heike, Europäisches Wettbewerbsrecht, S. 724.

528 *Lettl*, Tobias, Kartellrecht, S. 197 f.

trittsschranken aus, um eine wettbewerbliche Behinderung festzustellen.[529] Ein darüber hinausgehendes Marktabschottungspotential wird nicht verlangt.

Dies zeigt auch die bisherige Entscheidungspraxis der MOFCOM. In *General Motors – Delphi* hat die MOFCOM zum ersten Mal wettbewerbliche Bedenken gegen einen vertikalen Zusammenschluss geäußert.[530] Sie geht in Tz. 5 ihrer Entscheidung auf negative Auswirkungen des Zusammenschlusses auf beiden Märkten der Vertikalkette ein und befindet, dass die angenommene „führende" Stellung der beteiligten Unternehmen auf ihrem Markt den Marktzugang auf dem jeweils anderen Markt negativ beeinflusst. Hierbei prüft sie weder eine Abschottungswirkung noch einen Anreiz hierfür.[531] Im Ergebnis wurde für möglich befunden, dass sich der Zusammenschluss negativ auf den Wettbewerb auf beiden Marktstufen auswirkt. Aus diesem Grund hat die MOFCOM die Freigabe des Unternehmenszusammenschlusses an Auflagen geknüpft.

Diese Entscheidung ist besonders interessant, da der Zusammenschluss auch bei der Europäischen Kommission anmeldungspflichtig war. Anders als die MOFCOM hat die Europäische Kommission gegen den Zusammenschluss jedoch keine wettbewerblichen Bedenken geäußert.[532] Dies dürfte im Wesentlichen damit zusammenhängen, dass die Europäische Kommission im Gegensatz zur MOFCOM insoweit einen Marktabschottungseffekt fordert.

Verglichen zur Europäischen Fusionskontrolle gibt die chinesische Fusionskontrolle damit gegenüber nichthorizontalen Zusammenschlüsse einen strengeren Maßstab vor.[533]

---

529 *Wang*, Xianlian, Wettbewerbsrecht, S. 292; *Shao*, Jiandong / *Fang*, Xiaomin, Wettbewerbsrecht, S. 286; *Zhan*, Hao, Praxis des Unternehmenskaufs nach dem „Antimonopolgesetz": Erläuterungen der gesetzlichen Regelungen zu Unternehmenszusammenschlüssen, Fallanalysen und Vorgehensanleitung, S. 77 ff.; *Cao*, Kangtai, Erläuterungen zum Antimonopolgesetz der Volksrepublik China, S. 113 ff.

530 Hierzu siehe auch *Masseli*, Markus, Chinesische Fusionskontrolle: Drache in der Ferne, Papiertiger daheim, ZChinR 2009, S. 337 (341).

531 Die Haltung der MOFCOM setzte sich in ihrer Entscheidungspraxis fort. In Tiande –Henkel Tz. 2 hat sie z.B. ausgehend von der beherrschenden Stellung auf dem einen Markt pauschal wörtlich übersetzt einen „wettbewerbsausschließenden" bzw. „wettbewerbsbeschränkenden" Effekt auf dem anderen Markt der Vertikalstufe angenommen. Vgl. auch *Ng*, Wendy, The Political Economy of Competition Law in China, S. 42.

532 Siehe hierzu *Wang*, Margaret, China's Current Approach to Vertical Arrangements Under the Anti-Monopoly Law, S. 2, aufrufbar unter https://www.competitionpolicyinternational.com/assets/Free/cpiasiawang.pdf.

533 Siehe unten D.III.2.f)bb).

bb) Kriterien der Kategorie 2

Neben den Kriterien der Kategorie 1 berücksichtigen beide Rechtsordnungen auch Kriterien der Kategorie 2. Während die chinesische Fusionskontrolle die Kriterien dieser Kategorie häufig in ihrer Entscheidungspraxis berücksichtigt, spielen sie für die Entscheidungspraxis der Europäischen Fusionskontrolle hingegen eine geringere Rolle.[534]

(1) Auswirkungen auf Verbraucher

Eine möglichst effektive Wahrung der Interessen der Verbraucher kann Ergebnis eines wirksamen Wettbewerbs sein. Die Wahrung der Interessen der Verbraucher ist daher als Wettbewerbsergebnis interessant.

Sowohl in der chinesischen als auch in der Europäischen Fusionskontrolle werden Auswirkungen des Zusammenschlusses auf Verbraucher untersucht.

In der Europäischen Fusionskontrolle sind gemäß Art. 2 Abs. 2 lit. b FKVO die Interessen der Zwischen- und Endverbraucher ein zu berücksichtigendes Kriterium. Dies galt auch bereits unter der alten FKVO von 1989. Dies ist vor allem deswegen bemerkenswert, da die Europäische Fusionskontrolle insgesamt und ganz besonders unter der alten FKVO einen starken Strukturbezug aufwies und vor allem einen Schutz des Wettbewerbsprozesses an sich bezweckte.[535] Die Interessen des Verbrauchers wurden in diesem Zusammenhang eher als Fernziele angesehen, die quasi per Reflex geschützt wurden, solange man die Wettbewerbsstruktur und den Wettbewerbsdruck aufrechterhalten würde. Entsprechend hatte das Kriterium unter der alten FKVO kaum Relevanz für die Entscheidungspraxis der Europäischen Kommission.

Unter der neuen Rechtslage seit 2004 hat das Kriterium wesentlich an Bedeutung gewonnen.[536] Die Europäische Kommission untersucht gerade in der neueren Entscheidungspraxis häufig ergänzend zu den Auswirkungen des Zusammenschlusses auf die Marktstruktur auch Auswirkungen des Zusammenschlusses auf Verbraucher.[537]

---

534 Siehe hierzu auch *Hermann*, Maximilian, Die Neufassung des materiellen Untersagungskriteriums in Art. 2 Abs. 2 und 3 EG-FKVO, S. 74.

535 Siehe etwa Erwägungsgründe 2-8 FKVO; Art. 2 Abs. 1 a FKVO; sowie die Prüfung allein anhand des Marktbeherrschungstest in der alten FKVO in Art. 2 Abs. 2 bzw. Abs. 3 FKVO.

536 *Hermann*, Maximilian, Die Neufassung des materiellen Untersagungskriteriums in Art. 2 Abs. 2 und 3 EG-FKVO, S. 140.

537 *Ebenda.*

Eine besondere Schwierigkeit bei der Prüfung der Auswirkung eines Zusammenschlusses auf Verbraucher besteht im Allgemeinen darin, dass mögliche Auswirkungen auf Verbraucher im Rahmen der Fusionskontrolle antizipiert abgeschätzt werden müssen.[538] Dies erfordert eine genaue Analyse und wissenschaftliche Auseinandersetzung mit den möglichen Folgen des Zusammenschlusses auf den bestehenden Wettbewerb. Um den Vorwurf der Subjektivität[539] zu begegnen und eine nachvollziehbare Entscheidungspraxis zu etablieren, setzen Fusionskontrollbehörden international gesehen daher vermehrt auf wissenschaftliche Modelle und Berechnungsmethoden zur Ermittlung von möglichen Auswirkungen.[540] Auch die Europäische Fusionskontrolle ist im Rahmen ihres *more economic approachs* immer mehr dazu übergegangen, solche Analysen mit Hilfe von komplexen ökonomischen Modellen und Berechnungsstandards durchzuführen.[541] Insbesondere wurde z.b. die Möglichkeit einer möglichen Preissteigerung für die Nachfrager im Fall von *Volvo/Scania* anhand von komplexen ökonomischen Simulationsmodellen untersucht.[542]

Im Rahmen der chinesischen Fusionskontrolle berücksichtigt die MOF-COM gemäß Art. 27 Abs. 3 AMG bei der Prüfung von Zusammenschlüssen ebenfalls die Interessen der Verbraucher. Wird der Wettbewerb am Markt beeinträchtigt, kann sich dies beispielsweise gemäß § 9 S. 2 Interim Assessment Provisions durch Preissteigerungen, Qualitätsminderungen, Minderung der Produktion oder Verringerung der R&D Kosten negativ auf die Interessen des Verbrauchers auswirken. Anderseits kann gemäß § 9 S. 1 Interim Assessment Provisions der Unternehmenszusammenschluss gegebenenfalls

---

538 *Liu*, Xiaoyan, Simulation Analysis on the Unilateral Effect of Horizontal Merger - Case of Chinese Household Air-conditioning Market, S. 2.

539 *Pan*, Zhicheng, Prozess zur Antimonopolentscheidung im Rahmen der Fusionskontrolle, S. 50.

540 *Liu*, Xiaoyan, Simulation Analysis on the Unilateral Effect of Horizontal Merger - Case of Chinese Household Air-conditioning Market, S. 3.

541 In *Volvo/Scania* kamen erstmals Simulationsmodelle zum Einsatz, siehe hierzu Volvo/ Scania, Tz. 75. Unterstützende Funktionen haben Simulationsmodelle z.B. auch in den Fällen Philip Morris/Papastratos, Tz. 32 und Sydkraft/Graninge, Tz. 37 f. Für eine ausführliche Analyse siehe *Shang*, Ming, Merger Control in EU and Several Member States, S. 65 ff., 75 ff.; *Liu*, Xiaoyan, Simulation Analysis on the Unilateral Effect of Horizontal Merger - Case of Chinese Household Air-conditioning Market, S. 3; *Oinonen*, Mika, Modern Economic Advances in Contemporary Merger Control: An Imminent Farewell to the Market Definition? E.C.L.R. 2011, 32 (12), S. 629 (634).

542 Volvo/Scania Tz. 73 ff. Simulationsmodelle wurden beispielsweise auch in *Oracle/ Peoplesoft* eingesetzt, um Preissteigerungen bzw. Nachfragernutzen zu ermitteln. Siehe auch *Christiansen*, Arndt, Der „More Economic Approach" in der EU-Fusionskontrolle, S. 88 f.

auch Vorteile für Konsumenten mit sich bringen, etwa durch Erhöhung der wirtschaftlichen Effizienz, Erzielung von Skalierungseffekten, Senkung der Produktionskosten oder Erweiterung der Produktpalette. Die positiven und negativen Auswirkungen des Zusammenschlusses auf Verbraucher sind im Einzelfall durch die MOFCOM umfassend abzuwägen.

Ob die chinesische Fusionskontrolle allerdings ähnlich wie die Europäische Fusionskontrolle bei der Einschätzung der Auswirkungen eines Zusammenschlusses auf Verbraucher auf komplexe ökonomische Modelle und Berechnungsmethoden zurückgreift ist allerdings zweifelhaft. Die MOFCOM hat zwar in einigen Entscheidungen Feststellungen zu Auswirkungen auf Verbraucher getroffen, diese aber weder erklärt noch begründet.[543] Rückschlüsse auf der hinter den Feststellungen liegenden Prüfung sind somit nicht möglich. Die chinesische Fusionskontrolle muss daher mit der Kritik leben, dass ihr eine gewisse „Objektivität" fehlt und die Behandlung wichtiger Parameter möglicherweise von subjektiven Eindrücken abhängt.

Allerdings darf die Aussagekraft von wissenschaftlichen Methoden und Simulationsmodellen auch nicht überbewertet werden. Ein blindes Vertrauen in die formale Rationalität mathematischer Simulationsmodelle ist oftmals gefährlich. Eine Prognose der zukünftigen Preisentwickelungen unter sich wandelnden Wettbewerbsbedingungen zu treffen, erscheint an sich schon als Anmaßung.[544] Zudem ist anzumerken, dass die Prognosen auf angenommenen Grundannahmen beruhen. Stimmen kleinste Parameter dieser Annahmen nicht, verliert ein noch so komplexes mathematisches Gerüst sein logisches Fundament.

Dennoch ist eine ergänzende Hinzuziehung dieser Methoden und Modellen im Rahmen der fusionsrechtlichen Prüfung sinnvoll. Sie bieten eine gute Möglichkeit, um die aufgrund traditioneller Prüfung erzielten Ergebnisse zu überprüfen. Bestätigen sie etwa die Wahrscheinlichkeit einer Preissteigerung nach dem Zusammenschluss, kann ein Nachteil für den Verbraucher durch den Zusammenschluss umso fundierter begründet werden. Sie erhöht auch die Nachvollziehbarkeit und Überprüfbarkeit der fusionsrechtlichen Entscheidung und somit seine gesamtgesellschaftliche Akzeptanz und Autorität.

Neben eines möglichen Nachholbedarfs der chinesischen Fusionskontrolle im Bereich des Einsatzes von wissenschaftlichen Analysen, unterscheidet sich die Berücksichtigung von Verbraucherinteressen im Rahmen der chi-

---

543 Siehe z.B. *Seagate – Samsung Entscheidung* Tz. 6; *Abbott Laboratories - St Jude Medical* Tz. 4
544 *Zimmer*, Daniel, in FS Huber, S. 1183.

nesischen Fusionskontrolle auch inhaltlich von der Berücksichtigung von Verbraucherinteressen im Rahmen der Europäischen Fusionskontrolle.

Der Fokus der chinesischen Fusionskontrolle liegt im Zusammenhang mit Verbraucherinteressen im Gegensatz zur Europäischen Fusionskontrolle lediglich auf chinesischen Konsumenten. In *Seagate – Samsung*[545] wird beispielsweise festgestellt, dass der Zwischennachfrager keine ausgleichende Nachfragemacht besitzt und eventuelle Preissteigerungen so direkt an chinesische Endverbraucher weitergegeben werden können und diese damit schaden.[546] Diese Fokussierung auf nationale Abnehmer deutet daraufhin, dass mit der Berücksichtigung von Verbraucherinteressen in der chinesischen ein anderer Zweck verfolgt wird als in der Europäischen Fusionskontrolle.

Die Europäische Fusionskontrolle hat sich nach der Reform 2004 in Richtung einer verstärkten Orientierung am Konsumentenwohlfahrtstandard entwickelt. Eine natürliche Folge hiervon ist, dass Verbraucherinteressen seitdem eine wichtigere Rolle in der Entscheidungspraxis der Europäischen Kommission spielen. Die Untersuchung der Auswirkungen des Zusammenschlusses auf Verbraucher durch die Europäische Kommission bestätigt allerdings in der Regel die Ergebnisse der Untersuchung der strukturellen Auswirkungen des Zusammenschlusses und legitimiert diese damit zusätzlich. Die Europäische Kommission betont insoweit, dass wissenschaftliche Analysen zur Auswirkung des Zusammenschlusses auf Verbraucher lediglich ergänzend zu herkömmlichen an Marktstruktur und qualitativen Gesichtspunkten orientierten Analysen herangezogen werden.[547]

Die Rechtslage in der chinesischen Fusionskontrolle weicht hiervon grundlegend ab. Die Fokussierung auf nationale Verbraucher spricht eher für protektionistische Hintergründe. Verbraucherinteressen könnten in diesem Fall lediglich vorgeschoben sein. Hierfür spricht auch, dass die MOFCOM im Falle eines Interessenkonfliktes zwischen den Interessen des Verbrauchers und anderen öffentlichen Interessen, wie dem Schutz der heimischen Industrie, den Interessen des Verbrauchers keinen Vorrang einräumt. Insbesondere im Fall *Coca Cola – Huiyuan* hätte der Zusammenschluss eigentlich freigegeben werden müssen, wenn den Auswirkungen auf Verbraucher Vorrang eingeräumt worden wäre.[548] Stattdessen hat die MOFCOM sich jedoch entschieden, den Zusammenschluss zu untersagen und dies unter anderem mit

---

545 Siehe Seagate – Samsung Tz. 6.
546 Für eine ausführliche Analyse des Falles siehe *Wu*, Qianlan, China's Merger Regulation: in Search of Theories of Harm, E.C.L.R. 2013, Vol. 34, No. 12, S. 634 (635 ff.).
547 Siehe z.B. Volvo/Scania, Tz. 73.
548 *Pan*, Zhicheng, Prozess zur Antimonopolentscheidung im Rahmen der Fusionskontrolle, S. 51.

dem Schutz inländischer Wettbewerber begründet.[549] Die Entscheidung der MOFCOM zugunsten des Schutzes der heimischen Unternehmen und damit zulasten der Interessen der heimischen Verbraucher spricht für eine insgesamt protektionistische Motivation.

Obwohl daher beide Rechtsordnungen Verbraucherinteressen mit in die fusionsrechtliche Prüfung einbeziehen, sind die Gründe für diese Einbeziehung und die konkrete Ausprägung grundverschieden.

(2) Berücksichtigung von Effizienzen

Wirtschaftliche Effizienz kann ebenfalls ein wünschenswertes Ergebnis eines Wettbewerbs darstellen. Sowohl die chinesische als auch die Europäische Fusionskontrolle kann Effizienzerwägungen in ihre fusionsrechtliche Prüfung einbeziehen. Aufhänger für die Prüfung von Effizienzen ist in beiden Rechtsordnungen das Merkmal des technischen und wirtschaftlichen Fortschritts.

Dieses Merkmal ist in Europa anders als in China nicht immer zu schützen, sondern nur „sofern dies[e] dem Verbraucher dient und den Wettbewerb nicht behindert". Auch die Berücksichtigung von Effizienzen ist nur unter strengen Voraussetzungen möglich. Diese Herangehensweise wahrt den wettbewerblichen Ansatz der Europäischen Fusionskontrolle. Dies gilt allerdings nicht für die chinesische Fusionskontrolle, die die Effizienzen im Rahmen des Rechtfertigungstatbestands prüft.[550]

cc) Kriterien der Kategorie 3

Wie oben bereits ausgeführt,[551] legen beide Rechtsordnungen den Schwerpunkt ihrer fusionsrechtlichen Prüfung auf die Berücksichtigung der Kriterien der Kategorie 1, die unmittelbar auf die Struktur des Marktes und den Wettbewerbsprozess an sich wirken.

Während die chinesische Fusionskontrolle Kriterien der Kategorie 2, die auf Wettbewerbsergebnisse eines relevanten Marktes wirken, uneingeschränkt berücksichtigt, tut sich die Europäische Fusionskontrolle auf dieser Ebene bereits schwerer. Die Kriterien der Kategorie 2 werden oftmals lediglich ergänzend herangezogen, sodass ihre Bedeutung damit ungleich

---

549 Siehe ausführlich zu der Entscheidung D.III.4.a.aa).
550 Für eine ausführliche Auseinandersetzung siehe unten D.III.3.a)dd).
551 Siehe oben D.III.2.c)aa).

geringer ist als die Kriterien der Kategorie 1.[552] Diese Feststellungen belegen die wettbewerbliche Ausrichtung der Europäischen Fusionskontrolle. Die chinesische Fusionskontrolle zeigt hingegen bereits bei der Berücksichtigung der Kriterien der Kategorie 2 eine von der Europäischen Fusionskontrolle abweichende Zielsetzung. Sie ist deutlich protektionistischer und damit industriepolitischer ausgeprägt.

Diese Sicht wird weiter dadurch verstärkt, da die chinesische Fusionskontrolle im Gegensatz zur Europäischen Fusionskontrolle auch Kriterien der Kategorie 3 ausdrücklich berücksichtigt.

(1) Wettbewerber

Während Auswirkungen auf die Verbraucher das unmittelbare Ergebnis eines wirksamen Wettbewerbs betreffen, weist die Berücksichtigung von Interessen der Wettbewerber keinen wettbewerblichen Bezug auf. In der Tat sind Schutz des Wettbewerbs und Schutz des Wettbewerbers zwei konträre Ansätze, die sich grundsätzlich ausschließen. Die ausdrückliche Berücksichtigung von Interessen anderer Unternehmen gemäß Art. 27 Abs. 4 AMG dient aber genau dazu, hauptsächlich Wettbewerber der am Zusammenschluss beteiligten Unternehmen zu schützen. Diese Sicht scheint auch die Entscheidungspraxis der MOFCOM zu bestätigen.

Die MOFCOM hat sich in vielen ihrer Entscheidungen mit der Frage der Auswirkungen auf die Verbraucher und Wettbewerber auseinandergesetzt.[553] Beispielsweise stellte sie in *Coca Cola – Huiyuan* fest, dass der Zusammenschluss die Interessen der Verbraucher schädige und die Existenz von kleinen und mittleren Wettbewerbern erschwere.[554] Hiermit werden vor allem Interessen der chinesischen Konkurrenten gewahrt.[555] Der Schutz der Wettbewerber hat damit einen eindeutig industriepolitischen Hintergrund.

(2) Technischer und wirtschaftlicher Fortschritt

Während im Rahmen der Europäischen Fusionskontrolle der technische und wirtschaftliche Fortschritt nur berücksichtigt wird, sofern dies dem Wettbe-

---

552 *Hermann*, Maximilian, Die Neufassung des materiellen Untersagungskriteriums in Art. 2 Abs. 2 und 3 EG-FKVO, S. 72 ff.
553 Beispielsweise in *Coca Cola – Huiyuan*, *General Motors – Delphi*, *Pfizer – Wyeth*, *Panasonic – Sanyo*.
554 Ziffer IV.3
555 Siehe ausführlich zu der Entscheidung D.III.4.a)aa).

werb nicht schadet, gilt die Berücksichtigung des technischen und wirtschaftlichen Fortschritts in China uneingeschränkt.

In der Entscheidungspraxis der MOFCOM gab es bislang allerdings nur
wenige Fälle, in der eine Auseinandersetzung mit diesem Kriterium stattge-
funden hat.[556]

Gerade in der frühen Entscheidungspraxis der MOFCOM finden sich bis
auf die Entscheidung *Coca Cola - Huiyuan* kaum Hinweise, dass sich die MOF-
COM im Rahmen der fusionsrechtlichen Prüfung mit diesem Kriterium auseinandersetzt.[557] Dies änderte sich im Jahre 2015. In *NXP-Freescale*[558] hat die
MOFCOM erstmals ausdrücklich Wettbewerbsbedenken auch aufgrund der
befürchteten negativen Auswirkungen des Zusammenschlusses auf den technischen Fortschritt auf dem relevanten Marktes geäußert. Sie begründete die
möglichen negativen Auswirkungen auf den technischen Fortschritt damit,
dass der Innovationsanreiz des fusionierten Unternehmens aufgrund seiner
technischen Überlegenheit und mangels konkurrenzfähiger Wettbewerber
sinken dürfte. Dies gefährde letztlich insgesamt die R&D Geschwindigkeit
des relevanten Marktes. Auch in *Dow Chemicals – E.I. Du Pont De Nemours*[559]
wurde angenommen, dass die Beseitigung des Wettbewerbsdrucks der beteiligten Unternehmen als jeweils treibende Innovationskraft am relevanten
Markt den technischen Fortschritt am relevanten Markt insgesamt verlang-
same.

Eine Berücksichtigung des technischen Fortschritts in der chinesischen
Fusionskontrolle ohne die in der Europäischen Fusionskontrolle vorgesehene
Beschränkung ist im Lichte des Gesamtkonzepts der chinesischen Fusions-
kontrolle zu sehen. Die chinesische Fusionskontrolle ist im Gegensatz zur
Europäischen Fusionskontrolle ergebnisorientierter. Das Kriterium des technischen und wirtschaftlichen Fortschritts kann dazu dienen, industriepolitische und protektionistische Überlegungen in die fusionsrechtliche Prüfung
einfließen zu lassen. Sowohl in *NXP-Freescale* als auch in *Dow Chemicals – E.I.
Du Pont De Nemours* handelte es sich um ausländische Zusammenschlüsse.
Die durch den Zusammenschluss erzeugte technische Überlegenheit wäre in
erster Linie nachteilhaft für chinesische Wettbewerber gewesen, die oftmals
einen erhöhten Nachholbedarf im Bereich R&D aufwiesen.

---

556 Für eine Auseinandersetzung des Kriteriums siehe *NXP-Freescale*, Tz. 4.4 und *Dow
   Chemicals – E.I. Du Pont De Nemours*, Tz. 4.1.3.
557 Bei *Coca Cola – Huiyuan* findet sich z.B. unter Tz. 4.3. den Hinweis, dass der Zusammenschluss die Innovationsfähigkeit von chinesischen Unternehmen beeinträchtigen könnte.
558 NXP-Freescale Tz. 4.4.
559 Dow Chemicals – E.I. Du Pont De Nemours Tz. 4.1.3.

(3) Andere Kriterien nach Ermessen der MOFCOM

Anders als in der Europäischen Fusionskontrolle kann die MOFCOM gemäß Art. 27 Abs. 6 AMG in der chinesischen Fusionskontrolle jederzeit nach ihrem Ermessen weitere Kriterien für die Prüfung einer möglichen Wettbewerbsbeschränkung heranziehen. Dieses sehr weite Auffangkriterium und der damit verbundene große Ermessensspielraum für die MOFCOM wird unter anderem mit der Komplexität von Unternehmenszusammenschlüssen und dem ständigen Wandel ihrer Analysemethoden begründet.[560]

Überzeugend ist dies dennoch nicht. Vielmehr wird der MOFCOM durch die Hintertür die Befugnis eingeräumt weitere Kriterien zu schaffen, die keinen Bezug zum Wettbewerb haben. Macht die MOFCOM von diesem Ermessensspielraum Gebrauch, ist der Ausgang einer jeden Fusionskontrolle unvorhersehbar.

Die MOFCOM verpasste die Chance, diese Lücke in ihrem Interium Assessment Provisions zu schließen. Zwar regelt sie in § 12 Interim Assessment Provision, dass neben dem Katalog der ausdrücklich zu berücksichtigenden Kriterien auch das allgemeine öffentliche Interesse, Auswirkung des Unternehmenszusammenschlusses auf die wirtschaftliche Effizienz sowie die Fragen, ob ein beteiligtes Unternehmen vor der Insolvenz steht und ob ein nachfrageseitiges Gegengewicht (*countervailing buyer powers*) bei der Beurteilung eines Unternehmenszusammenschlusses zu berücksichtigen. Doch zum einen sind die aufgezählten zusätzlichen Kriterien sehr weit gefasst, zum anderen ist es auch bei diesem Katalog nicht ersichtlich, dass er abschließend ist. Für einen nicht abschließenden Katalog spricht beispielsweise die Tatsache, dass die MOFCOM in *Coca Cola – Huiyuan* ausdrücklich auch die Bekanntheit der Marken der am Unternehmenszusammenschluss beteiligten Unternehmen „Coca-Cola", „Meijiyuan" und „Huiyuan" als zusätzliches Prüfungskriterium in ihre Erwägungen mit einbezogen hat.[561]

Der große Ermessensspielraum der MOFCOM erzeugt eine ebenso große Rechtsunsicherheit. Am Unternehmenszusammenschluss beteiligte Unternehmen können sich nicht darauf verlassen, dass der geplante Unternehmenszusammenschluss freigegeben wird, auch wenn das Vorhaben nach allen ausdrücklich in Art. 27 AMG aufgelisteten Prüfungskriterien unbedenklich ist. Der MOFCOM auf der anderen Seite wird durch den großen Ermessensspielraum ermöglicht, aus industriepolitischer Sicht unerwünschte

---

560 *Shang*, Ming, Antimonopolgesetz der Volksrepublik China, Verstehen und Anwenden, S. 239 f.
561 Coca Cola – Huiyuan, Ziffer II. 6; IV. 2.

Zusammenschlüsse mit Hilfe von zusätzlichen Kriterien zum Scheitern zu bringen.

(4) Entwicklung der Volkswirtschaft

Ein deutlicheres Anzeichen für die industriepolitische Ausrichtung der chinesischen Fusionskontrolle ist schließlich die ausdrückliche Berücksichtigung der Auswirkungen des Zusammenschlusses auf die Entwicklung der Volkswirtschaft gemäß Art. 27 Abs. 5 AMG.[562] Dieses Kriterium hat keinen erkennbaren Bezug zu einem eingegrenzten relevanten Markt, geschweige denn zum Wettbewerb auf demselben. Die Entwicklung der Volkswirtschaft ist vielmehr ein übergreifendes staatliches Wirtschaftsziel und steht im gesellschaftlich öffentlichen Interesse.[563]

Die chinesische Regierung begründet die Aufnahme dieses Kriteriums damit, dass der Markt eine wichtige Voraussetzung zur Förderung der volkswirtschaftlichen Entwicklung sei. Der Wettbewerb sei der Geist des Marktes. Die Kontrolle von Unternehmenszusammenschlüssen diene dem Schutz des Wettbewerbs und somit auch der volkswirtschaftlichen Entwicklung. Daher sei das Kriterium in der Prüfung zu berücksichtigen.[564] Einleuchtend ist diese Begründung nicht, zumal die chinesische Regierung die makroökonomische Entwicklung der Volkswirtschaft regelmäßig durch industriepolitische Pläne, Vorgaben und Förderungen beeinflusst.[565]

Die Aufnahme des Kriteriums spricht damit gegen eine wettbewerbliche und für eine industriepolitische Ausrichtung der chinesischen Fusionskontrolle. Dies deckt sich auch mit den Zielvorgaben des chinesischen AMG nach Art. 1 AMG. Neben dem Schutz des fairen Wettbewerbs nach Art. 1 Abs. 2 AMG dient das AMG auch ausdrücklich Gemeinwohlinteressen. Gemäß Art. 1 Abs. 5 und 6 AMG dient das AMG in diesem Sinne z.B. dem Allgemeininteresse und der Förderung der gesunden Entwicklung der sozialistischen Marktwirtschaft.

Gemeinwohlinteressen werden in der chinesischen Fusionskontrolle nicht nur mittelbar über den Wettbewerbsschutz sondern vielmehr direkt geschützt. Dies erkennt man zum einen daran, dass die chinesische Fusions-

---

562 In dieselbe Richtung geht auch § 13 Interim Assessment Provisions.
563 *Shang*, Ming, Antimonopolgesetz der Volksrepublik China, Verstehen und Anwenden, S. 239 f.
564 *Masseli*, Markus, Handbuch der chinesischen Fusionskontrolle, S. 150.
565 Etwa durch Erlass der sog. Fünf-Jahrespläne, die die Schwerpunkte der wirtschaftlichen Entwicklung und die Zielsetzungen für jeweils fünf Jahre festlegen.

kontrolle ausdrücklich Kriterien berücksichtigt, die auf Wettbewerbsergebnisse oder Gemeinwohlinteressen abzielen. Zum anderen spricht auch eine Rechtfertigungsmöglichkeit wettbewerbswidriger Zusammenschlüsse nach Art. 28 S. 2 AMG dafür, dass dem Wettbewerbsschutz in der chinesischen Fusionskontrolle kein absoluter Vorrang zukommt.[566]

Insgesamt zeigt die chinesische Fusionskontrolle damit folgenden Ansatz: Um die in Art. 1 AMG genannten Gemeinwohlinteressen zu erreichen, eignet sich der Wettbewerb als Instrument. Der freie Wettbewerb ist aber nach chinesischer Sicht kein „Allheilmittel", das zur automatischen Erreichung der Ziele führt. Im Einzelfall können sich Zielkonflikte zwischen dem Wettbewerbsschutz und den Gemeinwohlzielen ergeben. In diesem Fall geht der Wettbewerbsschutz nicht vor, gewichtige Gemeinwohlziele können vielmehr zur Rechtfertigung wettbewerbswidriger Zusammenschlüsse herangezogen werden.

Für einen solchen Ansatz spricht auch die historische Intention zur Schaffung der chinesischen Fusionskontrolle. Die Einführung der Europäischen Fusionskontrolle erfolgte im internationalen Vergleich gesehen bereits relativ spät. Die Einführung der chinesischen Fusionskontrolle erfolgte wiederum knapp 20 Jahre nach der Einführung der Europäischen Fusionskontrolle, was vor allem auf die skeptische Haltung in China zur Beschränkung von inländischen Zusammenschlüssen zurückzuführen war. Die chinesische Politik stand vor Einführung des AMG vor dem Dilemma, dass man einerseits Unternehmenszusammenschlüsse inländischer Unternehmen fördern wollte, um diese angesichts der zunehmenden Globalisierung des einheimischen Marktes zu stärken, andererseits aber unbedingt den Aufkauf der chinesischen Wirtschaft durch ausländische Unternehmen verhindern wollte.[567] Eine rein wettbewerbliche Orientierung der Fusionskontrolle reichte erkennbar nicht aus, um einer solchen Interessenlage gerecht zu werden. Um den eigentlichen Wunsch einer Ungleichbehandlung zu genügen und gleichzeitig nicht offensichtlich diskriminierend zu wirken, erschien eine Anknüpfung an Zielsetzungen sinnvoll, die neben einem reinen Wettbewerbsschutz auch Interessen des Gemeinwohls umfassten.

Eine solche Interpretation erklärt auch, warum das AMG Vorschriften der chinesischen Fusionskontrolle grundsätzlich wettbewerblich formuliert, aber gezielt Öffnungsklauseln enthält. Zudem wurde offenbar bewusst keine Gewichtung der Ziele vorgenommen, da eine solche Gewichtung zusätzliche Angriffsflächen bieten würde. In diesem Sinne sind auch der gewollte weite

---

566 Siehe unten D.III.3.b).
567 Siehe oben D.I.

Ermessensspielraum und die Intransparenz der MOFCOM Entscheidungen einzuordnen.[568]

Die Europäische Fusionskontrolle weist gegenüber der chinesischen Fusionskontrolle einen stärkeren Wettbewerbsbezug auf. Eine direkte Berücksichtigung wettbewerbsfremder Interessen, insbesondere Gemeinwohlinteressen, ist in der Europäischen Fusionskontrolle nicht vorgesehen. Gleichwohl ist auch der Wettbewerbsschutz in der Europäischen Fusionskontrolle kein Selbstzweck.[569] Gemeinwohlinteressen zählen selbstverständlich auch zu den Zielen des Europäischen Kartellrechts und des Fusionskontrollrechts.[570] Nur ist der gewählte Ansatz anders als in der chinesischen Fusionskontrolle.[571]

Um die Gemeinwohlinteressen zu erreichen, die in Art. 2 EGV festgelegt sind, ist gemäß Art. 3 Abs. 1 lit. g EGV ein System zu errichten, das den Wettbewerb innerhalb des Binnenmarkts vor Verfälschungen schützt.[572] Nach Artikel 4 Absatz 1 EGV ist die Tätigkeit der Mitgliedstaaten und der Gemeinschaft dem Grundsatz einer offenen Marktwirtschaft mit freiem Wettbewerb verpflichtet. Hierbei liegt die Wertung zugrunde, dass die offene Marktwirtschaft mit freiem Wettbewerb am besten geeignet ist, die in Art. 2 EGV genannten Fernziele zu erreichen.[573] Damit der Wettbewerbsprozess allerdings seinen Zweck erfüllen kann, muss er vor Verfälschungen geschützt werden. Zusammenschlüsse können Strukturveränderungen des Marktes bewirken, die den Wettbewerb im Sinne von Erwägungsgrund 5 FKVO dauerhaft schädigen

---

568 Art. 27 AMG räumt insoweit der MOFCOM zusätzlich die Möglichkeit ein nach ihrem Ermessen beliebig andere Kriterien bei der fusionsrechtlichen Prüfung zu berücksichtigen.

569 Siehe *Europäische Kommission*, XXII. Bericht über die Wettbewerbspolitik, S. 13 ff.; *Mische*, Harald, Nicht-wettbewerbliche Faktoren in der europäischen Fusionskontrolle, S. 143.

570 In Art. 2 Abs. 1 FKVO findet sich ein Verweis auf die Ziele der Verordnung. Hierzu gehören auch die Fernziele des Art. 2 EGV.

571 Der Staat sollte nur die Rahmenbedingungen schaffen, u.a also ein wettbewerbsorientiertes Umfeld. Nicht der Staat, sondern die Unternehmen selbst sollten für ihre Wettbewerbsfähigkeit sorgen. Vgl. *Kommission*, Die europäische Industriepolitik für die 90er Jahre, Bulletin, Beilage 3/91, S. 7, 10, 12 ff. Dazu *Oberender*, Peter / *Daumann*, Frank, Industriepolitik, Vahlen, 1995, S. 48 f.

572 Für die Wichtigkeit der Wettbewerbsregeln zur Sicherung des Binnenmarkts vgl. *Everling*, Ulrich, Zur Wettbewerbskonzeption in der neuen Rechtsprechung des Gerichtshofs der Europäischen Gemeinschaften, WuW 1990, S. 994 (1000 f.).

573 Zum Zusammenspiel von Wettbewerb und den Fernzielen siehe z.B. Kommission, I. Bericht über die Entwicklung der Wettbewerbspolitik, S. 11; IX. Bericht, S. 11; XI. Bericht, S. 11, XV. Bericht, S. 11 f., XVII. Bericht, S. 13 ff. XX. Bericht, S. 11, 13; XXII. Bericht, S. 13, S. 47 ff.; *Mische*, Harald, Nicht-wettbewerbliche Faktoren in der europäischen Fusionskontrolle, S. 144.

können.[574] Genau an dieser Stelle knüpft die Europäische Fusionskontrolle an.[575] Der unverfälschte Wettbewerb fungiert somit quasi als Bindeglied zwischen der Fusionskontrolle und den Fernzielen von Art. 2 EGV. Die Fusionskontrolle schützt diese Fernziele damit lediglich mittels des Wettbewerbsschutzes. Grundsätzlich gilt daher, dass die Prüfung der direkten Auswirkungen eines Zusammenschlusses auf Gemeinwohlinteressen nicht Gegenstand der fusionskontrollrechtlichen Prüfung in der Europäischen Fusionskontrolle sein kann.[576] Dies stellt einen wesentlichen Unterschied im Vergleich zur chinesischen Fusionskontrolle dar.

Angesichts der grundlegend verschiedenen Ansätze in beiden Rechtsordnungen ist es nicht verwunderlich, dass die Berücksichtigung der Auswirkungen des Zusammenschlusses auf die Entwicklung der Volkswirtschaft aus europäischer Sicht kritisiert wird.[577] Insbesondere die hiermit eröffnete Möglichkeit zur Berücksichtigung von industriepolitischen Erwägungen wird bemängelt.[578] In der chinesischen Rechtsliteratur ist die Sicht hierüber allerdings differenzierter. Einige Autoren in der chinesischen Literatur befürworten sogar explizit die Berücksichtigung der Auswirkungen des Zusammenschlusses auf die Entwicklung der Volkswirtschaft.[579] Die Befürworter begrüßen das Einfallstor für Industriepolitik unter Verweis darauf, dass China im Vergleich zu Industrieländern viele strukturelle Probleme aufweise, deren Lösung neben Wettbewerbsschutz auch Industriepolitik erfordere.[580] Hinter dieser Sicht steht die Überlegung, dass die industriepolitische Förderung

---

574 Siehe Erwägungsgrund 3 FKVO.
575 Siehe Erwägungsgrund 6 FKVO.
576 Ein gesondertes Problem stellt aber die Berücksichtigung von Effizienzgewinne für den technischen Fortschritt da. Dazu E. I. 3. bb. 1.
577 Siehe z.B. *Ritzenhoff*, Lukas, Die Fusionskontrolle in China: zwischen Recht und Wirklichkeit?, GRUR Int. 2014, S. 33 (35 ff.); *Masseli*, Markus, Die chinesische Fusionskontrolle im Lichte der ersten Nebenbestimmungen zum Antimonopolgesetz, ZChinR 2009, S. 18 (30); *Masseli*, Markus, Chinesische Fusionskontrolle: Drache in der Ferne, Papiertiger daheim, ZChinR 2009, S. 337 ff. Doch auch in der chinesischen Fusionskontrolle wird die Herangehensweise kritisiert. Siehe hierzu z.B. *Ma*, Yongting, Diskussion zur Unzulänglichkeit und Perfektion der Vorschriften betreffend der Fusionskontrolle im Antimonopolgesetzes, Legal System and Society, 2009, Heft 3, S. 128.
578 *Masseli*, Markus, Handbuch der chinesischen Fusionskontrolle, S. 151.
579 *Wu*, Yunfeng, Strategieforschung der Unternehmenszusammenschlusskontrolle im chinesischen Antimonopolrecht, Search, 2008, Vol. 11, S. 135 (136); *Hu*, Jian, Gesetzgebungserläuterung der „Unternehmenszusammenschlüsse" im Antimonopolrecht, Anhui University Law Review, 2008, Vol. 1, S. 41 (50).
580 *Masseli*, Markus, Handbuch der chinesischen Fusionskontrolle, S. 151.

innerchinesischer Fusionen „national champions" erschaffen kann, die sich wiederum positiv auf das Gemeinwohl auswirken. Ob diese Rechnung tatsächlich aufgeht, ist aber mehr als fraglich.[581]

In der fusionsrechtlichen Praxis hat die MOFCOM bislang das Kriterium „Berücksichtigung der Entwicklung der Volkswirtschaft" selten ausdrücklich erwähnt. Eine Erwähnung findet sich lediglich in der stark kritisierten Entscheidung Coca Cola – Huiyuan.[582] Dort heißt es in Ziffer 4.2, dass der Unternehmenszusammenschluss nicht vorteilhaft für die nachhaltige Entwicklung der chinesischen Saftbranche sei. Gerade aus diesem Grund steht diese Entscheidung im Verdacht eines industriepolitischen Einflusses.

Die spärliche Erwähnung des Kriteriums in den publizierten Entscheidungen der MOFCOM lässt aber nicht automatisch den Schluss zu, dass das Kriterium selten Berücksichtigung findet. Angesichts der Intransparenz der Entscheidungsfindung der MOFCOM kann das Kriterium vielmehr dennoch im Hintergrund eine wichtige Rolle spielen.

Eine Berücksichtigung der Entwicklung der Volkswirtschaft kann bei einer rein chinesischen Fusion entscheidend dazu führen, dass der Zusammenschluss ohne Auflagen freigegeben wird. In einem solchen Fall wird die Entscheidung der MOFCOM aber nicht veröffentlicht. Es ist daher möglich, dass das Kriterium ohne Kenntnisnahme der Öffentlichkeit benutzt wird, um industriepolitisch gewollte Zusammenschlüsse zwischen chinesischen Unternehmen zu begünstigen.[583]

Zudem kann die MOFCOM versuchen, einen ausländischen Zusammenschluss, der sich negativ auf die Entwicklung der Volkswirtschaft, auf andere Weise zum Fall zum bringen. Ein beliebtes Mittel in diesem Fall ist die Verzögerung der Entscheidung. Großvolumige Zusammenschlüsse erfordern einen besonders hohen finanziellen und arbeitstechnischen Aufwand in Bezug auf Planung und Umsetzung des Vorhabens. Eine zeitliche Verzögerung auf unbestimmte Zeit und mit ungewissem Ausgang reicht in der Regel aus, um ein Vorhaben auch ohne eindeutige Untersagung zum scheitern zu bringen. So hatte Coca Cola bereits vor der untersagenden Entscheidung durch die MOFCOM im Fall Coca Cola - Huiyuan das Übernahmevorhaben aufgrund der Unsicherheiten und zeitlichen Verzögerung durch die chinesische Fusions-

---

581 Dies ist vor allem darauf zurückzuführen, dass fehlender Wettbewerbsdruck Ineffizienzen begünstigt. Zudem kann auch ein Zusammenhang zwischen relativer Unternehmensgröße und Innovationsfähigkeit eines Unternehmens nicht belegt werden. Siehe Mische, Harald, Nicht-wettbewerbliche Faktoren in der europäischen Fusionskontrolle, S. 65.

582 Siehe hierzu D.III.4.c)aa).

583 Siehe unten D.III.3.b).

kontrolle aufgegeben. Auch im aktuellen Fall der geplanten Übernahme des niederländischen Unternehmens NXP Semiconductors NV durch den amerikanischen Chiphersteller Qualcomm Inc. führte der Umstand, dass MOFCOM die fusionsrechtliche Entscheidung immer weiter verzögerte letztlich dazu, dass das Vorhaben aufgegeben wurde.[584] Der Zusammenschluss wurde zuvor unter Bedingungen von der Europäischen Kommission freigegeben.[585] China war die letzte fusionsrechtliche Instanz, die den Fall noch nicht freigegeben hatte. Die zögerliche Haltung der MOFCOM in dem Fall könnte einerseits mit der befürchteten nachteilhaften Wirkung auf die Entwicklung der chinesischen Konkurrenten zusammenhängen, andererseits aber auch von dem schwellenden Handelskrieg zwischen den USA und China geprägt sein.[586] Insoweit ist auch in diesem Fall eine Berücksichtigung von wettbewerbsfremden Erwägungen zu befürchten.

d) Signifikanzschwelle

Anders als die Europäische Fusionskontrolle scheint die chinesische Fusionskontrolle nach dem Wortlaut des Art. 28 S. 1 AMG keine Signifikanzschwelle zu erfordern. Art. 28 S. 1 AMG hat den folgenden Wortlaut:

„Wenn der Unternehmenszusammenschluss zu einer dem Wettbewerb ausschließenden oder beschränkenden Wirkung führt oder führen kann, muss das Antimonopolvollzugsorgan des Staatsrates (MOFCOM) den Unternehmenszusammenschluss untersagen."

Vergleicht man diesen Wortlaut mit dem Wortlaut des Art. 2 Abs. 2 bzw. Abs. 3 FKVO, so ergibt sich eine wesentliche Abweichung. Bei der chinesischen Version fehlt eine Anknüpfung an das Erfordernis einer „erheblichen" Behinderung/Beschränkung des Wettbewerbs. Dieser Zusatz wird in der Europäischen Fusionskontrolle gefordert, da prinzipiell zumindest jeder horizontale Zusammenschluss den Wettbewerb in irgendeiner Weise beschränkt, da mit dem Zusammenschluss ein Wettbewerber aus dem Markt ausscheidet. Art. 28 AMG fordert hingegen keine Erheblichkeit der möglichen Wettbewerbsbeschränkung. Nimmt man das wörtlich, reicht die Möglichkeit einer noch so kleinen Beeinträchtigung des Wettbewerbs aus, um den Untersa-

---

584 Meldung vom 26.7.2018. Siehe https://money.cnn.com/2018/07/26/technology/qualcomm-nxp-merger-china/index.html.

585 http://europa.eu/rapid/press-release_IP-18-347_en.htm.

586 In diese Richtung gehen sowohl chinesische als auch internationale Berichterstattungen. Siehe z.B. http://news.sina.com.cn/o/2018-04-19/doc-ifzihneq1938350.shtml; https://money.cnn.com/2018/07/26/technology/qualcomm-nxp-merger-china/index.html.

gungstatbestand des Art. 27 AMG zu erfüllen.[587] Die Konsequenz hieraus wäre, dass jeder anzumeldende Zusammenschluss zu untersagen wäre.

Erstaunlicherweise handelt es sich bei dem Fehlen des Erheblichkeitserfordernisses auch nicht um ein redaktionelles Versehen, da das Erfordernis einer signifikanten Beschränkung in früheren Entwürfen des Art. 27 AMG durchaus vorgesehen war.[588]

Trotz des Wortlauts von Art. 28 AMG reicht allerdings auch in China nicht jede Beeinträchtigung des Wettbewerbs aus, um einen Zusammenschluss zu untersagen. Dies wäre nicht mit der grundsätzlich befürwortenden Einstellung der MOFCOM gegenüber Zusammenschlüssen vereinbar.[589] Dafür, dass die MOFCOM nicht alle anmeldepflichtigen Unternehmenszusammenschlüsse grundsätzlich untersagen will, spricht auch ihre bisherige Entscheidungspraxis. Die MOFCOM hat bis April 2018 insgesamt 2092 Entscheidungen in Bezug auf Unternehmenszusammenschlüsse getroffen, wobei die große Mehrheit der Entscheidungen, insgesamt 2052, ohne Auflagen freigegeben wurde. In 38 Fällen genehmigte die MOFCOM den Zusammenschluss unter Auflagen und lediglich in zwei Fällen wurde ein Zusammenschluss untersagt.[590]

In China ist es daher praktisch unbestritten, dass eine Signifikanzschwelle als ungeschriebenes Tatbestandsmerkmal der chinesischen Fusionskontrolle

---

587 *Chen*, Yuxiang, Erforschung des Prüfungskriteriums der Zusammenschlusskontrolle, Law and Economics, 2008, Vol. 11, S. 116 (117); *Huo*, Ruojing, Erste Analyse der Detailmaßnahmen der Unternehmenszusammenschlusskontrollregelung des „Antimonopolgesetzes", Chinese Hi-tech Enterprises 2009, S. 175 (176); *Shi*, Jiansan / *Qian*, Shiyu, Betrachtung des materiellen Prüfungsstandards bei chinesischen Unternehmenszusammenschlüssen aus einer internationalen Perspektive, China Management Studies 2009, Vol. 4, S. 155 (159).

588 *Fang*, Xiaomin, Die Kontrolle von Zusammenschlüssen im chinesischen Antimonopolgesetz, ZWeR 2008, S. 385 (401 ff.).

589 Gemäß § 11 Interim Assessment Provisions beurteilt die MOFCOM Unternehmenszusammenschlüsse grundsätzlich positiv. Danach sind Unternehmenszusammenschlüsse gemäß S. 1 grundsätzlich förderlich für eine Erweiterung des Geschäftsumfangs und die Intensivierung des Wettbewerbs. Sie erhöhen die wirtschaftliche Effizienz und beschleunigen die volkswirtschaftliche Entwicklung. Nach S. 2 können Unternehmenszusammenschlüsse lediglich in Sonderfällen schädlich für den Wettbewerb und die Entwicklung von Branchen und die Volkswirtschaft sein.

590 Siehe hierzu https://zhuanlan.zhihu.com/p/20357507.

existiert.[591] Insoweit besteht keine Abweichung zur Europäischen Fusionskontrolle.

Andererseits könnte die geforderte Höhe der Erheblichkeit in China deutlich geringer ausfallen als in der Europäischen Fusionskontrolle. Die veröffentlichten Entscheidungen der MOFCOM haben hierzu nicht ausdrücklich Stellung genommen. Der bewusste Verzicht des Erheblichkeitserfordernisses in der Gesetzgebung könnte aber darauf hindeuten, dass der chinesische Gesetzgeber die Schwelle der Wettbewerbsbeschränkung, die zur Untersagung des Zusammenschlusses ermächtigt, möglichst gering halten wollte. Dies wiederum passt zur generellen Haltung des Gesetzgebers, der MOFCOM im Rahmen der fusionsrechtlichen Prüfung einen besonders großen Ermessensspielraum einzuräumen.[592]

Aufgrund der Intransparenz der Entscheidungsfindung der MOFCOM und der mangelnden Publizität der Entscheidungen ist aber nicht feststellbar, inwieweit die MOFCOM tatsächlich von ihrem weiten Ermessensspielraum Gebrauch gemacht hat.[593] Die Intransparenz führt daher auch im Zusammenhang mit der Signifikanz der Wettbewerbsbeeinträchtigung zu Rechtsunsicherheit.

---

591 *Masseli*, Markus, Handbuch der chinesischen Fusionskontrolle, S. 153; *Mao*, Xiaofei / *Glas*, Tobias, Die aktuelle kartellrechtliche Entwicklung in der Volksrepublik China, GRUR Int. 2008, S. 105 (109); *Pan*, Zhicheng, Vergleichende Untersuchung der Zusammenschlußüberprüfung von Unternehmen in China und den USA – am Beispiel der Fusion von Interbrew mit AmBev, Peking University Law Journal 2010, Vol. 3, S. 441 ff.; *Ma*, Yongting Diskussion zur Unzulänglichkeit und Perfektion der Vorschriften betreffend der Fusionskontrolle im Antimonopolgesetzes, Legal System and Society 2009, Heft 3 Teil 1, S. 128; *Shi*, Jiansan / *Qian*, Shiyu, Betrachtung des materiellen Prüfungsstandards bei chinesischen Unternehmenszusammenschlüssen aus einer internationalen Perspektive, China Management Studies 2009, Vol. 4, S. 155 (159); *Huo*, Ruojing, Erste Analyse der Detailmaßnahmen der Unternehmenszusammenschlusskontrollregelung des „Antimonopolgesetzes", Chinese Hi-tech Enterprises 2009, S. 175 (175 f.); *Shi*, Jiansan / *Qian*, Shiyu, Betrachtung des materiellen Prüfungsstandards bei chinesischen Unternehmenszusammenschlüssen aus einer internationalen Perspektive, China Management Studies 2009, Vol. 4, S. 116 (117).

592 So kann die MOFCOM z.B. gem. Art. 27 AMG ausdrücklich nach ihrem Ermessen andere Kriterien berücksichtigen.

593 Hierzu kritisch *Pan*, Zhicheng, Prozess zur Antimonopolentscheidung im Rahmen der Fusionskontrolle, S. 25.

e) Besonderheiten

aa) Unilaterale und koordinierte Effekte

Ein Unternehmenszusammenschluss kann sich sowohl durch unilaterale als auch durch koordinierte Effekte negativ auf den Wettbewerb auswirken.[594] Beide Arten von Effekten werden sowohl von der chinesischen als auch von der Europäischen Fusionskontrolle berücksichtigt.[595] Sie sind in beiden Rechtsordnungen insbesondere bei der Prüfung von Zusammenschlüssen auf einem Oligopolmarkt relevant.

Im Rahmen von koordinierten Effekten geht es in der chinesischen Fusionskontrolle ähnlich wie in der Europäischen Fusionskontrolle vor allem um die Frage, ob und inwieweit der Zusammenschluss Preisabsprachen zwischen dem fusionierten Unternehmen und anderen Wettbewerbern am Markt begünstigt.[596] Auch in der chinesischen Fusionskontrolle werden daher Vorrausetzungen an die Machttransparenz, Machtmacht und an den Anreiz für ein koordiniertes Verhalten/Sanktionen für ein Abweichen gestellt, um einen koordinierten Effekt zu bejahen. Ähnlich wie die Europäische Fusionskontrolle fordert die chinesische Fusionskontrolle hierfür, dass Unternehmen auf dem relevanten Markt (i) in der Lage sind ihre Verhalten zu koordinieren, (ii) über einen hohen Grad an Marktkontrolle verfügen, und (iii) Abweichungen vom koordinierten Verhalten überwachen und sanktionieren können. Der Anreiz zu koordinierten Effekten wird allgemein für die Prüfung einer möglichen Wettbewerbsbeschränkung durch einen geplanten Unternehmenszusammenschluss in Erwägung gezogen. Auf Grund der hohen Anforderungen wurde er nur sehr selten von der MOFCOM in ihren Entscheidungen berücksichtigt.[597] Auch diese Praxis stimmt weitgehend mit der Behandlung der koordinierten Effekte durch die Europäische Kommission überein.

---

594 *Masseli*, Markus, Handbuch der chinesischen Fusionskontrolle, S. 155; *Feng*, Jiang, Law Practice of Chinas Antitrust of Merger and Acquisition, The Review of Shenzhen Lawyers, S. 183 ff.

595 § 4 Interim Assessment Provisions; Tz. 22 der Horizontalen Leitlinie. *Liu*, Xiaoyan, Simulation Analysis on the Unilateral Effect of Horizontal Merger - Case of Chinese Household Air-conditioning Market, S. 4.

596 *Liu*, Xiaoyan, Simulation Analysis on the Unilateral Effect of Horizontal Merger - Case of Chinese Household Air-conditioning Market, S. 4.

597 *Wang*, Xiaoru / *Li*, Weiye, Wirtschaftliche Analyse von Horizontalen Übernahmen: Relevanter Markt, Marktkonzentration und GUPPI, in: Wang, Xiaoye, Abgrenzung des relevanten Marktes im Rahmen des AMG, S. 71 (75, 80). Für eine Erwähnung siehe Seagate – Samsung, Tz. 8. Hierzu siehe auch *Wu*, Qianlan, China's Merger Regulation: In Search of Theories of Harm, E.C.L.R. 2013, Vol. 34, No. 12, S. 634 (635 ff.).

Neben koordinierten Effekten berücksichtigen beide Rechtsordnungen unilaterale Effekte eines Zusammenschlusses. Unter unilateralen Effekten werden nicht koordinierte Wirkungen verstanden, die durch den Wegfall von Wettbewerbsdruck durch einen oder mehrere Anbieter entstehen.[598] Anders als im Rahmen der Europäischen Fusionskontrolle bestimmt § 4 Interim Assessment Provisions insoweit ausdrücklich, dass bei der Beurteilung der möglichen Wettbewerbsbeeinträchtigung primär unilaterale und erst danach koordinierte Effekte berücksichtigt werden sollen.

Eine Analyse von unilateralen Effekten findet sich beispielsweise in *Matsushita – Sanyo*.[599] Dort führt die MOFCOM in Tz. 4.1 aus, dass Matsushita nach dem Zusammenschluss die Fähigkeit haben wird, die Preise einseitig zu erhöhen. Die Anzahl der Wettbewerber auf dem relevanten Markt sei nach dem Zusammenschluss stark beschränkt, sodass einseitige Preiserhöhungen von Matsushita kaum Restriktionen unterlägen. Da eine Preiserhöhung des Produkts auch für die verbliebenen Wettbewerber vorteilhaft sein könnte, fehle es ihnen an Motivation mit Matsushita wirksam zu konkurrieren.

Ob die MOFCOM bei der Prüfung von unilateralen Effekten wie die Europäische Kommission den *upward pricing pressure* –Test[600] anwendet, oder ob sie auf andere Analysemethoden zurückgreift, geht aufgrund der Intransparenz der Entscheidungen nicht hervor.

Dennoch ist bei der Behandlung der unilateralen und koordinierten Effekte eine verblüffende Ähnlichkeit in beiden Rechtsordnungen erkennbar.[601] Wie die Europäische Fusionskontrolle stellt die chinesische Fusionskontrolle, sofern möglich, auf unilaterale Effekte ab, wohingegen koordinierte Effekte nur selten geprüft werden.[602]

---

598 Horizontale Leilinien Tz. 24.

599 Für eine Analyse des Falles siehe auch *Masseli*, Markus, Chinesische Fusionskontrolle: Drache in der Ferne, Papiertiger daheim, ZChinR 2009, S. 337 (342).

600 Erstmals *Europäische Kommission*, Entscheidung vom 12.12.2012, COMP/M. 6497, „Hutchinson 3G Austria/Orange Austria", Tz. 184 ff. Zu dem *upward pricing pressure*-Test siehe *Farell*, Joseph/*Shapiro*, Carl, Antitrust Evaluation of Horizontal Mergers: An Economic Alternative to Market Definition, The B.E. Journal of Theoretical Economics 2010, Vol. 10 (1) S. 1-41.

601 *Wang*, Xiaoru / *Li*, Weiye, Wirtschaftliche Analyse von Horizontalen Übernahmen: Relevanter Markt, Marktkonzentration und GUPPI, in: Wang, Xiaoye, Abgrenzung des relevanten Marktes im Rahmen des AMG, S. 71 (81).

602 *Wang*, Xiaoru / *Li*, Weiye, Wirtschaftliche Analyse von Horizontalen Übernahmen: Relevanter Markt, Marktkonzentration und GUPPI, in: Wang, Xiaoye, Abgrenzung des relevanten Marktes im Rahmen des AMG, S. 71 (80 f.).

bb) Nichthorizontale Zusammenschlüsse

Das Hauptaugenmerk der Fusionskontrolle liegt in China wie auch in der EU vor allem auf horizontalen Zusammenschlüssen. Doch auch nichthorizontale Unternehmenszusammenschlüsse können in beiden Rechtsordnungen wettbewerbliche Bedenken auslösen.

Auch wenn die kodifizierten Vorschriften der chinesischen Fusionskontrolle nicht explizit zwischen horizontalen und nichthorizontalen Zusammenschlüssen unterscheiden, nimmt die MOFCOM in ihren Entscheidungen dennoch regelmäßig eine Unterscheidung zwischen horizontalen und nichthorizontalen Zusammenschlüssen vor.[603] Eine solche Unterscheidung ist zudem in auch in der chinesischen Literatur allgemein anerkannt.[604]

Die chinesische Fusionskontrolle setzt allerding im Unterschied zur Europäischen Fusionskontrolle eine weitaus geringere Schwelle für wettbewerbliche Bedenklichkeit von nichthorizontalen Zusammenschlüssen an. Eine bevorzugte Behandlung dieser gegenüber horizontalen Zusammenschlüssen wie in der Europäischen Fusionskontrolle ist nicht gleichermaßen vorhanden.[605]

(1) Vertikale Zusammenschlüsse

Ähnlich wie in der Europäischen Fusionskontrolle kann ein vertikaler Zusammenschluss wettbewerbliche Bedenken auslösen, wenn sich die beherrschende Stellung der beteiligten Unternehmen auf einem Markt negativ auf die Wettbewerbssituation auf dem anderen Markt der Vertikalstufe auswirkt. Anders als im Rahmen der Europäischen Fusionskontrolle ist es allerdings nicht notwendig, dass ein Marktabschottungseffekt eintreten muss. Vielmehr

---

603 Siehe hierfür z.B. General Motors – Delphi, Tz. 5.
604 *Wang*, Xianlian, Wettbewerbsrecht, S. 292; *Shao*, Jiandong / *Fang*, Xiaomin, Wettbewerbsrecht, S. 286; *Zhan*, Hao, Praxis des Unternehmenskaufs nach dem „Antimonopolgesetz": Erläuterungen der gesetzlichen Regelungen zu Unternehmenszusammenschlüssen, Fallanalysen und Vorgehensanleitung, S. 77 ff., *Cao* Kangtai, Erläuterungen zum Antimonopolgesetz der Volksrepublik China – Begriffe, System, Struktur, Maßnahmen, S. 113 ff.; *Wu*, Qianlan, China's Merger Regulation: in Search of Theories of Harm, E.C.L.R. 2013, Vol. 34, No. 12, S. 634 (635).
605 So auch *Wang*, Margaret, China's Current Approach to Vertical Arrangements Under the Anti-Monopoly Law, S. 1 ff., aufrufbar unter https://www.competitionpolicyinternational.com/assets/Free/cpiasiawang.pdf; *Wu*, Qianlan, China's Merger Regulation: in Search of Theories of Harm, E.C.L.R. 2013, Vol. 34, No. 12, S. 634 (640 f.).

reicht eine einfache Erhöhung der Marktzutrittsschranken wie z.b. durch künstliche Verknappung der Ressourcen aus.[606] Dieser Unterschied führt dazu, dass die MOFCOM bisweilen auch wettbewerbliche Bedenken gegen Zusammenschlüsse äußert, die nach europäischem Standard wettbewerblich unbedenklich sind.[607]

(2) Diagonale Zusammenschlüsse

Der Umgang mit diagonalen Unternehmenszusammenschlüssen ist in der chinesischen Fusionskontrolle nicht abschließend geklärt. Ähnlich wie bei den vertikalen Zusammenschlüssen gibt es in den kodifizierten Regelungen der chinesischen Fusionskontrollen keinen Hinweis darauf, dass diese anders beurteilt werden als horizontale Zusammenschlüsse.[608]

Dies ist bemerkenswert, da die chinesische Literatur diagonale Zusammenschlüsse als grundsätzlich weniger wettbewerbsschädigend einstuft. So wird teilweise vertreten, dass diagonale Unternehmenszusammenschlüssen nur unter besonderen Umständen wettbewerbsbeeinträchtigende Wirkung, etwa aufgrund von Größeneffekten, entfalten können.[609] Teilweise wird sogar eine wettbewerbsbeschränkende Wirkung von diagonalen Unternehmenszusammenschlüssen gänzlich verneint.[610]

In der Europäischen Fusionskontrolle wird im Zusammenhang mit diagonalen Zusammenschlüsse geprüft, ob aufgrund einer beherrschenden Stellung der am Zusammenschluss beteiligten Unternehmen auf Markt A eine

---

606 Siehe oben D.III.2.c)aa)(2)(b).
607 Siehe z.B. General Motors – Delphi.
608 §4 Interim Assessment Provision stellt insoweit lediglich klar, dass bei Zusammenschlüssen, in der beteiligte Unternehmen nicht auf demselben Markt agieren, schwerpunktmäßig untersucht werden soll, ob der Zusammenschluss den Wettbewerb auf benachbarten oder vertikal zusammenhängenden Märkten ausschließt oder beschränkt. Dies ist aber quasi eine Selbstverständlichkeit, da ja keine horizontale Überschneidung vorliegt, die man untersuchen kann. Dass damit eine Bevorzugung von nichthorizontalen Zusammenschlüssen in der Beurteilung bezweckt werden soll, ist nicht ersichtlich.
609 *Wang*, Xianlian, Wettbewerbsrecht, S. 292 f.; *Shao*, Jiandong / *Fang*, Xiaomin, Wettbewerbsrecht, S. 286; *Zhan*, Hao, Praxis des Unternehmenskaufs nach dem „Antimonopolgesetz": Erläuterungen der gesetzlichen Regelungen zu Unternehmenszusammenschlüssen, Fallanalysen und Vorgehensanleitung, S. 78.; *Cao* Kangtai, Erläuterungen zum Antimonopolgesetz der Volksrepublik China – Begriffe, System, Struktur, Maßnahmen, S. 115; *Zheng*,Yanxin, Über die Regelung von konglomeraten Zusammenschlüssen in China, Hebei Law Science, 2005, Vol. 10, S. 150 ff.
610 Ebenda.

Hebelwirkung (*leverage*) auf Markt B erzeugt wird.[611] Die Märkte sind dabei getrennt voneinander zu untersuchen.[612] Kann eine mögliche Hebelwirkung bejaht werden, ist zu prüfen, ob ein Anreiz für die Ausübung dieser Hebelwirkung besteht. Dabei muss die Europäische Kommission nach den von der Rechtsprechung entwickelten Grundsätzen klären, ob ein solches wettbewerblich missbräuchliches Verhalten der am Zusammenschluss beteiligten Unternehmen trotz der Verhaltensverbote in Art. 102 AEUV wahrscheinlich ist.[613] Diese strengen Voraussetzungen zeigen die grundsätzlich fördernde Haltung der Europäischen Fusionskontrolle gegenüber diagonalen Zusammenschlüssen. Von der Grundwertung her wird angenommen, dass der positive Effekt des diagonalen Zusammenschlusses in der Regel größer ist als der negative.

Eine solche Haltung kommt weder in den kodifizierten Regelungen der chinesischen Fusionskontrolle noch in der Entscheidungspraxis der MOF-COM zum Ausdruck, obwohl sich die MOFCOM bereits in mehreren Fällen mit diagonalen Zusammenschlüssen befasst hat.

Coca Cola – Huiyuan wird als erste Entscheidung der MOFCOM zu einem diagonalen Zusammenschluss gesehen.[614] Die Begründung der MOFCOM in dieser Entscheidung ist allerdings so schwammig formuliert, dass auch eine Interpretation des Zusammenschlusses als horizontaler Zusammenschluss mit partieller Austauschbarkeit zwischen den Märkten möglich erscheint.[615] In *Wal Mart – Yihaodian* erläutert die MOFCOM den möglichen Einfluss von Wal-Mart als einem Hauptwettbewerber im Einzelhandelmarkt auf den relevanten Onlinehandelmarkt durch den geplanten Kontrollerwerb über die Online-Plattform Yihaodian. Sie hat somit erkennbar einen Markt für Einzelhandel und einen Onlinemarkt voneinander abgegrenzt. *Wal Mart – Yihaodian* ist damit die erste Entscheidung, in der die MOFCOM eindeutig zu erkennen gibt, dass auch diagonale Zusammenschlüsse von der chinesischen Fusionskontrolle erfasst sind.[616] Allerdings hat die MOFCOM in dieser Entscheidung die Beziehung zwischen dem Markt des Einzelhandels und dem Online Markt nicht klargestellt, geschweige denn einen konglomeraten Zusammenhang erörtert.[617] In *Merck – AZ Electronic Materials* hat die

---

611 *Lettl*, Tobias, Kartellrecht, S. 200 ff.
612 EuG, Slg. 2002, II-4381 Tz. 142; EuGH, Slg. 2005, I-987.
613 Siehe hierzu oben C.III.2.f)aa).
614 *Masseli*, Markus, Handbuch der chinesischen Fusionskontrolle, S. 166.
615 Siehe Coca Cola – Huiyuan, Tz. 4.
616 Für eine ausführliche Analyse des Falls siehe auch *Wu*, Qianlan, China's Merger Regulation: in Search of Theories of Harm, E.C.L.R. 2013, Vol. 34, No. 12, S. 634 (639 ff.).
617 Siehe Wal Mart – Yihaodian, Tz. 2.

MOFCOM erstmalig explizit „benachbarte Märkte" angenommen.[618] In dieser Entscheidung erfolgte zunächst eine Untersuchung der Marktanteile. Die MOFCOM stellte hierbei fest, dass Merck und AZ Electronic jeweils auf benachbarten Produktmärkten in China über einen Marktanteil von 70% und 50% verfügen. Hieraus wurde pauschal abgeleitet, dass die beteiligten Unternehmen die Möglichkeit der Angebotskoppelung und Kreuzsubventionierung hätten, was den Wettbewerb schädigen könnte. Die Entscheidung lässt offen, ob eine beherrschende Stellung der beiden Unternehmen auf ihrem jeweiligen Heimmarkt bejaht wurde oder die wettbewerbsschädigende Möglichkeit auf einer Hebelwirkung beruhte.

In allen drei Entscheidungen findet keine ausgiebige Erörterung zur Behandlung von diagonalen Zusammenschlüssen statt. Die Entscheidungen zeigen insbesondere nicht, dass die MOFCOM diagonale Zusammenschlüsse gegenüber horizontalen Zusammenschlüsse bevorzugt, obwohl sie aus wettbewerblicher Sicht weniger problematisch sind.

Die kodifizierten Regelungen behandeln horizontale und nichthorizontale Zusammenschlüsse grundsätzlich gleich. Die MOFCOM hat bislang bei etwa gleich vielen horizontalen wie nichthorizontalen Zusammenschlüssen wettbewerbliche Bedenken geäußert.[619] Dies ist vor dem Hintergrund des deutlich geringeren wettbewerblichen Risikos der nichthorizontalen Zusammenschlüsse ein deutliches Signal. Aufgrund des unterschiedlichen Prüfungsmaßstabs ist auch in Zukunft zu erwarten, dass die chinesische Fusionskontrolle nichthorizontale Zusammenschlüsse kritisch sehen könnte, die die Europäische Kommission als unkritisch einstuft.

3. Rechtfertigungsgründe

Sowohl die chinesische als auch die Europäische Fusionskontrolle sehen zunächst eine Prüfung der wettbewerblichen Auswirkungen des Zusammenschlusses vor.

Die Europäische Fusionskontrolle beläßt es bei dieser einstufigen Prüfung. Es erfolgt insgesamt eine Abwägung der positiven und negativen wettbewerblichen Auswirkungen des Zusammenschlusses. Kommt die Europäische Kommission zu dem Schluss, dass der Zusammenschluss den Wettbewerb behindert, ist der Zusammenschluss zwingend gem. Art. 2 Abs. 3 FKVO zu untersagen. Eine Rechtfertigungsmöglichkeit gibt es insoweit nicht.

---

618 Siehe Merck – AZ Electronic Materials, Tz. 4.1.
619 So auch *Ng*, Wendy, The Political Economy of Competition Law in China, S. 41.

Anders sieht es in der chinesischen Fusionskontrolle aus. Hier findet auf der ersten Stufe eine Auseinandersetzung mit den möglichen negativen Folgen des Zusammenschlusses (vor allem aber nicht nur) auf den Wettbewerb statt, während auf einer zweiten Stufe mögliche Rechtfertigungsgründe / Ausnahmetatbestände geprüft werden.

Die Unterscheidung zwischen ein- und zweistufiger Prüfung stellt einen wichtigen Unterschied zwischen beiden Rechtsordnungen dar.

Die einstufige Prüfung ist ein zentrales Merkmal der Europäischen Fusionskontrolle. Das Fehlen von Rechtfertigungsmöglichkeit wettbewerbswidriger Zusammenschlüsse ist ein klares Bekenntnis der Europäischen Fusionskontrolle zum Schutz des Wettbewerbsprozesses. Die Europäische Fusionskontrolle soll in diesem Sinne als vorbeugende Gefahrenabwehr eine wettbewerbsschädigende Veränderung der Marktstrukturen verhindern, die einen nachträglichen Missbrauch nach Art. 102 AEUV überhaupt erst ermöglicht.[620] Dies deckt sich auch mit der grundsätzlichen Zielrichtung der Europäischen Fusionskontrolle, die Fernziele der Art. 2 EGV nicht direkt zu schützen, sondern diese nur mittelbar über einen Schutz des unverfälschten Wettbewerbs zu berücksichtigen.[621]

In der chinesischen Fusionskontrolle hat sich der Gesetzgeber hingegen bewusst für eine zweistufige Prüfung entschieden.

Gemäß Art. 28 S. 1 AMG muss die MOFCOM einen Unternehmenszusammenschluss untersagen, wenn dieser möglicherweise eine wettbewerbsausschließende oder wettbewerbsbeschränkende Wirkung entfalten kann. Gemäß Art 28 S. 2 AMG gilt dies nicht, sofern (a) die beteiligten Unternehmen nachweisen können, dass die vorteilhafte Wirkung des Unternehmenszusammenschlusses auf dem Wettbewerb erkennbar die nachteilige Wirkung überwiegt, oder (b) der Unternehmenszusammenschluss im gesellschaftlichen öffentlichen Interesse liegt.[622] Hierbei handelt es sich um Ausnahmetatbestände bzw. Rechtfertigungsgründe.

Nachfolgend soll eine detaillierte Betrachtung des 1. und 2. Rechtfertigungstatbestands des Art. 28 S. 2 AMG vorgenommen werden.

---

620 *Mestmäcker*, Ernst-Joachim / *Schweitzer*, Heike, Europäisches Wettbewerbsrecht, S. 719.
621 Siehe oben E. I. 2. c. cc.
622 So auch § 13 Interim Assessment Provisions.

a) Überwiegend vorteilhafter Einfluss auf den Wettbewerb

Wie die Europäische Fusionskontrolle erkennt auch die chinesische Fusionskontrolle neben negativen Wirkungen positive Wirkungen von Unternehmenszusammenschlüssen auf den Wettbewerb an.

In der Europäischen Fusionskontrolle ist im Rahmen des SIEC-Tests eine umfassende Prüfung der Auswirkungen des Zusammenschlusses auf den Wettbewerb vorzunehmen. Bei der Bewertung der wettbewerblichen Auswirkungen eines Zusammenschlusses vergleicht die Europäische Kommission die Wettbewerbsbedingungen, die sich aus der angemeldeten Fusion ergeben mit den Bedingungen wie sie ohne den Zusammenschluss herrschen würden.[623] Dies beinhaltet insbesondere auch eine Auseinandersetzung mit den positiven und negativen Auswirkungen des Zusammenschlusses.

Auch die chinesische Fusionskontrolle sieht grundsätzlich eine umfassende Prüfung der Auswirkungen des Zusammenschlusses auf den Wettbewerb vor. Wie bei der europäischen Fusionskontrolle erfolgt hierbei eine Abwägung zwischen den positiven und negativen Auswirkungen des Zusammenschlusses. Allerdings erfolgt dies im Rahmen der chinesischen Fusionskontrolle nicht auf Ebene des Untersagungsgrunds im Rahmen des SIEC-Modells. In der chinesischen Fusionskontrolle wird Art. 28 S. 1 AMG vielmehr wörtlich verstanden. Der Zusammenschluss ist auf dieser Ebene lediglich auf eine ggf. vorliegende wettbewerbsausschließende oder wettbewerbsbeschränkende Möglichkeit hin zu untersuchen. Wird dies bejaht, ist der Zusammenschluss zu untersagen, sofern nicht ein Rechtfertigungsgrund gemäß Art. 28 S. 2 AMG eingreift.[624] Die Ausnahmeregelung des Art. 28 S. 2 AMG umfasst auch den Tatbestand, dass die vorteilhafte Wirkung des Unternehmenszusammenschlusses auf den Wettbewerb ausnahmsweise die nachteilige Wirkung überwiegt.

Eine solche vorteilhafte Wirkung kann etwa dadurch gegeben sein, dass durch den Zusammenschluss die Marktstruktur verbessert wird oder Unternehmen vor der Insolvenz bewahrt werden. Auch ein nachfrageseitiges Gegengewicht (*countervailing buyer power*) oder die Erzeugung hoher Effizienzen kann unter Umständen die nachteilige Wirkung des Zusammenschlusses auf den Wettbewerb beseitigen.

---

623 Tz. 9 der Horizontalen Leitlinie.
624 So auch § 13 Interim Assessment Provisions.

aa) Verbesserung der Marktstruktur

Durch einen Unternehmenszusammenschluss können positive Effekte auf die Marktstruktur eines relevanten Marktes erzielt werden und damit die Wettbewerbsbedingungen am Markt insgesamt verbessert werden. Dies ist beispielsweise dann der Fall, wenn durch den Unternehmenszusammenschluss ein Gegengewicht zu einem marktbeherrschenden Unternehmen geschaffen werden kann.[625]

Die chinesische Fusionskontrolle erkennt ähnlich wie die Europäische Fusionskontrolle eine Verbesserung der Marktstruktur als positiven Effekt auf den Wettbewerb an, der bei ausreichendem Gewicht und unter Berücksichtigung der Umstände im Einzelfall dazu führen kann, dass die positiven Effekte für den Wettbewerb die nachteiligen überwiegen.[626]

Die MOFCOM nimmt regelmäßig eine Abwägung mit möglichen positiven Wirkungen des Zusammenschlusses zur Verbesserung der Marktstruktur vor. In der Regel kommt die MOFCOM allerdings zum Schluss, dass die positiven Effekte auf den Wettbewerb die nachteiligen Effekte nicht ausgleichen, sondern lediglich abschwächen.[627]

bb) Insolvenzeinwand

Horizontale Zusammenschlüsse sind aus wettbewerblicher Sicht besonders problematisch, da ein Wettbewerber auf einem relevanten Markt durch den Unternehmenszusammenschluss wegfällt.[628] Dieses grundsätzlich wettbewerbsbeschränkende Ereignis verliert jedoch an Brisanz, wenn ein Wettbewerber auch ohne den Unternehmenszusammenschluss, etwa in Folge einer Insolvenz, vom Markt verschwindet (sog. Insolvenzeinwand). Durch die Untersagung des geplanten Unternehmenszusammenschlusses könnte somit ein Wegfall eines Wettbewerbers ohnehin nicht abgewendet werden. In diesem Fall hat der Zusammenschluss folglich keinen negativen Effekt. Er könnte

---

625 *Masseli*, Markus, Handbuch der chinesischen Fusionskontrolle, S. 173; *Zhou*, Xiao, Eine Studie über den Insolvenzeinwand in der Antimonopolprüfung der Zusammenschlusskontrolle, aufrufbar unter: http://cdmd.cnki.com.cn/Article/CDMD -10285-1014298442.htm.

626 *Wang*, Xiaoye, Die zentralisierte Kontrolle von Zusammenschlüssen im Rahmen des chinesischen AMG: Errungenschaften und Herausforderungen, Law Review, 2017, Vol. 2, S. 24 ff.

627 Siehe z.B. MediaTek – MStar Semiconductor, Tz. 2.7.

628 *Feng*, Jiang, Law Practice of Chinas Antitrust of Merger and Acquisition, The review of Shenzhen Lawyers, S. 200 ff.

vielmehr sogar positive Effekte haben, wie beispielsweise die Erhaltung von Technologien und Vermögenswerten auf dem relevanten Markt. Aus diesem Grund berücksichtigt die Europäische Fusionskontrolle den Insolvenzeinwand.[629] Dieser findet auch im Rahmen der chinesische Fusionskontrolle Berücksichtigung.[630] In §12 Interim Assessment Provisions ist er sogar ausdrücklich als zusätzliches Kriterium genannt, dass bei der Prüfung eines Unternehmenszusammenschlusses berücksichtigt werden soll.[631] Unter Berücksichtigung der Umstände im Einzelfall könnte der Insolvenzeinwand dazu führen, dass ein Unternehmenszusammenschluss, der möglicherweise den Wettbewerb beeinträchtigt, dennoch nicht untersagt werden muss.

Ob darüber hinaus ein erweiterter Insolvenzeinwand auf Sachverhalte greift, bei denen das übernommene Unternehmen zwar nicht zahlungsunfähig ist, aber dennoch nicht in der Lage ist, wirksam als Wettbewerber auf dem Markt aufzutreten, ist in der chinesischen Fusionskontrolle nicht geregelt. Aufgrund der Tatsache, dass die MOFCOM bei der Überprüfung der Zusammenschlüsse im Einzelfall einen sehr weiten Ermessensspielraum hat und ggf. auch gem. Art. 27 AMG beliebige andere Kriterien berücksichtigen kann, ist es im Einzelfall aber nicht ausgeschlossen, dass dieser Fall durchaus Berücksichtigung finden kann.[632]

Bislang hat sich die MOFCOM in den veröffentlichten Entscheidungen weder mit einem Insolvenzeinwand noch mit einer entsprechenden Anwendung des Insolvenzeinwandes auseinandergesetzt.

---

629 Siehe oben C.III.2.e).
630 *Shao*, Jiandong / *Fang*, Xiaomin, Wettbewerbsrecht, S. 302; *Cao* Kangtai, Erläuterungen zum Antimonopolgesetz der Volksrepublik China – Begriffe, System, Struktur, Maßnahmen, S. 144 ff.; *Ma*, Yongting Diskussion zur Unzulänglichkeit und Perfektion der Vorschriften betreffend die Fusionskontrolle im Antimonopolgesetzes, Legal System and Society 2009, Heft 3, S. 128; *Chen*, Zhaoxia, Probleme der europäischen Fusionskontrolle nach der Reform der FKVO, S. 371; *Shi*, Jiansan, Gedanken über die Vervollkommnung des Einwands-Systems bei der materiellen Prüfung von Unternehmenszusammenschlüssen in China, Legal Science Monthly 2009 Heft 12, S. 102 (104 ff.); *Shang*, Ming / *Huang*, Yong / *Dong*, Ling / *Li*, Huiying / *Liu*, Dongping, Forschung über das relevante chinesische Rechtssystem für die Antimonopolprüfung von Unternehmensfusionen und –übernahmen, S. 153 ff.
631 Leider ist unklar, wo die zusätzlichen Kriterien nach §12 Interim Assessment Provisions zu prüfen sind. Dazu oben in D.III.2.a.ff.
632 *Feng*, Jiang, Law Practice of Chinas Antitrust of Merger and Acquisition, The Review of Shenzhen Lawyers, S. 204.

cc) Countervailing Buyer Power

Unter Umständen kann eine Nachfragemacht der Abnehmer eine Markt-position der am Unternehmenszusammenschluss beteiligten Unternehmen beeinflussen. Besteht ein solches Gegengewicht auf Nachfrageseite (*countervailing powers*), ist es unwahrscheinlich, dass die Unternehmen ihre durch den Zusammenschluss gewonnene verbesserte Marktposition missbrauchen. Auf diese Weise kann die Nachfragemacht die negativen Folgen des Zusammen-schlusses auf den Wettbewerb ausbalancieren, da sie ggf. Preissteigerungen des fusionierten Unternehmens unterbinden kann.

In der Praxis der Europäischen Fusionskontrolle erkennt die Europäische Kommission eine ausgleichende Einflussmöglichkeit einer Nachfragemacht an.[633] In ihren Entscheidungen prüft sie insbesondere, ob das Verhältnis zwi-schen Käufer und Verkäufer ausgeglichen ist und ob eine evtl. bestehende Nachfragemacht ausreicht, um eine wirksame Behinderung des Wettbewerbs wirksam zu unterbinden. Hierbei spielt insbesondere die Wechselmöglich-keit des Nachfragers sowie seine Einflussmöglichkeit auf die Preisgestaltung eine entscheidende Rolle.[634] Im Fall *Alcatel/Telettra*[635] hat die Europäische Kommission z.B. den Zusammenschluss trotz Marktanteilen von bis zu 80 % freigegeben, da der monopolistische Nachfrager Telefónica laut der Europäi-schen Kommission die Möglichkeit habe die Käufe von anderen Anbietern zu steigern und damit einer Abhängigkeit entgegenzuwirken.[636]

Auch in der Praxis der chinesischen Fusionskontrolle beschäftigt sich die MOFCOM regelmäßig mit der Frage eines möglichen Gegengewichts auf der Nachfrageseite.[637] Allerdings reicht der MOFCOM eine Nachfragemacht alleine üblicherweise nicht für die Annahme aus, dass damit die negativen Folgen des Zusammenschlusses ausgeschlossen sind.[638] Dies hängt mit dem Annahme der MOFCOM zusammen, dass mit dem Zusammenschluss und der dadurch bedingten Verringerung des Wettbewerbers in jedem Fall eine

---

633 Tz. 64-67 der Horizontalen Leitlinie.

634 *Europäische Kommission*, Entscheidung vom 25.11.1998, ABl 1999 Nr. L 254/9, „Enso/Stora", Tz. 84-97; Entscheidung vom 17.11.2010, COMP/M.5658, „Unilever/Sara Lee", Tz. 199 ff. Siehe auch *Körber*, Thorsten, in Immenga/Mestmäcker, EU-Wettbewerbs-recht, Art. 2 FKVO, Tz. 314 f.

635 *Europäische Kommission*, Entscheidung vom 12.4.1991, WuW/E EV 1616, „Alcatel/Telettra".

636 Alcatel/Telettra, Tz. 38.

637 So etwa in Panasonic – Sanyo, Seagate – Samsung, Marubeni – Gavilon, Agrium - Potash.

638 So z.B. in Panasonic – Sanyo, Tz. 4.1.

Schwächung der Verhandlungsmacht des Nachfragers eintreten wird,[639] auch wenn er zuvor über eine besondere Verhandlungsmacht verfügt hatte.[640] Zudem rügt die MOFCOM, dass insbesondere kleinere Nachfrager und neue Nachfrager Preissteigerungen des fusionierten Unternehmens nicht in gleichem Maße abwehren können.[641]

Auch im Rahmen der Europäischen Fusionskontrolle geht die Europäische Kommission davon aus, dass Nachfragemacht nicht in ausreichendem Maße potenzielle nachteilige Wirkungen eines Zusammenschlusses ausgleicht, wenn sie lediglich gewährleistet, dass ein bestimmtes Kundensegment mit besonderer Verhandlungsstärke nach dem Zusammenschluss vor wesentlich höheren Preisen oder verschlechterten Konditionen abgeschirmt wird. Außerdem reicht es nicht aus, wenn Nachfragemacht vor dem Zusammenschluss besteht, sie muss auch nach der Fusion fortbestehen und wirksam bleiben. Ein Zusammenschluss zwischen zwei Anbietern kann nämlich die Nachfragemacht schwächen, wenn dadurch eine glaubwürdige Alternative wegfällt.[642]

Dennoch geht die Europäische Kommission nicht soweit zu sagen, dass ein Zusammenschluss in jedem Fall die Verhandlungsposition des Nachfragers schwächt. Damit lässt sich auch erklären, warum die MOFCOM bislang in keinem Fall angenommen hat, dass Nachfragemacht zum Ausgleich der wettbewerblichen Bedenken ausreichte, während die Europäische Kommission dies durchaus im Einzelfall angenommen hat.[643]

Die zurückhaltende Haltung der MOFCOM gegenüber einer Annahme der Nachfragemacht hängt offenbar auch mit der in der Literatur verbreiteten Ansicht zusammen, chinesische Verbraucher/Nachfrager seien aufgrund der politischen und wirtschaftlichen Struktur des Landes und des damit verbundenen Nachholbedarfs im Vergleich zu Verbrauchern/Nachfragern anderer Rechtsordnungen besonders schutzbedürftig.[644] Aus diesem Grund wird befürwortet, dass die chinesische Fusionskontrolle insoweit einen besonderen Schutz der chinesischen Verbraucher/Nachfrager gewährleisten müsse.

---

639 Siehe Agrium - Potash Tz.4.2
640 *Wang*, Xiaoru / *Li*, Weiye, Wirtschaftliche Analyse von Horizontalen Übernahmen: Relevanter Markt, Marktkonzentration und GUPPI, in: Wang, Xiaoye, Abgrenzung des relevanten Marktes im Rahmen des AMG, S.71 (74).
641 Panasonic – Sanyo, Tz. 4.1.
642 Tz. 67 der Horizontalen Leitlinie.
643 Siehe oben C.III.2.d)bb)(1)(b).
644 *Zheng*, Pengcheng, Interessenkampf und Grundprinzipien im Rahmen der Abgrenzung des relevanten Marktes in: Wang, Xiaoye, Abgrenzung des relevanten Marktes im Rahmen des AMG, S.97.

Insgesamt ist die Annahme einer ausgleichenden Nachfragemacht durch die MOFCOM damit restriktiver als im Rahmen der Europäischen Fusionskontrolle.

dd) Effizienzgewinne

Sowohl die chinesische als auch die Europäische Fusionskontrolle sehen eine Berücksichtigung von Effizienzgewinnen grundsätzlich vor.[645]

Durch einen Unternehmenszusammenschluss können Effizienzvorteile wie z.B. Kosteneinsparungen durch Rationalisierung, Skalenerträge, Synergien etc. verwirklicht werden. Diese führen in der einzelwirtschaftlichen Betrachtung aus Sicht der beteiligten Unternehmen der Regel zu einer Erhöhung der Produzentenrente, unter Umständen können die einzelwirtschaftliche Effizienzen jedoch auch eine darüber hinaus gehende gesamtwirtschaftliche Wirkung[646] entfalten. Dies ist dann der Fall, wenn es z.B. zu einer Preissenkung des Produkts oder einer technischen Erneuerung kommt.

Der Wettbewerb und die gesamtwirtschaftliche Effizienz sind im Grunde „zwei Seiten derselben Medaille".[647] In einem marktwirtschaftlichen System wird der Wettbewerb als Mechanismus verstanden, der zu einer Maximierung der gesamtwirtschaftlichen Effizienz führen soll. Mit anderen Worten wird die gesamtwirtschaftliche Effizienz als Ergebnis eines freien Wettbewerbs verstanden.

Für die Wettbewerbspolitik und mit ihr die regulatorische Gesetzgebung stellt sich indes die Frage, von welcher Seite der Medaille man Unternehmenszusammenschlüsse beurteilt.[648] Konkret geht es darum, ob man den Wettbewerbsprozess als Mechanismus oder die Wettbewerbsergebnisse, also die gesamtwirtschaftliche Effizienz schützt. Bei diesem Henne-Ei-Problem ist zu beachten, dass die Entscheidung für ein Wirtschaftskonzept[649] erhebliche Auswirkung auf die Fusionskontrolle hat.

Soll vor allem der Wettbewerb als System geschützt werden, basiert dies auf dem Vertrauen darauf, dass nur die regulierende Wirkung des Wettbe-

---

645 Siehe oben C.III.2.f)cc) bzw. D.III.2.c)bb)(2).

646 Sog. gesamtwirtschaftliche Effizienz.

647 *Hoppmann*, Erich, Fusionskontrolle, 1972, S. 18.

648 *Scholz*, Rupert, Konzentrationskontrolle und Grundgesetz, S. 12 f.

649 Zu den Wirtschaftskonzepten: *Böge*, Ulf / *Jakobi*, Wolfgang, Berücksichtigung von Effizienzen in der Fusionskontrolle, BB 2005, S. 113 (113 ff.); *Emmerich*, Volker, Kartellrecht, S. 2 ff.; *Möschel*, Wernhard, Juristisches versus ökonomisches Verständnis eines Rechts der Wettbewerbsbeschränkung, in: Die Wende in der Europäischen Wettbewerbspolitik, Referate des XXXVI. FIW-Symposions, 2004, S. 55 (63 ff.).

werbsprozesses an sich zu optimalen Wirtschaftsergebnissen führt. Die Wettbewerbspolitik muss folglich allein die Voraussetzungen des Wettbewerbs schaffen und bewahren. Das Ziel der Fusionskontrolle besteht in diesem Fall darin, die relevanten Märkte offenzuhalten und erhebliche Behinderungen des Wettbewerbs abzuwehren.[650] Eine Analyse der Folgen eines Zusammenschlusses auf die Wettbewerbsbedingungen ist daher ausreichend. Eine separate Beschäftigung mit der Frage der Auswirkungen des Zusammenschlusses auf das Wettbewerbsergebnis ist bei einem solchen strukturorientierten Ansatz nicht notwendig. Folglich können Effizienzgewinne auch nicht dazu führen, dass ein Zusammenschluss gerechtfertigt wird, der den Wettbewerb erheblich behindert.

Bei dem anderen Konzept wird der Wettbewerb als Mittel zum Zweck (gesamtwirtschaftliche Effizienz) degradiert und genießt daher einen weniger ausgeprägten Schutz. Verfolgt man diesen Ansatz, ist eine ausgeprägte Analyse der Effizienzvorteile eines Zusammenschlusses gegenüber eventuellen nachteiligen Effekten auf den Wettbewerb unumgänglich. Da es vor allem um den Schutz eines gesamtwirtschaftlichen Nutzens geht, ist es konsequenterweise denkbar, auch Unternehmenszusammenschlüsse im Rahmen der Fusionskontrolle freizugeben, die einen erheblich behindernden Einfluss auf den Wettbewerb haben oder diesen sogar ausschließen, wenn nur der vorausgesagte gesamtwirtschaftliche Nutzen groß genug ist.

Wie oben dargestellt tendiert die Europäische Fusionskontrolle von ihrer Ausrichtung her eher zum ersten, während die chinesische Fusionskontrolle eher dem zweiten Konzept folgt.[651] Trotzdem beschäftigen sich beide Rechtsordnungen mit der Frage der Berücksichtigung von Effizienzen in der fusionsrechtlichen Prüfung. Dies ist vor allem für die Europäische Fusionskontrolle bemerkenswert, die traditionell einen strukturorientierten Ansatz verfolgt. Dieser wurde allerdings im Rahmen der neuen Rechtslage unter der VO 139/2004 aufgeweicht, sodass nunmehr auch eine Berücksichtigung von Effizienzen ermöglicht wird.[652]Um die Ergebnisse einer strukturorientierten Prüfung nicht zu gefährden, stellt die Europäische Fusionskontrolle aber hohe Hürden an die Voraussetzungen und Nachweisbarkeit zur Berücksichtigung von Effizienzen. Auch die Entscheidungspraxis der Europäischen Kommission zeigt eine zurückhaltende Haltung in Bezug auf die Berücksichtigung von Effizienzen. Dies spricht insgesamt dafür, dass der Schutz des Wettbewerbs als Prozess nach wie vor im Mittelpunkt der Europäischen Fusionskontrolle steht.

---

650 *Klumpp*, Ulrich, Die „Efficiency Defence" in der Fusionskontrolle, S. 41.
651 Siehe oben C.III.2.a); D.III.2.c)cc).
652 Siehe oben C.III.2.f)cc).

Die chinesische Fusionskontrolle ist im Vergleich zur Europäischen deutlich ergebnisorientierter. Eine Berücksichtigung von Effizienzen, die möglicherweise gesamtwirtschaftliche Auswirkungen haben, steht vor diesem Hintergrund anders als bei der Europäischen Fusionskontrolle nicht im Widerspruch zu der generellen Ausrichtung der chinesischen Fusionskontrolle.

Gemäß § 12 Interim Assessment Provisions soll die wirtschaftliche Effizienz als mögliche positive Auswirkung des Zusammenschlusses im Rahmen der chinesischen Fusionskontrolle berücksichtigt werden.[653] Der Begriff wirtschaftliche Effizienz wird in den Interim Assessment Provisions auch in § 9 S. 1 und § 11 S. 1 genannt. In § 9 S. 1 Interim Assessment Provisions heißt es: „Ein Unternehmenszusammenschluss kann die wirtschaftliche Effizienz steigern [...], und sich damit positiv auf die Interessen des Verbrauchers auswirken". In § 11 S. 1 Interim Assessment Provisions heißt es: „Unternehmenszusammenschlüsse sind förderlich für eine Erweiterung des Geschäftsumfangs und die Intensivierung des Wettbewerbs, damit erhöhen sie die wirtschaftliche Effizienz und beschleunigen die volkswirtschaftliche Entwicklung". Während in § 9 S. 1 Interim Assessment Provisions ein eindeutiger Bezug zu Verbraucherinteressen hergestellt wird, fehlt dieser Bezug in § 11 S. 1 Interim Assessment Provisions. Dies lässt darauf schließen, dass der Effizienzeinwand im Rahmen der chinesischen Fusionskontrolle anders als im Rahmen der Europäischen Fusionskontrolle auch dann berücksichtigt werden kann, wenn die Effizienzgewinne nicht unmittelbar an Verbraucher weitergegeben werden.

Die zweifache Nennung der Effizienz mit jeweils unterschiedlichen Anknüpfungen zeigt, dass die chinesische Fusionskontrolle den Effizienzeinwand sehr weit versteht. Damit zeigt die chinesische Fusionskontrolle, dass sie im Gegensatz zur Europäischen Fusionskontrolle, nicht allein das Wohl des Verbrauchers als Maßstab heranzieht, sondern eine gesamtwirtschaftliche Betrachtung vornimmt. Dabei sind neben den Interessen des Verbrauchers auch die Interessen der inländischen Unternehmen mit zu berücksichtigen.[654] Mit anderen Worten: Während die Europäische Betrachtung eher zu einem „*consumer surplus*" tendiert, tendiert die chinesische Fusionskontrolle eher zu einer Orientierung am „*total welfare*".[655]

---

653 Zur Analyse des Effizienzeinwands in der chinesischen Fusionskontrolle siehe auch *Masseli*, Markus, Die chinesische Fusionskontrolle im Lichte der ersten Nebenbestimmungen zum Antimonopolgesetz, ZChinR 2009, S. 18 (33 ff.).

654 *Sokol*, D. Daniel, Merger Control under China's Anti-Monopoly law, New York University, Journal of law & business 2013, Vol. 10, No. 1, S. 19.

655 Zu den beiden Standards siehe z.B. *Neven*, Damien J./ *Röller*, Lars-Hendrik, Cosumer Surplus vs. Welfare Standard in a Political Economy Model of Merger Control, S. 4 ff.

Während eine Orientierung am *„consumer surplus"* alle Unternehmen gleichermaßen betrifft, geht eine Orientierung am *„total welfare"* konzeptionell unweigerlich mit einer Diskriminierung von ausländischen Unternehmen einher.[656] Somit ist es unwahrscheinlich, dass der Effizienzeinwand im Rahmen der chinesischen Fusionskontrolle auch von ausländischen Unternehmen gleichermaßen geltend gemacht werden kann.[657] Ein Indiz hierfür liefert der Wortlaut des § 11 S. 1 Interim Assessment Provision. Die Anknüpfung an die volkswirtschaftliche Entwicklung lässt darauf schließen, dass Effizienzgewinne der beteiligten Unternehmen nicht schon an sich schützenswert sind, sondern wohl nur dann, wenn sie die „volkswirtschaftliche Entwicklung" beschleunigen. Zusammenschlüsse unter ausländischer Beteiligung erfüllen diese Voraussetzung sinngemäß nicht.[658] Es ist schwer vorstellbar, dass z.B. bei der Übernahme eines chinesischen Unternehmens durch einen ausländischen Investor die volkswirtschaftliche Entwicklung beschleunigt wird, selbst wenn durch den Zusammenschluss seitens beider Unternehmen enorme Effizienzgewinne erwirtschaftet werden können.

Vor dem Hintergrund, dass eine Berücksichtigung der Effizienzgewinne für die chinesische Fusionskontrolle aufgrund ihrer Ausrichtung logisch erscheint, beschäftigt sich die MOFCOM bemerkenswert wenig mit diesem Kriterium. Bisher hat die MOFCOM zumindest in ihren veröffentlichten Entscheidungen nicht zu erkennen gegeben, dass sie sich ausgiebig mit Effizienzerwägungen und einer damit verbundenen wettbewerblichen Abwägung auseinander gesetzt hat.[659]

Dies heißt das bei der Intransparenz der Entscheidungsfindung der MOFCOM allerdings nicht besonders viel. Die MOFCOM veröffentlicht nur solche Entscheidungen, die sie aus wettbewerblicher Sicht als problematisch erachtet und deshalb nicht uneingeschränkt freigibt. Sollte aber der Rechtfertigungsgrund tatsächlich greifen, wäre der Zusammenschluss damit freizugeben. Eine solche Entscheidung müsste die MOFCOM aber nicht veröffentlichen. Ob die MOFCOM daher bei der weitaus größeren Anzahl von

---

Christiansen, Arndt, Der „More Economic Approach" in der EU-Fusionskontrolle, S. 334 ff; *Roth*, David, Der „ebenso effiziente Wettbewerber", S. 74 ff.

656 *Sokol*, D. Daniel, Merger Control Under China's Anti-Monopoly Law, New York University, Journal of Law & Business 2013, Vol. 10, No. 1, S. 19.

657 *Masseli*, Markus, Handbuch der chinesischen Fusionskontrolle, S. 178.

658 *Masseli*, Markus, Handbuch der chinesischen Fusionskontrolle, S. 178.

659 *Wang*, Xiaoru / *Li*, Weiye, Wirtschaftliche Analyse von Horizontalen Übernahmen: Relevanter Markt, Marktkonzentration und GUPPI, in: Wang, Xiaoye, Abgrenzung des relevanten Marktes im Rahmen des AMG, S. 71 (81); So auch *Weinrich-Zhao*, Tingting, Chinese Merger Control Law, S. 260.

Zusammenschlüssen, die sie als unproblematisch einstuft, Effizienzerwägungen berücksichtigt hat, bleibt damit unklar.

b) Gesellschaftliches öffentliches Interesse

Anders als im Rahmen der Europäischen Fusionskontrolle ist es in der chinesischen Fusionskontrolle möglich, einen wettbewerbswidrigen Zusammenschluss aufgrund des gesellschaftlichen öffentlichen Interesses zu rechtfertigen. Dies geht aus dem Wortlaut des Art 28 S. 2 Alt. 2 AMG hervor.[660]

Das Merkmal des gesellschaftlichen öffentlichen Interesses ist sehr weit zu verstehen und enthält vor allem Faktoren, die keinen wettbewerblichen Bezug haben. Teilweise wird dieser Vorschrift eine Ähnlichkeit mit der deutschen Ministererlaubnis nach § 42 GWB nachgesagt.[661] Anders als bei der Ministererlaubnis entscheidet aber die für die Fusionskontrolle zuständige Behörde über das Vorliegen einer Ausnahme. Zudem fehlt eine klare Trennung zwischen wettbewerblicher und nichtwettbewerblicher Prüfung im Rahmen der chinesischen Fusionskontrolle.[662]

Gerade vor diesem Hintergrund ist es nicht verwunderlich, dass diesem Ausnahmetatbestand Argwohn und Kritik entgegengebracht wird.[663] Häufig wird kritisiert, dass dieser Rechtfertigungstatbestand ein potentielles Einfallstor für Industriepolitik sei.[664]

In den veröffentlichten Entscheidungen hat sich die MOFCOM bislang nicht mit diesem Rechtfertigungstatbestand beschäftigt. Dies ist auch konsequent, wenn man bedenkt, dass die MOFCOM vollumfänglich freigebende

---

660 So auch § 13 Interim Assessment Provisions.

661 *Mao*, Xiaofei / *Glass*, Tobias, Das chinesische Antimonopolgesetz im Lichte des deutschen Kartellrechts, ZWeR 2008, S. 88 (103).

662 *Mao*, Xiaofei, Die aktuelle kartellrechtliche Entwicklung in der Volksrepublik China, GRUR Int. 2007, S. 576 (579).

663 *Mao*, Xiaofei / *Glass*, Tobias, Das neue Antimonopolgesetz der Volksrepublik China, GRUR Int. 2008, S. 105 (109); *Zhou*, Xiao, Eine Studie über den Insolvenzeinwand in der Antimonopolprüfung der Zusammenschlusskontrolle, aufrufbar unter: http://cdmd.cnki.com.cn/Article/CDMD-10285-1014298442.htm, S. 26.

664 *Masseli*, Markus, Handbuch der chinesischen Fusionskontrolle, S. 180; *Shang*, Ming, Antimonopolgesetz der Volksrepublik China, Verstehen und Anwenden, S 243; *Weinrich-Zhao*, Tingting, Chinese Merger Control Law, S. 343 ff.; *Wu*, Lifen, Anti-Monopoly, National Security and Industrial Policy: Merger Control in China, World Competition 2010, Vol. 33, S. 477 (493); *Liu*, Xiliang, Eine Studie über M&A Aktivitäten grenzüberschreitender Unternehmen in China und die staatlichen Regulierungen, 2010, S. 36, aufrufbar unter: http://cdmd.cnki.com.cn/Article/CDMD-10532-2010237899.htm.

Entscheidungen gerade nicht veröffentlicht. Sollte allerdings ein Rechtfertigungsgrund nach Art. 28 S. 2. Alt. 2 AMG greifen, wäre zu vermuten, dass der geplante Unternehmenszusammenschluss vollumfänglich genehmigt wird.[665] Möglicherweise könnte die MOFCOM solche Überlegungen zum Beispiel bei der vollumfänglichen Freigabe der Übernahme Hundsun Technologies Inc. durch Ma Yun, den Gründer von Alibaba, herangezogen haben. Im Rahmen dieser Übernahme wurden eklatant nachteilige Wirkungen auf die Struktur des relevanten Marktes befürchtet, sodass eine vollumfängliche Freigabe zumindest aus wettbewerblichen Gründen nicht nachvollziehbar erschien.[666]

Doch selbst die reine Möglichkeit der MOFCOM zur Rechtfertigung eines wettbewerbswidrigen Zusammenschlusses stellt einen wesentlichen Unterschied zur Europäischen Fusionskontrolle dar. Sie zeugt von einer grundsätzlich verschiedenen Ausrichtung der Fusionskontrolle in beiden Rechtsordnungen.

Die Europäische Fusionskontrolle dient traditionell dem Schutz der Marktstrukturen, um einen unverfälschten Wettbewerbsprozess zu gewährleisten. Dieser strukturellorientierte Ansatz wurde durch die Reform 2004 zwar aufgeweicht, an der generellen wettbewerblich orientierten Ausrichtung ändert sich hierdurch allerdings nichts.[667] Nichtwettbewerbliche Faktoren spielen in der Europäischen Fusionskontrolle grundsätzlich keine Rolle.[668] Darüber, dass industriepolitische Erwägungen mittelbar über außenpolitischen oder innerpolitischen Druck die Entscheidung der Europäischen Kommission beeinflusst haben, lässt sich zwar spekulieren aber nicht belegen.[669]

Die chinesische Fusionskontrolle ist hingegen bereits von der gesetzgeberischen Intention her so konzipiert, dass neben dem Wettbewerb auch Gemeinwohlinteressen von der fusionskontrollrechtlichen Prüfung direkt

---

665 Die mangelnde Veröffentlichung der freigebenden Entscheidungen ist insbesondere hilfreich für die MOFCOM, da sie so nicht offenlegen muss, dass die Entscheidung ggf. auf industriepolitischen statt auf wettbewerblichen Erwägungen beruht. So auch *Masseli*, Markus, Die chinesische Fusionskontrolle im Lichte der ersten Nebenbestimmungen zum Antimonopolgesetz, ZChinR 2009, S. 18 (30).

666 Siehe hierzu *Liu*, Xu, Sechs Fragen im Zusammenhang mit der vollumfänglich freigebenden Entscheidung der MOFCOM im Fall der Übernahme von Hundsun Technologies durch Ma Yun, Tongji Intellectual Property and Competition Law Research Center, aufrufbar unter http://ipcenter.tongji.edu.cn/_upload/article/files/ac/51/185c65834ff496f64bef5282e452/e9aa06ea-e67b-463b-9ce0-a652ed428d90.pdf.

667 Siehe oben D.III.2.c).

668 Siehe oben D.III.2.c)cc).

669 Zu diesem Schluss kommt auch *Mische*, Harald, Nicht-wettbewerbliche Faktoren in der europäischen Fusionskontrolle, S. 325.

berücksichtigt werden sollen. Dies zeigt, dass dem Wettbewerbsschutz in der chinesischen Fusionskontrolle kein vergleichbar hoher Stellenwert zukommt wie im Rahmen der Europäischen Fusionskontrolle.[670] Vor dem kommunistischen Hintergrund Chinas, in der die Wirtschaft planwirtschaftliche Züge aufweist, ist dies nachvollziehbar. Immer noch steht die Industriepolitik im Mittelpunkt der chinesischen Wirtschaftsordnung. Der Wettbewerb als treibende Kraft im marktwirtschaftlichen System wird lediglich als Mittel zum Zweck gesehen. Der Zweck besteht hierbei in der Erfüllung von öffentlichen bzw. gesellschaftlichen Interessen, zu denen in China auch die Industriepolitik zählt.

Industriepolitik wird in China vor allem als wirtschaftspolitische Maßnahme hinsichtlich einzelner Industriezweige verstanden, um durch Umstrukturierung und Unterstützung selbiger diverse gesellschaftliche Ziele zu erreichen.[671] Zu diesen Zielen gehören unter anderem die wirtschaftliche Stabilität und das Wirtschaftswachstum, die Erhöhung der internationalen Wettbewerbsfähigkeit chinesischer Unternehmen sowie die Verbesserung und der Schutz der Umwelt. Zur Erreichung dieser gesamtgesellschaftlichen Ziele gibt der chinesische Staat wiederum konkrete industriepolitische Zielvorgaben und Schwerpunkte für die Entwicklung der Wirtschaft vor, wie z.B. im Rahmen der Fünf-Jahrespläne.[672] Zur Umsetzung dieser Planungen wird der Staat selbst auf dem Markt aktiv.[673]

Aufgrund der grundsätzlich anderen Zielvorgaben kann es aber sein, dass sich Industriepolitik einerseits und Wettbewerbsschutz andererseits im Einzelfall widersprechen.[674] Ein Beispiel eines solchen Konflikts lässt sich anhand der staatlichen Industriepolitik in der Stahlindustrie illustrieren. Um die internationale Wettbewerbsfähigkeit der heimischen Stahlindustrie zu steigern, sah die Industriepolitik eine Konzernierung der überwiegend staatlichen Unternehmen auf diesem Sektor vor.[675] Zusammenschlüsse der staatlichen

---

670 Siehe auch oben D.III.2.cc)(4).

671 *Zhang*, Wei, Untersuchung des Antimonopolprüfungssystems im Rahmen der M&A Tätigkeiten von Unternehmen, S. 44.

672 In den Fünf-Jahresplänen legt der chinesische Staat die Schwerpunkte der wirtschaftlichen Entwicklung für jeweils fünf Jahre fest.

673 *Wang*, Xianlin, Überlegungen zur Industriepolitik, China Legal Science 2003, Vol. 3., S. 112 ff.

674 *Liu*, Guiqing, Strategische Integration von SOEs unter der Strategie des *"Go outs"* und Wettbewerbsprüfung: Herausforderungen und Antworten, Science of Law (Journal of Northwest University of Political Science and Law) 2017, Vol. 3, S. 133 ff.

675 Siehe Plan zur Umstrukturierung und Erneuerung der Stahlindustrie (钢铁产业调整和振兴规划), aufrufbar unter http://www.gov.cn/zwgk/2009-03/20/content_1264318 .htm. Für eine ausführliche Analyse siehe: *Li*, Miao / *Qi*, Hongli, Erste Gedanken

Stahlkonzerne wurden gefördert und teilweise sogar vorgeschrieben.[676] Dies ist jedoch aus wettbewerbsrechtlicher Sicht bedenklich, da mit der Konzernierung Wettbewerber am Markt verschwinden und der Wettbewerbsdruck nachlässt. Dies schadet auf lange Sicht wiederum den Verbrauchern. Industriepolitik als Teil des von Art. 1 AMG geschütztem öffentlichen Interesse befindet sich in diesem Fall in einem Zielkonflikt zu dem von Art. 1 AMG ebenfalls vorgeschriebenen Schutz des Wettbewerbs.[677] Dass ein solcher Zielkonflikt zugunsten der Industriepolitik aufgelöst wird, zeigt beispielsweise der Zusammenschluss zwischen Rizhao Steel Group und Shandong Steel Group im Jahre 2009. Gerade diesem Zusammenschluss wurden erhebliche wettbewerbsschädigende Wirkungen auf dem Stahlmarkt nachgesagt.[678] Zwar musste die MOFCOM den Fall nicht entscheiden, da dieser Unternehmenszusammenschluss erst gar nicht angemeldet wurde. Die Tatsache aber, dass die MOFCOM die Nichtanmeldung nicht sanktionierte und auch sonst keine wettbewerblichen Bedenken gegen den Zusammenschluss äußerte, spricht stark für eine Auflösung des Zielkonflikts zugunsten der Industriepolitik.

Die Rechtfertigungsmöglichkeit aufgrund öffentlichen Interesses begünstigt auch protektionistische Maßnahmen. Die Steigerung der internationalen Wettbewerbsfähigkeit von inländischen Unternehmen war ein wichtiges Anliegen in der Entstehungsgeschichte des AMG. Dies lässt wiederum daran zweifeln, dass ausländische Unternehmen von diesem Rechtsfertigungsgrund gleichermaßen profitieren können. Der Kauf eines chinesischen Unternehmens durch ein ausländisches Unternehmen etwa ist erkennbar nicht in der Lage die internationale Wettbewerbsfähigkeit von chinesischen Unternehmen zu erhöhen. Die Vorschrift hat somit einen subtilen, diskriminierenden Charakter gegenüber ausländischen Unternehmen.[679]

---

zum "Plan zur Umstrukturierung und Erneuerung der Stahlindustrie" aus Sicht des AMG, Business China 2012, Vol. 2, S. 295 ff.; *Shi*, Xiaofang, Erste Gedanken zum Plan zur Umstrukturierung und Erneuerung der Stahlindustrie, World Economic Outlook 2010, Vol. 2, S. 87 ff.

676 *Feng*, Jiang, Law Practice of Chinas Antitrust of Merger and Acquisition, The Review of Shenzhen Lawyers, S. 176 f.

677 *Liu*, Guiqing, Die Verteidigungsmöglichkeit aufgrund von öffentlichen Interessen im Rahmen der Fusionskontrolle: Gewählter Weg und Konstruktion des Systems, Tribune of Political Science and Law 2016, Vol. 34, Nr. 5, S. 125 ff.

678 *Weinrich-Zhao*, Tingting, Chinese Merger Control Law, S. 344 f.

679 Hierzu siehe auch *Bush*, Nathan, It Takes More than a Law, China Business Review 2005, 32 (3), S. 30; *Furse*, Mark, Merger Control in China: The First Year of Enforcement, E.C.L.R. 2010, Vol. 31, No. 3, S. 98 (100); *Meyer*, Peter / *Chen*, Zhaoxia, Fusions-

Einen ähnlich protektionistischen Ansatz verfolgt die Europäische Fusionskontrolle nicht. Dieser ist aus europäischer Sicht problematisch, da er die Autorität der Fusionskontrolle schmälert und den Eindruck einer Gleichbehandlung von Sachverhalten zerstört. Zudem macht er die Fusionskontrolle für beteiligte Unternehmen unvorhersehbar und intransparent. Zudem ist es äußerst fragwürdig, ob die Industriepolitik „Fernziele" wie Gemeinwohlinteressen tatsächlich besser erfüllen kann als ein unverfälschter Wettbewerb.[680]

4. Entscheidungsmöglichkeit der MOFCOM

Ähnlich wie bei der Europäischen Fusionskontrolle kann die MOFCOM als zuständige Behörde einen geplanten Unternehmenszusammenschluss genehmigen, unter Auflagen genehmigen oder untersagen.

a) Freigabe

Die MOFCOM gibt Unternehmenszusammenschlüsse frei, sofern diese (1) nicht geeignet sind den Wettbewerb am relevanten Markt zu beschränken, oder (2) geeignet sind den Wettbewerb am relevanten Markt zu beschränken, aber ausnahmsweise aufgrund von Art. 28 S. 2. AMG genehmigt werden können. Die große Mehrheit der angemeldeten Unternehmenszusammenschlüsse hat die MOFCOM bislang ohne Auflagen freigegeben.[681] Dies stimmt weitgehend mit der Praxis der Europäischen Fusionskontrolle überein.[682]

Über die vollumfänglich freigegebenen Entscheidungen ist jedoch wenig bekannt, da die MOFCOM diese Entscheidungen und die damit verbundenen Erwägungen nicht veröffentlicht. Insbesondere ist somit nicht bekannt, ob die MOFCOM einen an sich wettbewerbsbeschränkenden Zusammenschluss gemäß Art. 28 S. 2 AMG als gerechtfertigt angesehen hat.

---

kontrolle in der VR China: Schaffen Richtlinien endlich mehr Rechtssicherheit?, RIW 2009, S. 265 (269).

680 Siehe auch *Zhang*, Wei, Untersuchung des Antimonopolprüfungssystems im Rahmen der M&A Tätigkeiten von Unternehmen, S. 50.

681 Bis April 2018 hat die MOFCOM insgesamt in 2052 Fällen den Zusammenschluss vollumfänglich freigeben, in 36 Fällen unter Auflagen freigegeben und in 2 Fällen untersagt, siehe https://zhuanlan.zhihu.com/p/20357507.

682 *Beinert*, Dieter / *Burmeister*, Frank / *Tries*, Herman-Josef, Mergers and Acquisition in Germany, S. 46.

b) Freigabe unter Auflagen

Wie die Europäische Kommission kann auch die MOFCOM einen Zusammenschluss unter Auflagen freigeben. Stellt die MOFCOM bei ihrer fusionskontrollrechtlichen Prüfung fest, dass der geplante Unternehmenszusammenschluss zwar wettbewerbsrechtliche Bedenken auslöst, diese jedoch durch Auflagen verringert werden können, darf die MOFCOM gemäß Art. 29 AMG einen Zusammenschluss unter Auflagen freigeben. Auffällig ist, dass nach dem Gesetzeswortlaut eine Freigabe unter Auflagen nicht erfordert, dass die Auflagen die negativen Auswirkungen des Zusammenschlusses auf dem Wettbewerb ausschließen. Hierfür spricht auch § 12 Review Measures. Gemäß § 12 der Review Measures reicht es aus, dass die Auflagen die wettbewerbsausschließende oder -beschränkende Wirkung eines Zusammenschlusses verringern.[683] Auch diese Vorschriften dienen dazu, der MOFCOM einen möglichst weiten Ermessensspielraum einzuräumen.

Um geeignete Auflagen zu erlassen, ist die MOFCOM auf die Kooperation der am Zusammenschluss beteiligten Unternehmen angewiesen. Wie die Europäische Fusionskontrolle hat die chinesische Zusammenschlusskontrolle Anfang 2015[684] einen standardisierten Prozess eingeführt, in dem die Unternehmen innerhalb eines bestimmten Zeitrahmens[685] selbst geeignete Maßnahmen vorschlagen können, um die wettbewerbsbeschränkende Wirkung zu beseitigen. Sofern die beteiligten Unternehmen nicht fristgemäß Maßnahmen vorschlagen, bzw. die Maßnahmen nicht ausreichen, um die wettbewerbsschädigende Wirkung zu beseitigen, soll die MOFCOM den Zusammenschluss gemäß § 6 Abs. 2 Interim Provisions on Restictive Conditions untersagen. Schlagen die beteiligten Unternehmen fristgemäß Maßnahmen vor, soll die MOFCOM diese gemäß § 7 Interim Provisions on Restictive Conditions mit den beteiligten Parteien verhandeln, sowie die vorgeschlagenen Maßnahmen auf ihre Wirksamkeit, Durchsetzbarkeit sowie Rechtzeitigkeit überprüfen. Bei dieser Überprüfung kann die MOFCOM gemäß § 8 Interim Provisions on Restictive Conditions in Beziehung stehende Behörden, Branchenverbände, Unternehmen und Verbraucher befragen.

Unklar ist allerdings, in welchem Verhältnis die Regelungen des Interim Provisions on Restictive Conditions zu den Regelungen des Review Measures stehen. Denn gemäß § 13 Review Measures kann neben den beteiligten Unter-

---

683 Siehe auch *Fosh*, Michael in: Johnston, Graeme, Competition Law, S. 97, 121.
684 Dies geschah mit Inkrafttreten der Interim Provisions on Restictive Conditions am 5.1.2015.
685 Dieser Zeitraum beträgt gemäß § 6 Abs. 1 Interim Provisions on Restictive Conditions 20 Tage vor Ablauf der erweiterten Prüfungsperiode.

nehmen auch die MOFCOM selbst mögliche Auflagen bzw. eine Abänderung von Auflagen vorschlagen.[686] Dies scheint dem in den Interim Provisions on Restictive Conditions vorgegebenen standardisierten Prozess zu widersprechen.

Die bisherige Entscheidungspraxis der MOFCOM zeigt, dass die MOFCOM die in Frage kommende Auflagen üblicherweise in mehreren Verhandlungsrunden mit den beteiligten Unternehmen gemeinsam verhandelt.[687] Ob die MOFCOM dabei selbst Vorschläge einbringt, ist nicht klar.

Ähnlich wie im Rahmen der Europäischen Fusionskontrolle wird auch im Rahmen der chinesischen Fusionskontrolle zwischen strukturellen Auflagen und Verhaltensauflagen unterschieden.[688] Auch eine Kombination von strukturellen und verhaltensbedingten Auflagen ist üblich. In den bisher bekannt gegebenen Entscheidungen der MOFCOM wurde bislang von allen Arten von Auflagen bereits Gebrauch gemacht.

aa) Strukturelle Auflagen

Aufgrund der Effektivität und der einfachen Überprüfbarkeit der struktureller Auflagen (insbesondere der Veräußerungsauflagen) wird diese Form regelmäßig durch die zuständigen Behörden im Rahmen der Fusionskontrolle als vorzugwürdige Auflagenform angesehen.[689]Auch die europäische Fusionskontrolle räumt den strukturellen Auflagen –und dabei insbesondere Veräußerungszusagen– grundsätzlich den Vorzug ein.[690] Im Gegenzug dazu sieht die chinesische Fusionskontrolle keinen Vorrang der strukturellen Auflagen vor.[691] Dies wird auch in der Entscheidungspraxis der MOFCOM

---

686 Siehe auch *Masseli*, Markus, Die chinesische Fusionskontrolle im Lichte der ersten Nebenbestimmungen zum Antimonopolgesetz, ZChinR 2009, S. 18 (29).
687 *Siehe z.B.* Advanced Semiconductor Engineering, Inc. - Siliconware Precision Industries Co., Ltd, Tz. 5.
688 Siehe § 11 Review Measures.
689 *Gao*, Hanming, Über Verhaltensauflagen im Rahmen der chinesischen Fusionskontrolle, aufrufbar unter: http://cdmd.cnki.com.cn/Article/CDMD-11625-1015659157.htm.
690 *Europäische Kommission*, Mitteilung über nach der VO (EG) Nr. 139/2004 des Rates und der VO (EG) Nr. 802/2004 der Kommission zulässige Abhilfemaßnahmen, ABl 2008 Nr. C 267/1 , Demnach dient die Veräußerungsauflage als *benchmark* für andere Auflagen aufgrund ihrer Effektivität und Effizienz. Andere Auflagen werden nur akzeptiert, sofern sie mindestens gleich effektiv sind.
691 *Liu*, Yan, Über die Auflagenpraxis in der chinesischen Fusionskontrolle, S. 4.

deutlich. Die MOFCOM hat im Unterschied zur Europäischen Kommission sogar mehr Verhaltensauflagen als strukturelle Auflagen erteilt.[692]

Von strukturellen Auflagen macht die MOFCOM bislang vor allem im Zusammenhang mit horizontalen Zusammenschlüssen Gebrauch, wenn sie befürchtet, dass der Zusammenschluss unilaterale Effekte erzeugen könnte.[693]

bb) Verhaltensauflagen

Verhaltensauflagen sind Auflagen, die den am Zusammenschluss beteiligten Unternehmen ein bestimmtes Marktverhalten vorschreiben.[694] Die MOF-COM ist der Meinung, dass Verhaltensauflagen die wirtschaftlichen Beweggründe hinter dem Zusammenschluss in vielen Fällen am besten berücksichtigen.[695] Insbesondere bei nichthorizontalen Zusammenschlüssen sowie bei horizontalen Zusammenschlüssen mit möglichen koordinierten Effekten tendiert die MOFCOM daher zu Verhaltensauflagen.[696] Aus europäischer Sicht werden Verhaltensauflagen vor allem deswegen vermieden, da sie weitreichende Überwachungspflichten auslösen. Dies dürfte für die MOFCOM weniger abschreckend sein, da der chinesische Staat in der Wirtschaftsordnung Chinas eine deutlich dominantere Rolle spielt als die Europäische Kommission im EU-Binnenmarkt. Eine Marktaufsicht und Marktüberwachung dürfte ohnehin notwendig sein, um die Leitungsfunktion des Staates[697] in der chinesischen Wirtschaft zu erfüllen.

---

692 .*Ning*, Xuanfeng / *Yi*, Ranran /*Wu*, Han *Wei*, Lingbo, Important Development Regarding the Review Procedure of Concentration of Operators; *Gao*, Hanming, Über Verhaltensauflagen im Rahmen der chinesischen Fusionskontrolle, aufrufbar unter: http://cdmd.cnki.com.cn/Article/CDMD-11625-1015659157.htm, S. 37.

693 *Gao*, Hanming, Über Verhaltensauflagen im Rahmen der chinesischen Fusionskontrolle, aufrufbar unter: http://cdmd.cnki.com.cn/Article/CDMD-11625-1015659157.htm.

694 *Gao*, Hanming, Über Verhaltensauflagen im Rahmen der chinesischen Fusionskontrolle, aufrufbar unter: http://cdmd.cnki.com.cn/Article/CDMD-11625-1015659157.htm, S. 10.

695 *Weinrich-Zhao*, Tingting, Chinese Merger Control Law, S. 319.

696 *Gao*, Hanming, Über Verhaltensauflagen im Rahmen der chinesischen Fusionskontrolle, aufrufbar unter: http://cdmd.cnki.com.cn/Article/CDMD-11625-1015659157.htm, S. 37.

697 Vgl. Art. 7, 11, 15 der chinesischen Verfassung. Siehe hierzu auch *Liu*, Jianhua, Neue Ordnung des chinesischen Markts, S. 327 ff.

c) Untersagung

Die MOFCOM untersagt einen Zusammenschluss nach Art. 28 S. 1 AMG, sofern der Zusammenschluss geeignet ist den Wettbewerb am relevanten Markt zu beschränken und keine Rechtfertigungsmöglichkeit nach Art. 28 S. 2 AMG eingreift. Bislang hat die MOFCOM lediglich in zwei Fällen einen Unternehmenszusammenschluss untersagt. Bei diesen zwei Fällen handelt sich um *Coca Cola – Huiyuan*[698] sowie *P3 Allianz*.[699] Obwohl damit lediglich ein sehr geringer Teil der angemeldeten Zusammenschlüsse untersagt wurde, geben diese Untersagungen aus europäischer Sicht Anlass zur Sorge, da sie die Unterschiede der materiellen chinesischen Fusionskontrolle vom europäischen Standard verdeutlichen.

aa) Coca Cola – Huiyuan

Einer der ersten Anmeldungen nach Inkrafttreten des AMG und der neu etablierten Fusionskontrolle betraf die geplante Übernahme des chinesischen Saftherstellers Huiyuan durch Coca Cola.[700] Dieser Fall war in vielerlei Hinsicht spektakulär. Die geplante Übernahme wäre mit einem geplanten Übernahmewert von 2,4 Mrd. USD die größte bis dahin erfolgte ausländische Übernahme in der chinesischen Geschichte geworden und betraf dazu mit „Huiyuan" und „Meizhiyuan" zwei sehr bekannte chinesische Marken. Aufgrund dessen erregte der Fall große mediale Aufmerksamkeit, die Öffentlichkeit wetterte gegen einen vermeintlichen Auskauf chinesischer Marken und Verdrängung durch ausländische Unternehmen.[701] Auf eine Online-Befra-

---

698 Siehe hierzu *Tian*, Ruiyun, Der Kauf von Huiyuan durch Coca-Cola aus Sicht des AMG, Legal System and Society 2009, Vol. 8, S. 130 f.; *Li*, Jingwen, Gedanken zur Antimonopoluntersuchung bei der Übernahme von Huiyuan durch Coca Cola, Journal of International Economic Cooperation 2008, Vol. 10, S. 27 ff.; *Zhang*, Xinzhu / *Zhang*, Vanessa Yanhua, Chinese Merger Control: Patterns and Implications, Journal of Competition Law & Economics 2010, Vol. 6, S. 477 (481 f.); *Masseli*, Markus, Die chinesische Fusionskontrolle im Lichte der ersten Nebenbestimmungen zum Antimonopolgesetz, ZChinR 2009, S. 18 (35).

699 Siehe hierzu *Immenga*, Frank A. / *Li*, Zheng, Extraterritoriale Rechtsanwendung in der chinesischen Fusionskontrolle: Zunehmende wirtschaftspolitische Einflussnahme auf den internationalen Wettbewerb?, BB 2014, S. 2306 (2306 ff.); *Peng*, Yang, Über die Erschaffung einer Immunität für die chinesische Schifffahrt, S. 22 ff.

700 Die Anmeldung wurde am 18.9.2008 eingereicht.

701 Siehe *Li*, Jingwen, Gedanken zur Antimonopoluntersuchung bei der Übernahme von Huiyuan durch Coca Cola, Journal of International Economic Cooperation 2008, Vol. 10, S. 27 ff.

gung, an der rund 70.000 Befragte teilnahmen, stimmten 82 % gegen die geplante Übernahme von Huiyuan durch Coca Cola.[702]

Die MOFCOM gab am 18.3.2009 bekannt, dass der geplante Zusammenschluss gemäß Art. 28, 29 AMG untersagt wird. Die Entscheidungsbegründung der MOFCOM umfasst lediglich eine einzige Din-A4 Seite. Im Wortlaut gleicht sie eher einer Mitteilung denn einer Begründung.

Sie verweist in Abschnitt II. darauf, dass die MOFCOM die in Art. 27 AMG genannten Kriterien berücksichtigt hat, ohne im Einzelnen auf diese einzugehen.

Weiter verweist sie im Abschnitt III. darauf, dass im Rahmen der Prüfung Meinungen der betroffenen Regierungsministerien, Branchenverbände, Saftgetränkeunternehmen, vorgelagerte Lieferanten sowie nachgelagerte Saftgetränkeverkäufer, der Parteien, chinesische Kooperationspartner von Coca Cola und Rechtsexperten, Wirtschaftsexperten und Agrarwirtschaftsexperten eingeholt worden sind. Unklar ist, welche Parteien dies genau sind, welche Meinungen abgegeben wurden, und ob und inwieweit diese Meinungen in den Entscheidungsprozess der MOFCOM einflossen bzw. wie diese gewichtet worden sind.

In Abschnitt IV. findet sich dann eine pauschale Schilderung der wettbewerbsbehindernden Wirkung des geplanten Zusammenschlusses. Weder wird der festgestellte relevante Markt ausdrücklich genannt, noch erfolgt eine Auseinandersetzung mit deren Zusammensetzung oder den Marktanteilen oder der Marktmacht der beteiligten Unternehmen. Auch die Schilderung der wettbewerbsbehindernden Wirkung ist lediglich eine „Feststellung".[703] Die MOFCOM kommt zu folgenden Schlüssen:

1. Coca Cola habe nach dem Zusammenschluss die Fähigkeit, seine marktbeherrschende Stellung auf dem Markt für kohlensäurehaltige Softdrinks auf den Saftgetränkemarkt zu übertragen: Hierdurch sei Coca Cola in der Lage, Wettbewerber auszuschließen, den Wettbewerb zu beeinträchtigen und damit berechtigte Interessen der Verbraucher zu schädigen.
2. Marken seien Schlüsselfaktoren, die den wirksamen Wettbewerb beeinflussen können. Coca Cola könne nach Erwerb der beiden in China bekannten Saftmarken „Meijiyuan" und „Huiyuan" seine Marktkontrolle auf dem Saftgetränkemarkt verstärken. Dies kombiniert mit der bereits bestehenden

---

702 http://news.xinhuanet.com/fortune/2009-03/18/content_11031338.htm. Siehe auch *Mao*, Xiaofei / *Glass*, Tobias, Verbot der Übernahme des chinesischen Saft-Giganten Huiyuan durch Coca-Cola, RIW 2009, S. 409 (409).
703 Eine Herleitung oder Erklärung der wettbewerbsbehindernden Wirkung findet nicht statt.

Marktkontrolle auf dem kohlensäurehaltigen Getränkemarkt sowie der entsprechenden Übertragungseffekte zwischen den Märkten, könnten sich Marktzutrittschancen für potentielle Wettbewerber auf dem Saftgetränkemarkt wesentlich verschlechtern.

3. Der Zusammenschluss sei in der Lage, den Existenzraum für inländische kleine und mittlere Saftunternehmen sowie die Innovationsfähigkeit der inländischen Wettbewerber auf dem Saftgetränkemarkt einzuschränken und wirke sich hierdurch nachteilig auf die gesunde Entwicklung der chinesischen Saftbranche aus.

Die unter 1-3 genannten Punkte werden weder erklärt noch durch Nachweise belegt bzw. unterfüttert. Auch sind sie nicht aus sich heraus verständlich. Unklar ist, wie sich eine ggf. bestehende Marktkontrolle ohne weiteres auf den Saftmarkt übertragen lässt. Auch ist ohne weitere Anhaltspunkte nicht ersichtlich, wie allein der Erwerb der Marken „Huiyuan" und „Meijiyuan" durch Coca Cola die Marktzutrittsschwelle auf dem Saftgetränkemarkt erhöhen kann, zumal Coca Cola auf dem damaligen chinesischen Saftgetränkemarkt keine nennenswerte Rolle spielte. Ausführungen, die auf eine Herangehensweise bei der Entscheidungsfindung der MOFCOM hindeuten, finden sich in der Entscheidung nicht. *Coca Cola – Huiyuan* versinnbildlicht damit die Intransparenz der Entscheidungen im Rahmen der chinesischen Fusionskontrolle.

Aus europäischer Sicht ist zudem problematisch, dass die MOFCOM in dieser Entscheidung explizit auf die Interessen von chinesischen Wettbewerbern und die Entwicklung der chinesischen Saftbranche abstellt. Dies belegt, dass die MOFCOM wettbewerbsfremde Erwägungen nicht nur in der Theorie, sondern auch in der Praxis berücksichtigt. Auch wurden offenbar nur Interessen der chinesischen Wettbewerber berücksichtigt. Dies spricht für eine Diskriminierung ausländischer Unternehmen.

Auch wenn die Entscheidung nur wenige Details enthält, erweckt sie doch den Eindruck, dass sie mehr auf protektionistischen und industriepolitischen Erwägungen beruht, als auf wettbewerblichen.

Zu Recht ist diese Entscheidung daher bis heute die umstrittenste Entscheidung der MOFCOM.[704]

---

704 Siehe hierzu z.B. *Pan*, Zhicheng, Prozess zur Antimonopolentscheidung im Rahmen der Fusionskontrolle, S. 31 ff; *Sokol*, D. Daniel, Merger Control under China's Anti-Monopoly Law, New York University, Journal of Law & Business 2013, Vol. 10, No. 1, S. 24 f.

bb) P3 Allianz

Der zweite von der MOFCOM untersagte Fall betraf die geplante Seefracht-Allianz („*P3 Allianz*") der europäischen Redereien A.P. Moeller Maersk, Mediterranean Shipping Co. und der CMV CGM (zusammen „P3"). Die *P3 Allianz* sollte als operative Allianz 250 Seefrachtschiffe bündeln und durch gemeinsame Nutzung von Liegerechten und Schiffen für eine höhere Auslastung und gleichzeitig für niedrigere Kosten auf den Asien-Europa, Asien-Nordamerika und Nordamerika-Europa-Routen der P3 sorgen.[705] Preisgestaltung, Verkauf und Marketing sowie bestehende Kundenverbindungen wären auch nach der Durchführung der P3 Allianz bei den beteiligten Unternehmen verblieben. Durch eine Firewall sollte zudem ein Austausch von wettbewerblich sensiblen Informationen verhindert werden.[706]

Die Europäische Kommission gab „grünes Licht" für das nicht anmeldungspflichtige Vorhaben. Sie teilte mit, dass sie keine Schritte gegen den Zusammenschluss einleiten würde, da sie allein durch den geplanten operativen Zusammenschluss keine wettbewerbsbeschränkende Wirkung ableitete.[707]

Die chinesische Fusionskontrolle entschied sich hingegen für eine Untersagung. Die sechs-seitige Entscheidungsbegründung ist eine deutliche Steigerung gegenüber der einseitigen Entscheidungsbegründung im Fall *Coca Cola – Huiyuan*. Dennoch entspricht sie in keinster Weise der Komplexität der rechtlichen Ausführungen im Rahmen einer fusionsrechtlichen Entscheidung der Europäischen Kommission. Immerhin stellte die MOFCOM in diesem Fall den relevanten Markt, die Marktanteile der beteiligten Unternehmen und die mögliche HHI Steigerung durch den Zusammenschluss fest.[708]

Dennoch weist die Entscheidungsbegründung weiterhin gravierende Lücken auf.

Ohne darauf einzugehen, inwieweit das Vorhaben überhaupt nach Art. 20 AMG einen Zusammenschlusstatbestand darstellt, ging die MOFCOM davon aus, dass das Vorhaben eine „eng assoziierte Allianz" darstelle und damit

---

705 Hierzu siehe auch *Immenga*, Frank A. / *Li*, Zheng, Extraterritoriale Rechtsanwendung in der chinesischen Fusionskontrolle: Zunehmende wirtschaftspolitische Einflussnahme auf den internationalen Wettbewerb?, BB 2014, S. 2306 (2306 ff.).

706 Ebenda.

707 https://www.verkehrsrundschau.de/nachrichten/eu-gibt-gruenes-licht-fuer-mega-allianz-p3-1367505.html.

708 P3 Allianz 5 IV. 2-3.

anmeldepflichtig sei.[709] Die generellen Qualifizierungsmerkmale einer „eng assoziierten Allianz" werden dabei nicht genannt. Des Weiteren stellte die MOFCOM fest, dass der Zusammenschluss die Marktzugangsschranken weiter erhöhen würde, ohne dies allerdings näher zu begründen. Zudem beschäftigte sich die MOFCOM offenbar mit dem Einfluss des Zusammenschlusses auf vor-und nachgelagerte Märkte. Ein solcher Einfluss wurde als nachteilig eingestuft. Detaillierte Ausführungen sucht man aber auch vergeblich. Die Intransparenz macht daher auch diese Entscheidung nur bedingt nachvollziehbar.

Zudem berücksichtigt die MOFCOM auch in dieser Entscheidung explizit Interessen von Wettbewerbern.[710] Auch für diese Entscheidung spielten damit nichtwettbewerbliche Erwägungen eine Rolle. Die Untersagung entspricht zudem insbesondere den Interessen der chinesischen Seefrachtunternehmen. Die Entscheidung hat daher ebenfalls einen industriepolitischen und protektionistischen Beigeschmack.

5. Zwischenfazit

Während die chinesische Fusionskontrolle im Bereich der Markteingrenzung große Ähnlichkeit mit der Europäischen Fusionskontrolle aufweist, zeigt sich im weiteren Verlauf der fusionsrechtlichen Prüfung in beiden Rechtsordnungen ein differenzierteres Bild.

Im Rahmen des Untersagungstatbestands berücksichtigen beide Rechtsordnungen Kriterien der Kategorie 1 und 2. Die Europäische Fusionskontrolle knüpft allerdings strenge Voraussetzungen an die Berücksichtigung der Kriterien der Kategorie 2 bzw. zieht diese lediglich ergänzend zur Begründung ihrer Entscheidungen heran. Dies zeigt eine grundsätzlich wettbewerbliche und im Schwerpunkt strukturorientierte Ausrichtung der Europäischen Fusionskontrolle. Die chinesische Fusionskontrolle ist demgegenüber ergebnisorientierter. So berücksichtigt sie eine ganze Reihe von Kriterien der Kategorie 3, die keinen wettbewerblichen Bezug haben. Hierzu zählen insbesondere die Interessen von Wettbewerber und die Entwicklung der Volkswirtschaft.

Während die Europäische Fusionskontrolle zudem einen einstufigen Prüfungsaufbau wählte, gibt es in der chinesischen Fusionskontrolle einen Rechtfertigungstatbestand im Rahmen eines zweistufigen Aufbaus. Der erste Teil

---

709 Hierzu siehe auch hierzu *Immenga*, Frank A. / *Li*, Zheng, Extraterritoriale Rechtsanwendung in der chinesischen Fusionskontrolle: Zunehmende wirtschaftspolitische Einflussnahme auf den internationalen Wettbewerb?, BB 2014, S. 2306 (2306 ff.).
710 P3 Allianz IV. 5.

des Rechtfertigungstatbestands sieht im Grunde eine Abwägung der positiven und negativen Auswirkungen des Zusammenschlusses auf den Wettbewerb vor, die auch im Rahmen der einstufigen Prüfung der Europäischen Fusionskontrolle vorgenommen wird.

Der zweite Teil des Rechtfertigungstatbestands sieht allerdings eine Rechtfertigung eines wettbewerbswidrigen Zusammenschlusses vor, sofern er im öffentlichen Interesse steht. Eine solche Möglichkeit zeigt, dass die chinesische Ausrichtung der Fusionskontrolle gänzlich anders ist als im Rahmen der Europäischen Fusionskontrolle.[711] Das Merkmal „öffentliches Interesse" ist denkbar weit und beinhaltet Faktoren, die keinen wettbewerblichen Bezug haben. Damit dient dieser Rechtfertigungsgrund vor allem als Einfallstor für die Industriepolitik.[712]

Auf der Ebene der Entscheidungsmöglichkeiten können beide Rechtsordnungen einen Zusammenschluss vollumfänglich freigeben, unter Auflagen freigeben oder untersagen. Die meisten Zusammenschlüsse werden vollumfänglich freigegeben. Bei Freigabe unter Auflagen ist erkennbar, dass die Europäische Fusionskontrolle strukturelle Auflagen und dabei insbesondere Veräußerungsauflagen bevorzugt, während die chinesische Fusionskontrolle vergleichsweise verstärkt zu Verhaltensauflagen tendiert.

---

711 Siehe auch *Evrard*, Sébastien J. / *Zhang*, Baohui, Merger Control in China: Understanding MOFCOM's Unique Approach, aufrufbar unter https://www .competitionpolicyinternational.com/merger-control-in-china-understanding -mofcom-s-unique-approach/.

712 *Masseli*, Markus, Handbuch der chinesischen Fusionskontrolle, S. 180, *Shang*, Ming, Antimonopolgesetz der Volksrepublik China, Verstehen und Anwenden, S. 251; *Weinrich-Zhao*, Tingting, Chinese Merger Control Law, S. 343 ff.; *Wu*, Lifen, Anti-Monopoly, National Security and Industrial Policy: Merger Control in China, World Competition 2010, Vol. 33, S. 477 (493), *Liu*, Xiliang, Eine Studie über M&A Aktivitäten grenzüberschreitender Unternehmen in China und die staatlichen Regulierungen, 2010, S. 36, aufrufbar unter: http://cdmd.cnki.com.cn/Article/CDMD-10532 -2010237899.htm.

E. Kritische Betrachtung

Im vorangegangenen Teil erfolgte eine Gegenüberstellung der chinesischen mit der Europäischen Fusionskontrolle. Die vergleichende Betrachtung zeigt einerseits, dass die chinesische Fusionskontrolle in Bezug auf Form und Inhalt viele Übereinstimmungen mit der Europäischen Fusionskontrolle aufweist.[713] Andererseits wurden aber auch erhebliche Unterschiede zur Europäischen Fusionskontrolle festgestellt.

Einige dieser Unterschiede sind aus europäischer Sicht besonders problematisch, da sie keinen wettbewerblichen Bezug aufweisen und die fusionsrechtliche Prüfung für industriepolitische Überlegungen öffnet.

Nachfolgend soll näher auf den als problematisch angesehenen Teil der chinesischen Fusionskontrolle eingegangen werden. Die dahinter liegenden Gründe und Zielsetzungen sollen analysiert werden, um aufzuzeigen, inwieweit die Zweckbestimmung der materiellen Fusionskontrolle und der Wettbewerbspolitik insgesamt von der Europäischen abweicht. In diesem Zusammenhang soll ebenfalls untersucht werden, ob und ggf. an welchen Stellen die Europäische Fusionskontrolle trotz der Unterschiede in der Zielsetzung der beiden Rechtsordnungen dennoch Anregungen zur Verbesserung der chinesischen Fusionskontrolle bieten kann.

I. Kritische Punkte der chinesischen Fusionskontrolle im Lichte ihrer Zielsetzung

Betrachtet man die chinesische Fusionskontrolle aus europäischer Perspektive, lassen sich folgende drei Hauptprobleme in der chinesischen Fusionskontrolle feststellen: Berücksichtigung wettbewerbsfremder Faktoren, mangelnde Gleichstellung ausländischer Unternehmen sowie Intransparenz.

1. Berücksichtigung wettbewerbsfremder Erwägungen

Gemäß dem Wortlaut des Art 28 Abs. 1 AMG soll die MOFCOM einen Unternehmenszusammenschluss nur dann untersagen, wenn er zum Ausschluss oder Einschränkung des Wettbewerbs führt bzw. führen kann.

---

713 So auch *Wang*, Xiaoye, Highlights of China's New Anti-Monopoly Law, Antitrust Law Journal 2008, Vol. 75, S. 133 (148); *Bush*, Nathan, Constraints on Convergence in Chinese Antitrust, Antitrust Bulletin 2009; Vol. 54, S. 87 (92 ff.).

Trotz dieser klaren Formulierung ist es offensichtlich, dass bei der Prüfung eines Zusammenschlusses im Rahmen der chinesischen anders als bei der Europäischen Fusionskontrolle nicht nur wettbewerbliche Kriterien relevant sind.

Dies ergibt sich unter anderem daraus, dass das AMG unter den zu berücksichtigenden Faktoren des Art. 27 AMG auch nichtwettbewerbliche Faktoren ausdrücklich aufzählt. So ist etwa der Schutz des Wettbewerbers gemäß Art. 27 Abs. 4 AMG ein ausdrücklich von der MOFCOM zu berücksichtigendes Kriterium. Bei Art. 27 Abs. 5 AMG ist überhaupt kein Bezug zum Wettbewerb erkennbar. Vielmehr wird dort vorgegeben, dass die MOFCOM bei der Fusionskontrolle die Auswirkung des Zusammenschlusses nicht nur auf den Wettbewerb auf dem relevanten Markt, sondern auf die Entwicklung der Volkswirtschaft allgemein berücksichtigen sollte. Zudem wird der MOFCOM ein extrem weiter Ermessensspielraum eingeräumt. So darf die MOFCOM beispielsweise gemäß Art. 27 Abs. 6 AMG beliebig weitere Kriterien bei der Prüfung eines Unternehmenszusammenschlusses berücksichtigen. Welche Kriterien das genau sein können und ob diese einen wettbewerblichen Bezug haben müssen, ist völlig unklar.

Des Weiteren ist es nach Art. 28 S. 2 AMG möglich, einen wettbewerbswidrigen Zusammenschluss zu rechtfertigen, wenn der Unternehmenszusammenschluss im gesellschaftlichen öffentlichen Interesse liegt.

Die MOFCOM scheint den ihr zur Verfügung gestellten Spielraum für die Berücksichtigung wettbewerbsfremder Erwägungen zumindest in den publizierten Entscheidungen eher restriktiv zu nutzen. Dies hängt wohl nicht zuletzt damit zusammen, dass sie möglichst keine Angriffsfläche bieten will, um die Autorität und Glaubwürdigkeit ihrer Entscheidungen nicht aufs Spiel zu setzen. Dennoch finden sich in der Praxis Tendenzen zur Berücksichtigung wettbewerbsfremder Erwägungen. Insbesondere die Auswirkung eines Zusammenschlusses auf inländische Wettbewerber hat die MOFCOM in ihrer Entscheidungspraxis bereits ausdrücklich berücksichtigt. Auch könnte ihr Schweigen in einigen Fällen ebenfalls für eine Berücksichtigung von wettbewerbsfremden Erwägungen sprechen. Die freigebende Entscheidung in Fall *Ma Yun und Hudson Technology Inc.* ist zumindest aus wettbewerblichen Gründen kaum vertretbar.[714] Auch ist sie bislang gegen viele innerchinesische Zusammenschlüsse nicht vorgegangen, die ohne fusionsrechtliche Anmel-

---

714 Siehe auch *Liu*, Xu, Sechs Fragen im Zusammenhang mit der vollumfänglich freigebenden Entscheidung der MOFCOM im Fall der Übernahme von Hundsun Technologies durch Ma Yun, Tongji Intellectual Property and Competition Law Research Center, aufrufbar unter http://ipcenter.tongji.edu.cn/_upload/article/files/ac/51/185c65834ff496f64bef5282e452/e9aa06ea-e67b-463b-9ce0-a652ed428d90.pdf.

dung einen Zusammenschluss vollzogen haben. Hierzu gehören Zusammenschlüsse zwischen chinesischen Staatsunternehmen (SOEs) aber auch Zusammenschlüsse unter Beteiligung chinesischer Tech-Größen wie Tencent oder Alibaba.[715] Zudem führt ihr Schweigen im Hinblick auf ungewollte ausländische Zusammenschlüsse zu einer zeitlichen Verzögerung, die auf subtile Weise ein Zusammenschluss vereiteln kann. Im Juli 2018 brachte die MOFCOM auf diese Weise beispielsweise den geplanten Zusammenschluss zwischen der Qualcomm Inc. und NXP Semiconductors NV zum Scheitern.[716]

2. Diskriminierung ausländischer Unternehmen

Ein weiterer Kritikpunkt an der chinesischen Fusionskontrolle ist die mangelnde Gleichbehandlung zwischen rein inländischen Zusammenschlüssen und solche unter ausländischer Beteiligung.

Die „erste" chinesische Fusionskontrolle vor der Schaffung des AMG galt nur für ausländische Unternehmen. Eine Gleichstellung mit inländischen Unternehmen im Zusammenhang mit einem Zusammenschluss war damals offensichtlich nicht gewollt.

Diese Ungleichstellung sollte mit Schaffung der neuen chinesischen Fusionskontrolle nach dem AMG an sich beendet werden. Auch wenn die MOFCOM sich offiziell zu der Bevorzugung von inländischen bzw. Diskriminierung von ausländischen Sachverhalten stets bedeckt gehalten hat, spricht doch einiges dafür, dass trotz des nicht diskriminierenden Wortlauts des AMG in der Praxis weiterhin eine Diskriminierung ausländischer Unternehmen im Rahmen der Fusionskontrolle stattfindet.[717]

Zum einen ist die Auswirkung des Zusammenschlusses auf Wettbewerber gemäß Art. 27 AMG ein von der MOFCOM zu berücksichtigendes Kriterium in der chinesischen Fusionskontrolle.[718] Der Schutz des Wettbewerbs

---

715 So auch *Shao*, Gen, der selbst u.a. in einem Schreiben an die MOFCOM nicht angemeldete Zusammenschlüsse zwischen Alibaba und eine ganze Reihe von Tech-Firmen gerügt hat, aufrufbar unter https://zhuanlan.zhihu.com/p/20357507; https://zhuanlan.zhihu.com/p/25462062.

716 Siehe oben D.III.b).

717 Siehe etwa US Chamber of Commerce, Competing Interest in China's Competition Law Enforcement, S. 33 ff; US-China Economic and Security Review Commission, 2015 Report to Congress, S. 91; *Ng*, Wendy, The Political Economy of Competition Law in China, S. 10 ff.

718 *Pan* argumentiert jedoch, dass auch die Europäische Fusionskontrolle den Wettbewerber schützt. Siehe *Pan*, Zhicheng, Prozess zur Antimonopolentscheidung im Rahmen der Fusionskontrolle, S. 120 ff.

und der Schutz des Wettbewerbers schließen sich aber denklogisch aus, da mit dem Schutz des Wettbewerbers gerade kein unverfälschter Wettbewerb mehr möglich ist. Die MOFCOM beschäftigt sich dennoch regelmäßig mit den Auswirkungen des Zusammenschlusses auf Wettbewerber.[719] Obwohl der Begriff Wettbewerber nicht auf inländische Wettbewerber beschränkt ist, tendiert die MOFCOM dazu, vor allem die Auswirkungen auf diese zu gewichten.[720] Dies spricht für eine protektionistische Haltung der chinesischen Fusionskontrolle.

Auch eine Berücksichtigung der Auswirkungen des Zusammenschlusses auf die Entwicklung der Volkswirtschaft und eine Rechtfertigungsmöglichkeit des Zusammenschlusses aufgrund öffentlichen Interesses kommt für ausländische Unternehmen nicht gleichermaßen in Betracht wie für chinesische Unternehmen. Die Kriterien sprechen daher ebenfalls für eine diskriminierende Behandlung ausländischer Unternehmen in der Fusionskontrolle.

Diese subtile Diskriminierung entspricht der gesetzgeberischen Intention des AMG, inländische Zusammenschlüsse bevorzugt zu behandeln, damit sie an Größe und internationale Durchschlagskraft gewinnen. Auch in der chinesischen Literatur ist es nicht unüblich, eine Ungleichbehandlung von ausländischen und inländischen Sachverhalten zu befürworten.[721]

In der Entscheidungspraxis der MOFCOM ist die Ungleichstellung von ausländischen Unternehmen ebenfalls sichtbar. Auffällig ist, dass Zusammenschlüsse unter ausländischer Beteiligung überproportional häufig von der MOFCOM fusionsrechtlich geprüft worden sind. Rein inländische Zusammenschlüsse scheinen in der Entscheidungspraxis der MOFCOM kaum eine Rolle zu spielen.[722] Zwischen 2008 und 2014 wurden insgesamt etwa 750 Zusammenschlüsse durch die MOFCOM geprüft. 57 der 750 Zusammenschlüsse beziehen sich auf rein chinesische Sachverhalte. Dies sind lediglich etwa 8 % aller Zusammenschlüsse im besagten Zeitraum.[723] Diese Rate ist bemerkenswert, wenn man bedenkt, dass inländische Zusammenschlüsse in

---

719 Siehe beispielsweise Coca Cola - Huiyuan, Tz. 4.3; P3 Allianz, Tz. 4.5.
720 Siehe Coca Cola – Huiyuan, Tz. 4.3. In dieser Entscheidung wurde eine nachteilige Wirkung des Zusammenschlusses auf inländische Wettbewerber festgestellt.
721 So z.B. *Zhang*, Wei, Untersuchung des Antimonopolprüfungssystems im Rahmen der M&A Tätigkeiten von Unternehmen, S. 35 ff.
722 So auch *Masseli*, Markus, Chinesische Fusionskontrolle: Drache in der Ferne, Papiertiger daheim, ZChinR 2009, S. 337 (343).
723 *Sobel*, Yuni Yan, Domestic-to-Domestic Transactions – A Gap in China's Merger Control Regime, aufrufbar unter http://awa2015.concurrences.com/IMG/pdf/feb14 _sobel_2_20 f.pdf.

dieser Zeit etwa 70-80% aller Zusammenschlüsse in China ausmachten.[724] Noch deutlicher wird die Ungleichbehandlung wenn man nur die Zusammenschlüsse betrachtet, gegen die die MOFCOM vorgegangen ist. Bislang hat die MOFCOM Zusammenschlüsse in zwei Fällen untersagt und in 36 Fällen unter Auflagen freigegeben.[725] Keiner dieser Fälle betraf einen rein chinesischen Zusammenschluss. Auch dies kann wohl nicht allein auf die Tatsache zurückgeführt werden, dass chinesische Zusammenschlüsse aus wettbewerblicher Sicht weniger bedenklich sind. Seit Inkrafttreten des AMG fanden weitreichende Umstrukturierungsprozesse der SOEs statt, die sowohl aufgrund ihrer Größe als auch aufgrund der besonderen Gegebenheiten der Märkte wettbewerblich bedenklich sind.[726] Zusammenschlüsse zwischen SOEs spielten in der bisherigen Entscheidungspraxis der MOFCOM aber ebenfalls eine sehr untergeordnete Rolle. Obwohl die SOEs die größten chinesischen Unternehmen darstellen und Schlüsselindustrien kontrollieren, machten sie zwischen 2008 und 2014 lediglich weniger als 4% der Zusammenschlüsse aus, die die MOFCOM in dieser Zeit fusionsrechtlich geprüft hat.[727]

3. Intransparenz

Als weiterer Kritikpunkt ist die Intransparenz der chinesischen Fusionskontrolle zu nennen. Wichtige Abläufe und Bewertungsparameter der chinesischen Fusionskontrolle sind auch nach Erlass einer ganzen Reihe von Nebenbestimmungen intransparent.[728]

---

724 *Sobel*, Yuni Yan, Domestic-to-Domestic Transactions – A Gap in China's Merger Control Regime, aufrufbar unter http://awa2015.concurrences.com/IMG/pdf/feb14_sobel_2_20f.pdf.

725 Stand April 2008 wurden 38 Entscheidungen der MOFCOM auf ihrer Website veröffentlicht.

726 Siehe z.B. den Zusammenschluss zwischen Rizhao Steel Group und Shandong Steel Group im Jahre 2009.

727 *Sobel*, Yuni Yan, Domestic-to-Domestic Transactions – A Gap in China's Merger Control Regime, aufrufbar unter http://awa2015.concurrences.com/IMG/pdf/feb14_sobel_2_20f.pdf.

728 Dazu auch *Zheng*, Pengcheng, Interessenkampf und Grundprinzipien im Rahmen der Abgrenzung des relevanten Marktes in: Wang, Xiaoye, Abgrenzung des relevanten Marktes im Rahmen des AMG, S. 82 (94f.); *Pan*, Zhicheng, Prozess zur Antimonopolentscheidung im Rahmen der Fusionskontrolle, S. 25f; US Chamber of Commerce, Competing Interest in China's Competition Law Enforcement, S. 47 ff; *Ng*, Wendy, The Political Economy of Competition Law in China, S. 14 ff.

Über den Entscheidungsprozess der MOFCOM ist wenig bekannt. Zwar lässt sich den Entscheidungen der MOFCOM entnehmen, dass sie offenbar oft Verbände, betroffene Regierungsverbände, andere Wettbewerber der am Zusammenschluss beteiligten Unternehmen und auch wissenschaftliche Experten konsultiert. Inwieweit diese Meinungen berücksichtigt und gewertet werden, bleibt aber weitgehend unklar.

In materiellrechtlicher Hinsicht wird die Intransparenz oft durch den der MOFCOM eingeräumten weiten Ermessensspielraum verschärft. So hat die MOFCOM sowohl bei der Bestimmung des relevanten Marktes als auch bei dem Untersagungstatbestand die Möglichkeit, zusätzlich zu den in den bisherigen Gesetzeswerken genannten Kriterien, beliebig weitere Kriterien nach eigenem Ermessen heranzuziehen. Ob und inwieweit sie das macht, ist allerdings weitgehend nicht aufklärbar. Zum einen haben die Entscheidungen der MOFCOM nicht annähernd die Komplexität der Entscheidungen der Europäischen Kommission. Die Entscheidungen der MOFCOM enthalten vor allem kurze Feststellungen ohne Erklärungen und Begründungen. Rückschlüsse auf die Entscheidungsfindung und eine eventuelle Herleitung der von der MOFCOM präsentierten Ergebnisse sind mangels detaillierten Ausführungen in den Entscheidungen daher größtenteils nicht möglich. Zum anderen hat die MOFCOM bisher nur sehr wenige Entscheidungen veröffentlicht. Eine Veröffentlichungspflicht besteht gemäß Art. 30 AMG lediglich für Entscheidungen der MOFCOM, die einen Zusammenschluss untersagen oder unter Auflagen freigeben.

Die mangelnde Transparenz der Entscheidungen ist daher einer der kritikwürdigsten Punkte im Zusammenhang mit der chinesischen Fusionskontrolle.[729] Eine inhaltliche Auseinandersetzung mit den Methoden und Praktiken der fusionsrechtlichen Entscheidung daher in den seltensten Fällen möglich. Dies erschwert auch eine rechtsvergleichende Analyse.

II. Grenzen des Rechtsvergleichs

Wie bereits dargestellt, sind die Berücksichtigung wettbewerbsfremder Faktoren, mangelnde Gleichstellung von ausländischen Unternehmen sowie

---

729 Vgl. *Pan*, Zhicheng, Prozess zur Antimonopolentscheidung im Rahmen der Fusionskontrolle, S. 56 ff.; *Wu*, Changjun, M&A, S. 247 ff.; *Immenga*, Frank A. / *Li*, Zheng, Extraterritoriale Rechtsanwendung in der chinesischen Fusionskontrolle: Zunehmende wirtschaftspolitische Einflussnahme auf den internationalen Wettbewerb?, BB 2014, S. 2306 (2308 f.); *Sokol*, D. Daniel, Merger Control under China's Anti-Monopoly Law, New York University, Journal of Law & Business 2013, Vol. 10, No. 1, S. 10.

die Intransparenz der Entscheidungen die drei größten Kritikpunkte an der materiellen Fusionskontrolle in China. Sie stellen wesentliche Abweichungen der chinesischen Fusionskontrolle von der Fusionskontrolle in der EU dar. Aus europäischer Sicht sind diese Punkte besonders kritikwürdig, da sie eine wettbewerbliche Anknüpfung vermissen lassen. Beim Ergebnis eines Rechtsvergleichs stellt sich daher die Frage, ob man diesen Teil der chinesischen Fusionskontrolle an die Europäische Fusionskontrolle anpassen kann. Mit anderen Worten: Lässt sich die Europäische Fusionskontrolle in diesen Punkten in die chinesische Fusionskontrolle transplantieren?

Obwohl eine solche Rechtstransplantation technisch möglich ist, ist die Beantwortung der Frage komplex. Eine derartige Angleichung der chinesischen Fusionskontrolle an die Europäische ist nämlich nur dann sinnvoll und realisierbar, wenn sie die materielle Fusionskontrolle in China nicht nur aus europäischer Sicht, sondern auch aus chinesischer Sicht verbessert. Von einer Verbesserung der Fusionskontrolle kann allerdings nur gesprochen werden, wenn die Anpassungen zu einer besseren Verwirklichung und Durchsetzung der hinter der Fusionskontrolle stehenden Ziele und Funktionen führen.

1. Ziele und Funktionen der chinesischen Fusionskontrolle

Bereits im Gesetzgebungsprozess hat sich herauskristallisiert, dass der chinesische Gesetzgeber keine rein wettbewerblich ausgerichtete Fusionskontrolle wollte. Die Berücksichtigung von industriepolitischen Erwägungen als staatliche Korrekturmöglichkeit wurde bewusst ermöglicht. Zudem ist anzunehmen, dass die indirekte Ungleichbehandlung von inländischen und ausländischen Zusammenschlüssen von Anfang an in der chinesischen Fusionskontrolle vorgesehen war.[730]

Hierzu muss man berücksichtigen, dass die Sorge vor einem unkontrollierten Ausverkauf der chinesischen Unternehmen an ausländische Investoren ein Katalysator für die Schaffung der chinesischen Fusionskontrolle war.[731] Ein wichtiges Ziel der chinesischen Fusionskontrolle war daher, diesen gefühlten Ausverkauf einzudämmen.[732] Gleichzeitig verfolgt die chinesische Regierung eine Industriepolitik, die die Bildung und Entwicklung großer, chinesischer Unternehmen mit Skalierungseffekten, sog. *„national champi-*

---

730 Siehe oben E. I. 2.
731 *Ding*, Yameng, Kauf chinesischer Unternehmen durch grenzüberschreitende Unternehmen, S. 3.
732 Siehe oben D. I.

ons" fördert.[733] Insbesondere die Ineffizienz der Staatskonzerne wollte man dabei unter anderem durch Förderung von „horizontalen Wirtschaftsverbindungen"[734], sowie der Bildung von „Unternehmensgruppen"[735], das heißt Gruppen mehrerer selbstständiger Unternehmen unter einheitlicher Leitung, begegnen.[736]

Angesichts dieser Interessenlage ist eine Ungleichbehandlung von inländischen und ausländischen Sachverhalten eine logische Folge.

Es ist daher anzunehmen, dass sowohl die Berücksichtigung von nicht wettbewerblichen Faktoren als auch die Diskriminierung von Zusammenschlüssen unter ausländischer Beteiligung nicht nur zufällige, sondern geradezu gewollte Merkmale der chinesischen Fusionskontrolle darstellen.[737] Warum diese Merkmale gewollt sind, hängt mit den Besonderheiten des chinesischen Wirtschaftssystems und der Funktion der Fusionskontrolle als Teilbereich der Wettbewerbs- und Wirtschaftspolitik in diesem System zusammen.

a) Die wirtschaftspolitischen Rahmenbedingungen

China ist nach eigenen Angaben ein sozialistischer Staat unter alleiniger Führung der kommunistischen Partei.[738] Die eigentlich vorgesehene Wirtschaftsform in einer sozialistischen Ordnung ist die Planwirtschaft und keine Marktwirtschaft, sodass auch Wettbewerb und ein damit einhergehender Wettbewerbsschutz zumindest auf den ersten Blick systemwidrig erscheinen.

Seit 1978 leitete die Volksrepublik China wirtschaftliche Reformen ein. Der Fokus der gesamtgesellschaftlichen Ausrichtung wurde weg vom „Klassenkampf" hin zu „wirtschaftlicher Entwicklung" verlagert.[739] Die wirtschaftliche

---

733 Siehe *Ng*, Wendy, The Political Economy of Competition Law in China, S. 232; *Wu*, Zhenguo, Perspectives on the Chinese Anti-Monopoly Law, Antitrust Law Journal 2008, Vol. 75, S. 73-116 (97); *Shang*, Ming, Antitrust in China - a Constantly Evolving Subject, Competition Law International 2009, Vol. 5, S. 4 (4-7).
734 经济联合.
735 企业集团.
736 *Masseli*, Markus, Handbuch der chinesischen Fusionskontrolle, S. 5.
737 Ähnlich auch *Pfromm*, René A., Fusionskontrolle in der Volksrepublik China: Praktische Herausforderungen und ihre Überwindung, WuW 2014, S. 28 ff., *Immenga*, Frank A. / *Li*, Zheng, Extraterritoriale Rechtsanwendung in der chinesischen Fusionskontrolle: Zunehmende wirtschaftspolitische Einflussnahme auf den internationalen Wettbewerb?, BB 2014, S. 2306 (2307).
738 Siehe Art. 1 der chinesischen Verfassung.
739 Vgl. Report der dritten Sitzung des 11. Nationalen Volkskongresses der kommunistischen Partei Chinas vom 22.12.1978, aufrufbar unter http://cpc.people.com.cn/GB/64162/64168/64563/65371/4441902.html.

Öffnung führte den Wettbewerb in ein System ein, das den freien Wettbewerb eigentlich ablehnt. Die Einführung des Wettbewerbs an sich war damit ein waghalsiges Experiment der chinesischen Führung. Innerhalb der darauffolgenden Jahrzehnte holte die chinesische Wirtschaft rasant auf. Während es in den 70er Jahren des vergangenen Jahrhunderts in der Weltwirtschaft kaum eine Rolle spielte, ist sie heute eine der stärksten Volkswirtschaften der Welt.

Politische und rechtliche Reformen begleiteten nicht nur den beispiellosen Aufstieg der chinesischen Wirtschaft, sondern machten diesen durch die Schaffung der geeigneten Rahmenbedingungen überhaupt erst möglich. Das so geschaffene System der „sozialistischen Marktwirtschaft"[740] gilt daher auch als chinesischer Sonderweg, den es so kein zweites Mal auf der Welt gibt. Der Zusatz „sozialistisch" zur Bezeichnung der chinesischen Marktwirtschaft macht deutlich, dass es keineswegs mit dem marktwirtschaftlichen System in Europa gleichgesetzt werden kann. Die Marktwirtschaft hat vielmehr deutlich mehr Beschränkungen seitens des chinesischen Staates. Ein Beispiel hierfür ist zum Beispiel die Beschränkung der ausländischen Investitionen seitens der chinesischen Regierung. Ausländische Investitionen in bestimmten Industrien sind eingeschränkt bzw. gänzlich untersagt.[741]

Eine verbreitete Ansicht in China vertritt, dass die Wirtschaft in China zwar nicht mehr staatlich organisiert, aber nach wie vor staatlich geleitet sei.[742] In der Tat spielt zwar die Marktwirtschaft mit dem Wettbewerb als tragende Kraft im Wirtschaftssystem Chinas eine große Rolle, planwirtschaftliche Elemente sind aber ebenso vorhanden. Die starke Rolle des Staates im chinesischen Wirtschaftssystem ist verfassungsmäßig festgeschrieben[743] und in der Realität nach wie vor stark ausgeprägt.

Dies äußert sich einerseits durch eine makroökonomische und langfristige Planung, andererseits mittels direkter staatlicher Eingriffe in die Märke zur Durchführung dieser Planung. Zur Planungstätigkeit gehören insbesondere die Fünf-Jahrespläne der chinesischen Regierung, die die Schwerpunkte und Zielvorgaben der wirtschaftlichen Entwicklung für jeweils Fünf Jahre bestimmen. Zur Umsetzung dieser Fünf-Jahrespläne greift die chinesische Regierung deutlich häufiger und stärker in die Marktwirtschaft ein als die Europäische Union oder deren Mitgliedstaaten. Die Wettbewerbspolitik in China hat damit auch insgesamt eine viel stärkere Ausprägung als in der Europäischen Union.

---

740 Siehe Art. 11 der chinesischen Verfassung.
741 Siehe hierzu Catalogue of Industries for Guiding Foreign Investment (Revision 2017), aufrufbar unter http://www.fdi.gov.cn/1800000121_39_4851_0_7.html.
742 *Ng*, Wendy, The Political Economy of Competition Law in China, S. 191 f.
743 Vgl. Art. 6, 7 und 11 der chinesischen Verfassung.

Im chinesischen Wirtschaftssystem, in dem staatliche Interventionen in Märkte eine Selbstverständlichkeit darstellen, ist es konsequent, dass staatliche Korrekturmöglichkeiten auch im Bereich der Fusionskontrolle vorgesehen sind. Die Fusionskontrolle sowie das AMG insgesamt sind hierbei als Teilmenge der Wettbewerbspolitik zu sehen. Sie sollen die starke Rolle des Staates in dem Wirtschaftssystem nicht nur nicht angreifen, sondern auch unterstützen.

Ein Beleg hierfür findet sich im AMG selbst. Gemäß Art. 4 AMG errichtet und implementiert der Staat Wettbewerbsregeln, die mit dem System der sozialistischen Marktwirtschaft vereinbar sind, die die makroökomische Aufsicht und Kontrolle des Staates sowie ein ganzheitliches, offenes, wettbewerbsfähiges und geordnetes Marktsystem unterstützen. Art. 4 AMG stärkt damit explizit die staatliche Rolle im chinesischen Wirtschaftssystem.

Im Gesetzgebungsprozess des AMG wurde die Vorschrift auf Anraten einer ganzen Reihe von staatlichen Behörden auf zentraler und lokaler Verwaltungsebene aufgenommen.[744] Es sollte damit zur Ausdruck gebracht werden, dass das AMG im Dienste der nationalen Besonderheiten Chinas und seiner sozialistischen Marktwirtschaft steht. Das AMG und auch der Wettbewerb an sich dienen in diesem Sinne lediglich als mögliche Mittel des Staates zur Verwirklichung der makroökomischen und gesellschaftlichen Ziele, die der Staat bei seiner Planungstätigkeit festlegt.[745] Es ist somit davon auszugehen, dass diese industriepolitischen Vorgaben hierarchisch über dem Wettbewerbsschutz als Marktmechanismus stehen.

In diesem Sinne ist auch die Aussage von *Jiang Zemin*[746] zu verstehen, der zwar die Wichtigkeit der Marktmechanismen für die sozialistische Marktwirtschaft betont, gleichzeitig aber darauf verweist, dass diese der makroökonomischen Kontrolle des Staates unterliegen.[747] Auch wenn das AMG daher auch einführt wurde, um den Wettbewerb als Treiber der Marktwirtschaft zu schützen, so dürften im Konfliktfall die industriepolitisch festgelegten Zielvorgaben vorrangig sein.

Die Fusionskontrolle dient letztlich der Unterstützung und Legitimierung der starken Rolle des Staates.

---

744 Siehe hierzu ausführlich *Ng*, Wendy, The Political Economy of Competition Law in China, S. 230 ff.

745 *Ebenda.*

746 Ehemaliger Generalsekretär des Zentralkomitees der kommunistischen Partei Chinas und ehemaliger chinesischer Staatspräsident.

747 *Jiang*, Zemin, Report von Jiang Zemin auf der Sitzung des 14. Nationalen Kongresses der kommunistischen Partei Chinas, 12.10.1992, aufrufbar unter http://cpc.people .com.cn/GB/64162/64168/64567/65446/4526308.html.

b) Die besondere Rolle der SOEs

Zu der starken Rolle des Staates in dem chinesischen Wirtschaftssystem gehört es auch, dass er anders als die EU nicht nur als Regulierer auftritt, sondern gleichermaßen als Marktteilnehmer. In der chinesischen Wirtschaft spielen SOEs daher eine besonders dominante Rolle.[748]

Als China noch eine reine Planwirtschaft hatte, gab es keine privaten, sondern nur staatliche Unternehmen. Seit der Einleitung der wirtschaftlichen Öffnung wurden immer mehr Bereiche privatisiert und der Anteil der SOEs an der Wirtschaftsleistung Chinas ging stetig zurück. Dennoch sind immer noch rund 60 % der größten 500 Unternehmen Chinas in staatlicher Hand.[749] Viele SOEs sind mit dem wirtschaftlichen Aufstieg Chinas auch international zu wirtschaftlichen Schwergewichten aufgestiegen. So belegen SOEs unter anderem die Plätze 2 bis 4 in der Fortune Global 500 Liste von 2017.[750] Industrien und Märkte, die China als elementar für die nationale Wirtschaft auserkoren hat, kontrolliert der Staat nach wie vor mittels SOEs. Zu diesen Industrien gehören insbesondere Öl, elektrische Energie, Stahl, Telekommunikation, Schiff- und Luftfahrt, Verteidigung und Kohle.[751]

Die Beherrschung dieser Industrien und Märkte durch staatliche SOEs ist aus chinesischer Sicht wirtschaftspolitisch notwendig. Zum einen leisten die SOEs eine in der kommunistischen Ordnung vorgesehene soziale Funktion für die Gesellschaft.[752] Zum anderen sichern sie nach staatlicher Intention gleichzeitig die nationale Sicherheit[753] und unterstützen die globalwirtschaftlichen Ambitionen der chinesischen Regierung.[754] Ein Vordringen privater, insbesondere ausländischer Unternehmen in diesen Bereichen ist aus diesen Gründen strategisch nicht gewollt.

Auch die chinesische Verfassung schreibt den SOEs eine leitende Rolle innerhalb der Volkswirtschaft zu.[755] Aufgrund dieser herausragenden Rolle

---

748 Zur dominaten Rolle der SOEs siehe auch *Ng*, Wendy, The Political Economy of Competition Law in China, S. 102 ff.; *Sokol*, D. Daniel, Merger Control under China's Anti-Monopoly Law, New York University, Journal of Law & Business, Vol. 10, 2013, No. 1, S. 21 ff.

749 Im Jaher 2017 ist der Anteil erstmals leicht unter die 60% Marke gesunken http:/ /news.163.com/17/0912/13/CU4RU51200014SEH.html.

750 Fortune 500 – 2017, Fortune, aufrufbar unter http://fortune.com/global500/.

751 *Ng*, Wendy, The Political Economy of Competition Law in China, S. 103.

752 Etwa im Bereich der Energieversorgung.

753 Siehe *Blachucki*, Mateusz, Public Interest Considerations in Merger Control Assessment, E.C.L.R. 2014, Vol. 35, No. 8, S. 380 (384).

754 *Ng*, Wendy, The Political Economy of Competition Law in China, S. 130 ff.

755 Siehe Art. 7 der chinesischen Verfassung.

soll der Staat gemäß Art. 7 der chinesischen Verfassung die Stabilität und Ent-wicklung der SOEs sichern. Zu diesem Zweck werden SOEs in China gezielt staatlich gefördert. Dazu gehört auch die Förderung von Zusammenschlüssen großer SOEs, um ihre teils maroden Verwaltungsstrukturen zu durchbrechen, ihre Ressourcen zu bündeln und ihre internationale Wettbewerbsfähigkeit zu steigern.[756] Diese und ähnliche industriepolitische Maßnahmen dienen dazu, staatlich geplante *„national champions"* aufzubauen,[757] die international wettbewerbsfähig und durchsetzungsstark sind und so als Säulen der chinesi-schen Wirtschaft fungieren können. Dass gerade solche Zusammenschlüsse zur Schaffung einer beherrschenden Stellung führen, oder eine solche ver-stärken, ist daher kein notwendiges Übel, sondern vor dem Hintergrund der Funktionen der SOEs auf den strategisch wichtigen Märkten ein bewusstes Ziel der staatlichen Wettbewerbspolitik.[758]

Dieses Ziel steht auch im Einklang mit der chinesischen Fusionskon-trolle. Zwar sind SOEs nicht explizit aus dem Anwendungsbereich ausge-nommen,[759] dennoch haben sie im Vergleich zu anderen Unternehmens-formen eine herausragende Stellung innerhalb des AMG. Dies ergibt sich insbesondere aus Art. 7 AMG. Nach seinem Wortlaut erkennt Art. 7 AMG die beherrschende Stellung des Staates in Schlüsselindustrien an und schützt diese explizit. In S. 2 wird lediglich darauf verwiesen, dass die betroffenen SOEs ihre beherrschende Stellung nicht ausnutzen sollen um Verbraucher-interessen zu schaden. Damit wird gleichzeitig deutlich, dass das AMG die beherrschende Stellung der SOEs an sich nicht nur nicht angreifen, sondern noch zusätzlich zementieren will.

Die bevorzugte Behandlung von SOEs ist somit ebenfalls ein Ziel des AMG und der Fusionskontrolle als dessen Teilmaterie. Diese Bevorzugung

---

756 Ein Beispiel hierfür ist etwa die staatlich vorgesehene Konzernierung der heimischen Stahlindustrie. Die Zusammenschlüsse der großen SOEs in diesem Sektor sind zumindest aus rein wettbewerblicher Sicht bedenklich, wurden allerdings oftmals ohne eine fusionsrechtliche Prüfung durch die MOFCOM vollzogen.

757 Vgl. *Sokol*, D. Daniel, Merger Control Under China's Anti-Monopoly Law, New York University, Journal of Law & Business 2013, Vol. 10, No. 1, S. 23.

758 Inwieweit die MOFCOM in diesem Zusammenhang Zusammenschlüsse auf Basis des öffentlichen Interesses rechtfertigt, ist nicht bekannt, da die MOFCOM vollum-fänglich freigebende Entscheidungen nicht veröffentlicht. Es ist jedoch bekannt, dass SOEs selbst bei einer Anmeldepflicht selten den Zusammenschluss bei der MOFCOM anmelden. Vgl. auch *Wang*, Xiaoye / *Emch*, Adrian, Five Years of Impleta-tion of China's Anti-Monopoly Law – Achievements and Challenges, Jounal of Anti-trust Enforcement, S. 247 (267 f.); *Fleischer*, Romy Nicole, Das Missbrauchsverbot Chinas – Tendenzen einer effektiveren Verfolgung monopolistischer Marktverhal-tensweisen im Telekommunikationssektor, ZChinR 2014, S. 109 (111).

759 Dies wurde während des Gesetzgebungsprozesses durchaus diskutiert.

geht aber quasi automatisch mit einer Ungleichbehandlung von anderen Unternehmen einher. Hierzu gehören vor allem ausländische Unternehmen.

c) Zwischenfazit

Der Staat spielt nicht nur in der chinesischen Gesellschaft, sondern auch im chinesischen Wirtschaftsystem eine herausragende Rolle. Er übernimmt im System der sog. sozialistischen Marktwirtschaft eine Planungs- und Leitungsfunktion. Hierzu legt er strategische Entwicklungsziele fest, die durch eine gezielte Industriepolitik und mit Hilfe von SOEs umgesetzt werden.

Auch wenn der Wettbewerb in der chinesischen Marktwirtschaft einen hohen Stellenwert besitzt, wird eine staatliche Kontrolle und bei Bedarf eine staatliche Interventionsmöglichkeit für unerlässlich erachtet.[760]

Unter dieser besonderen Konstellation dient die Fusionskontrolle in China nicht nur dazu den Wettbewerb zu schützen. Die Fusionskontrolle soll vielmehr auch die besondere Funktion des Staates in dem Wirtschaftssystem sichern und unterstützen. Dies hat zur Folge, dass die chinesische Fusionskontrolle einen industriepolitischen Ansatz verfolgt.

2. Ziele und Funktionen der Europäischen Fusionskontrolle

Die Europäische Union ist anders als China kein Nationalstaat, sondern eine Staatengemeinschaft basierend auf zwischenstaatlichen Verträgen. Sie besteht aus derzeit 28 Mitgliedstaaten, die zum Teil ähnliche, zum Teil aber auch unterschiedliche wirtschaftspolitische Rahmenbedingungen aufweisen. Konsequenterweise können die Interessen der einzelnen Mitgliedstaaten voneinander abweichen. Die Wettbewerbspolitik der EU ist daher vor allem ein Kompromiss dieser unterschiedlichen Positionen.

Dies gilt auch für die Fusionskontrolle als Teilbereich der europäischen Wettbewerbspolitik. Innerhalb der Mitgliedstaaten besteht seit jeher ein grundlegender Konflikt zwischen einer ausschließlich am Wettbewerb orientierten und einer auch industriepolitische Ziele einbeziehenden Ausrichtung.[761] Die Schaffung der Europäischen Fusionskontrolle wurde aufgrund dieses inhaltlichen Dissenses lange Zeit hinausgeschoben. Schließlich einig-

---

760 So auch *Qi*, Duojun, Economic Law Forum, Wuhan University Press, 2010, S. 221.
761 Siehe *Kerber*, Wolfgang, Zur Wettbewerbskonzeption im europäischen Wettbewerbsrecht, in: Die europäische Integration als ordnungspolitische Aufgabe, S. 280.

ten sich die Mitgliedstaaten im Jahre 1989 auf einen Kompromiss.[762] Dieser beinhaltet zwar einige gesichtswahrende Elemente der industriepolitischen Konzeption, insgesamt konnte sich allerdings der wettbewerbliche Ansatz in allen wichtigen Punkten durchsetzen. Insbesondere die von der industriepolitischen Konzeption geforderte Abwägungsmöglichkeit in Form einer Rechtfertigung fand keinen Eingang in den Wortlaut der FKVO. Die Fusionskontrolle dient somit dem Schutz des Wettbewerbs. Gemeinwohlinteressen sind lediglich als Fernziele mittels der Sicherung und Aufrechterhaltung des Wettbewerbs geschützt. Auch die Entscheidungspraxis der Europäischen Kommission bestätigt bislang diese wettbewerbliche Ausrichtung und Funktion der Europäischen Fusionskontrolle.

Eine wettbewerbliche Ausprägung der Fusionskontrolle korrespondiert auch mit der generellen Ausrichtung der europäischen Wettbewerbspolitik. Diese ist in erster Linie eine auf Abwehr von Wettbeschränkungen gezielte Politik.[763]

Diese Zielsetzung der Europäischen Wettbewerbspolitik zeugt vom Vertrauen in den Wettbewerb als regulierende Kraft des Marktes und von einem grundsätzlichen Misstrauen gegenüber dem Staat bzw. gegenüber hoheitlichen Eingriffen in den Markt. Indem man unterstellt, dass der Wettbewerb die Gemeinwohlinteressen am besten erreichen kann, unterstellt man gleichzeitig, dass diese durch Industriepolitik nicht ebenso gut erreicht werden können. Die Betonung der selbstregulierenden Kräfte des Marktes ist somit gleichzeitig ein Misstrauensvotum gegenüber einer hoheitlichen Regulierung des Marktes.

Das Misstrauen gegenüber staatlicher Intervention ist dabei in Europa stark verbreitet. Dies dürfte mit der großen Bedeutung der individuellen Freiheit des Einzelnen zusammenhängen. Auch dies vor allem historisch geprägt. Vor der Durchsetzung der Marktwirtschaft prägten erst die feudale Ständeordnung und danach der Merkantilismus die wirtschaftliche und gesellschaftliche Ordnung in Europa.[764]

Ein Merkmal der feudalen Ständegesellschaft war die Einteilung der Gesellschaft in abgeschlossene soziale Gruppierungen, die mit einer gesellschaftlichen und wirtschaftlichen Stellung und Aufgabe verbunden wurde. Diese Ordnung wurde als gottgegeben verstanden, so dass ein Wechsel oder ein Aufstieg innerhalb der feudalen, ständegesellschaftlichen Zuordnung nicht möglich war.

---

762 Für eine ausführliche Erläuterung siehe oben C.I.
763 Siehe hierzu *Neumann*, Manfred, Wettbewerbspolitik, S. 33.
764 *Bullinger*, Martin, Öffentliches Recht und Privatrecht, S. 71.

Im Zeitalter des Absolutismus wiederum war eine merkantilistische Zielsetzung prägend für die Wirtschaft. Wirtschaftliche Verbindungen wurden privilegiert,[765] die unter einen weitreichenden Direktions- und Kontrollrecht des absolutistischen Herrschers standen und allein dazu dienten seine Zielsetzungen zu erfüllen.

Sowohl die feudale Ständegesellschaft als auch der Merkantilismus verboten die freie Entfaltung des Individuums. Die Einschränkungen durch eine kollektive Zuordnung oder der Willkür eines Monarchen hinterließen in der europäischen Gesellschaft deutliche Spuren. Sie führte zunächst zur wissenschaftlichen Epoche der Aufklärung, die den Mensch als Individuum und die Schutzwürdigkeit der individuellen Entfaltung in den Mittelpunkt allen Handelns stellte. Der damit verbundene inhaltliche Bruch mit den Vorstellungen und negativen Erfahrungen der Vergangenheit, sowie der Wunsch nach einer selbstbestimmten bürgerlichen Ordnung führten schließlich zur Entstehung der modernen Demokratien und Marktwirtschaften in Europa.[766]

Eine staatliche Intervention wurde vor diesem Hintergrund kritisch beurteilt, da damit zwangsläufig auch eine Einschränkung der persönlichen Freiheit des Individuums verbunden war. Im Einklang hierzu wurde dem öffentlichen Recht, das das Rechtsverhältnis zwischen Staat und Bürger regelt, vor allem eine freiheitssichernde Funktion zugeschrieben.[767]

Rechtstheoretisch ging diese Überlegung unter anderem auf *Emmanuel Kant* zurück.[768] Er sah das Privatrecht als Naturrecht des äußeren Mein und Dein an, dessen Zustand aber durch ein öffentliches Recht des Staates in Form seiner publizierten Gesetze geschützt werden müsse, um gesicherte Geltung zu erlangen. Konsequenterweise darf demnach das Recht die Freiheit eines jeden nur insoweit einschränken, als dies unbedingt notwendig ist, um die Freiheit jedes anderen zu sichern.[769]

Doch neben der freiheitssichernden Funktion des öffentlichen Rechts hat auch die Marktwirtschaft eine freiheitsfördernde und staatliche Eingriffe abwehrende Funktion. Wettbewerb wird in diesem Sinne als Korrelat wirtschaftlicher Freiheit gesehen.[770]

---

765 *Neumann*, Manfred, Wettbewerbspolitik, S. 35.
766 Siehe hierzu auch *Neumann*, Manfred, Wettbewerbspolitik, S. 4 f.
767 *Bullinger*, Martin, Öffentliches Recht und Privatrecht, S. 37 ff.; 48 ff., S. 70 ff; *Neumann*, Manfred, Wettbewerbspolitik, S. 4 f.
768 *Kant*, Emmanuel, Metaphysik der Sitten – Einteilung der Rechtslehre, Werke IV, S. 346.
769 Siehe hierzu *Bullinger*, Martin, Öffentliches Recht und Privatrecht, S. 37 ff.
770 *Neumann*, Manfred, Wettbewerbspolitik, S. 4 f.

Diese Idee geht zurück auf die Philosophie von *John Locke* (1690), wonach jedermann das Recht besitzt, sein Glück zu verwirklichen, seine eigenen Interessen zu bestimmen und zu verfolgen.[771] Auch die Wirtschaftstheorie von *Adam Smith*, die als Ursprung der Marktwirtschaft gilt, fußt auf diesen Gedanken. Zusätzlich geht *Smith* davon aus, dass die Ausübung der individuellen Freiheit zur Maximierung des persönlichen Glücks gleichzeitig automatisch zu einer Maximierung des gesellschaftlichen Wohlstands führt.[772]

Die individuelle Freiheit und seine Ausübung wird daher als elementare Voraussetzung für die Marktwirtschaft angesehen.[773] Die staatliche Funktion besteht in diesem System vor allem darin, Rahmenbedingungen zu schaffen, um die Ausübung der individuellen Freiheit vor Einschränkungen seitens öffentlicher Gewalt des Staates oder der privatwirtschaftlichen Übermacht anderer Individuen zu schützen.[774] Diese Grundsätze gelten nach wie vor.[775]

Die Europäische Fusionskontrolle ist vor diesem besonderen Hintergrund zu betrachten. Auch wenn sie vordergründig daher lediglich dazu dient den Wettbewerb und die Strukturen des Marktes zu sichern, so hat sie bei näherer Betrachtung eine wichtige freiheitssichernde Funktion. Sie schützt die individuelle Handlungsfreiheit der Wirtschaftssubjekte eines Marktes nicht nur vor wirtschaftlicher Macht, sondern auch vor staatlichem Eingriff.

Aus diesem Grund ist es auch verständlich, dass eine industriepolitische Ausrichtung der chinesischen Wettbewerbspolitik aus europäischer Sicht kritisch gesehen wird. Eine industriepolitisch verstandene Wettbewerbspolitik wird in Europa als Einschränkung der wirtschaftlichen Freiheit empfunden und weckt damit negative Assoziationen.[776]

3. Grenzen des Rechtsvergleichs

Bei der chinesischen Fusionskontrolle handelt es sich um ein sehr junges Rechtsgebiet. Der chinesische Gesetzgeber hat sich im Rahmen der Gesetzgebung am Beispiel der Europäischen Fusionskontrolle orientiert. Viele Regelungen der Fusionskontrolle sind daher nach ihrem Wortlaut an die Europäi-

---

771 *Neumann*, Manfred, Wettbewerbspolitik, S. 4.
772 Siehe hierzu *Smith*, Adam, An Inquiry into the Nature and Causes of the Wealth of Nations, Vol. I., S. 477 f.
773 *Mill*, John Stuart, Utilitarianism, S. 16 f.
774 *Neumann*, Manfred, Wettbewerbspolitik, S. 4 f.
775 Zur wirtschaftstheoretischen Konzeption siehe etwa *Eucken*, Walter, Grundsätze der Wirtschaftspolitik, S. 169 ff; *Hoppmann*, Erich, Wettbewerb als Norm der Wettbewerbspolitik, ORDO, Band 18, S. 77 (77 ff.).
776 Siehe hierzu *Neumann*, Manfred, Wettbewerbspolitik, S. 2.

sche Fusionskontrolle angelehnt. Dennoch hat der chinesische Gesetzgeber bereits während der Gesetzgebungsphase erkannt, dass Veränderungen in der Ausgestaltung der materiellen Fusionskontrolle notwendig sind, um das Recht an die gesellschaftlichen, wirtschaftlichen und politischen Gegebenheiten Chinas anzupassen.[777]

Diese Anpassungen an die chinesischen Gegebenheiten stellen naturgemäß Abweichungen von der Europäischen Fusionskontrolle dar. Aus europäischer Sicht sind gerade diese Abweichungen problematisch, da sie nicht zum Europäischen Verständnis der Funktion einer Fusionskontrolle passen.

Die gesellschaftlichen und wirtschaftspolitischen Rahmenbedingungen in der EU und in China weichen stark voneinander ab. Während in Europa eine bestmögliche Verwirklichung der individuellen Freiheit Ziel des öffentlichen Rechts ist, steht in China das Wohl des Kollektivs im Mittelpunkt. Betrachtet man vor diesem Hintergrund die Funktion der Fusionskontrolle in beiden Rechtsordnungen, so ist festzustellen, dass die Fusionskontrolle in Europa vor allem eine freiheitsfördernde während sie in China vor allem eine gemeinwohlfördernde Funktion erfüllt.

Die unterschiedliche Funktion bedingt eine unterschiedliche Zielsetzung und erklärt letztlich die unterschiedliche Ausprägung der materiellen Fusionskontrolle. Die Erkenntnisse und Erfahrungen aus Europa können aufgrund dieser Unterschiede nicht ohne weiteres auf China übertragen werden.

Recht und Gesellschaft sind so eng miteinander verknüpft, dass eine reine Übernahme nicht möglich erscheint.[778] Die Fusionskontrolle in China sollte nämlich nicht nur internationalen Standards genügen, sondern auch gerade die spezifischen nationalen Bedürfnisse Chinas erfüllen.[779] Für eine einfache Anpassung an die Europäische Fusionskontrolle im Wege der Rechtsübernahme fehlt es an der Homogenität der dahinterstehenden gesellschaftlichen Rahmenbedingungen.

---

[777] Siehe „eine Erklärung des Antimonopolgesetzes der Volksrepublik China (Entwurf)", 22. Sitzung des 10. Ständigen Komitees des Nationalen Volkskongresses, 24.6.2006 (关于《中华人民共和国反垄断法（草案）》的说明——2006年6月24日在第十届全国人民代表大会常务委员会第二十二次会议), aufrufbar unter http://www.npc.gov.cn/wxzl/gongbao/2007-10/09/content_5374671.htm.

[778] Siehe hierzu ausführlich *Kahn-Freund*, Otto, On Uses and Misuses of Comparative Law, The Modern Law Review 1975, Vol. 37, S. 1 ff.; *Legrand*, Pierre, The impossibility of "legal transplants", Maastricht Journal of European and Comparative Law 1997, Vol. 4, S. 111 ff.

[779] *Wu*, Zhenguo, Perspectives on the Chinese Anti-Monopoly Law, Antitrust Law Review 2008, Vol. 75, S. 73 (77).

Wie für eine erfolgreiche Rechtsübernahme ist aber auch für einen erfolgreichen Rechtsvergleich eine gewisse Homogenität der Bedingungen erforderlich. Nur auf diese Weise können sinnvolle Rückschlüsse aus dem Rechtsvergleich abgeleitet werden. Insoweit stößt auch der Rechtsvergleich hier an seine Grenzen.

III. Anregungen für die chinesische Fusionskontrolle

Obwohl eine rechtliche Anpassung der chinesischen Fusionskontrolle an die Europäische nicht möglich ist und auch der Rechtsvergleich aufgrund der unterschiedlichen Funktion der Fusionskontrolle an seine Grenzen stößt, kann die Europäische Fusionskontrolle dennoch einige wichtige Anregungen für die chinesische Fusionskontrolle bieten.

Die größten Kritikpunkte der chinesischen Fusionskontrolle lassen sich zwar aus gesellschaftlicher und wirtschaftspolitischer Sicht erklären, nichtsdestotrotz führen sie aber zur Rechtsunsicherheit.[780] Insbesondere ausländische Unternehmen sehen die chinesischen Regelungen skeptisch. Auf einer Umfrage des US-China Business Council von 2014 gaben z.B. etwa 86 % der befragten US-Unternehmen an, dass sie die Durchsetzung des AMG als besorgniserregend einstufen.[781] Eine solche Unsicherheit kann auf Dauer dazu führen, dass auch strategisch gewollte Zusammenschlüsse mit chinesischen Unternehmen unterlassen werden. Sie kann zudem die Investitionsbereitschaft insgesamt schwächen und damit negative Folgen für die chinesische Wirtschaft entfalten.

Eine solche Entwicklung ist auch aus chinesischer Sicht nicht wünschenswert. Die MOFCOM versucht daher kontinuierlich, die chinesische Fusionskontrolle fortzuentwickeln, sodass ihr insgesamt mehr Vertrauen entgegengebracht wird. In diesem Zusammenhang zeigt die MOFCOM nicht nur eine zunehmend höhere Anwendung von wissenschaftlichen Analysen, auch die Begründungen werden zunehmend länger, was eine Transparenz der Entscheidungen fördert.[782] Diese Bestrebungen der MOFCOM sind als positiv zu bewerten.

---

780 Siehe auch *Masseli*, Markus, Die chinesische Fusionskontrolle im Lichte der ersten Nebenbestimmungen zum Antimonopolgesetz, ZChinR 2009, S. 18 (30).
781 US-China Business Council, USCBS 2014 China Business Environment Survey Results: Growth Continues Amidst Rising Competition, Policy Uncertainty, S. 20 ff.
782 So auch *Wang*, Xiaoye / *Emch*, Adrian, Five Years of Implementation of China's Anti-Monopoly Law – Achievements and Challenges, Journal of Antitrust Enforcement 2013, Vol. 1, S. 247-271 (251, 259, 265).

Der chinesische Gesetzgeber sieht das AMG und die weitere Ergänzung dieser Wettbewerbsregeln als notwendige Komponente eines Rechtssystems, die das Funktionieren der Marktwirtschaft und weitergehende wirtschaftliche Reformen sichert. Doch obwohl die fusionskontrollrechtlichen Regelungen des AMG erst 2008 in Kraft traten, wirken sie angesichts der rasant wachsenden Wirtschaft in China bereits jetzt überholt.

Während die chinesische Wirtschaft im Jahre 2008 lediglich 7,3 % der globalen Wirtschaft ausmachte, sind es im Jahre 2018 bereits etwa 15 %.[783] China hat damit Japan überholt und ist die zweitgrößte Volkswirtschaft hinter den USA. Zudem sind die Wachstumsraten der chinesischen Wirtschaft im Vergleich zu den Industriestaaten nach wie vor sehr hoch. Nach *Wang* könnte China bereits im Jahre 2035 die USA als größte Volkswirtschaft der Welt ablösen.[784]

Aufgrund dieser geänderten Umstände erscheint eine Anpassung der materiellen Fusionskontrolle in China durchaus angebracht. Die erhöhte Rechtsunsicherheit und die möglichen negativen Folgen für die nationale Wirtschaft durch Berücksichtigung wettbewerbsfremder Erwägungen, Benachteiligung ausländischer Unternehmen und Intransparenz in der materiellen Fusionskontrolle müssen vor diesem Hintergrund nochmals überdacht werden. Eine Anpassung der materiellen Fusionskontrolle, die die heutigen Bedürfnisse der chinesischen Gesellschaft und Wirtschaft widerspiegelt, erscheint notwendig. Bei einer möglichen Reform könnte die Europäische Fusionskontrolle ähnlich wie bei der Einführung der chinesischen Fusionskontrolle wichtige Anregungen geben.

1. Berücksichtigung wettbewerbsfremder Erwägungen

Die Berücksichtigung wettbewerbsfremder Erwägungen in der chinesischen Fusionskontrolle hat vor allem einen starken industriepolitischen Auftrag.

Im Jahre 2008 bestand dieser vor allem darin, die Stärkung der internationalen Wettbewerbsfähigkeit von chinesischen Unternehmen und die Reform der SOEs zu gewährleisten. Inzwischen hat sich jedoch die globale Landkarte der *global player* erheblich in Richtung China verschoben. Eine große

---

783 *Wang*, Wen, USA ist nicht schnell am Schwächeln, der Aufstieg Chinas führt zu einem "langen Kampf", aufrufbar unter http://www.guancha.cn/WangWen/2018_01_09_442331.shtml.

784 *Wang*, Wen, USA ist nicht schnell am Schwächeln, der Aufstieg Chinas führt zu einem "langen Kampf", aufrufbar unter http://www.guancha.cn/WangWen/2018_01_09_442331.shtml.

Anzahl von chinesischen Unternehmen ist zwischen 2008 und 2018 zu *global players* aufgestiegen, die mit ihren internationalen Wettbewerbern durchaus auf Augenhöhe agieren. Während im Jahre 2008 beispielsweise lediglich 35 der Fortune 500 chinesische Unternehmen waren, waren es im Jahr 2017 bereits 115.[785] Der von der chinesischen Politik und Gesellschaft im Jahre 2008 befürchtete Rückstand der eigenen Wirtschaft und Unternehmen gegenüber etablierten Industriestaaten scheint bereits jetzt aufgeholt zu sein.

Auch die Umstrukturierung der SOEs dürfte langsam zu Ende gehen. Die maroden Verwaltungsstrukturen sind ein Relikt aus den Zeiten der reinen Planwirtschaft. Nach etwa 40 Jahren der wirtschaftlichen Reformierung dürften nur noch wenig von diesen Strukturen tatsächlich vorhanden sein. Dies gilt insbesondere, da die Reform der großen SOEs in der jüngeren Vergangenheit bereits sehr dynamisch und erfolgreich durchgeführt worden sind.

Es ist daher auch aus chinesischer Sicht fragwürdig, ob die industriepolitisch motivierte und protektionistisch wirkende Berücksichtigung wettbewerbsfremder Faktoren in der chinesischen Fusionskontrolle tatsächlich das Wohl des Kollektivs unter diesen Umständen maximiert und deshalb weiter beibehalten werden sollte.

Für die Beantwortung dieser Frage kann die Europäische Fusionskontrolle wichtige Anregungen geben.[786]

Die Schaffung und Entwicklung der Europäischen Fusionskontrolle wurde seit jeher von Spannungen zwischen dem rein wettbewerblich orientierten und dem auch industriepolitisch motivierten Lager begleitet. Die Diskussion um die industriepolitische Schaffung von sog. *„national champions"* und eine Stärkung der europäischen Industrie gegenüber Konkurrenten aus dem Ausland wurde auch in Europa lange Zeit geführt.[787]

In Europa ist der Wettbewerbsschutz ebenfalls kein reiner Selbstzweck. Vielmehr steht in der EU wie auch in China letztlich eine Maximierung von Gemeinwohlinteressen im Mittelpunkt.[788] Doch der gewählte Weg ist ein

---

785 Siehe Fortune, http://www.fortunechina.com/fortune500/c/2008-07/10/content_9494.htm; http://www.fortunechina.com/fortune500/c/2017-07/20/content_286799.htm.

786 Siehe auch *Hou*, Dehong, Untersuchung der Durchsetzung des europäischen Wettbewerbsrechts und Lektionen für China, aufrufbar unter, http://www.pkulaw.cn /fulltext_form.aspx/pay/fulltext_form.aspx?Gid=1510148946&Db=qikan.

787 Vgl. *Stevenson*, Cliff /*Filippi*, Llaria, How Does the European Commission's New Chief Economist Think?, E. C.L.R. 2004, Vol. 25, No.2, S. 122 ff. Letztlich ist man aber zu dem Schluss gekommen, dass der Wettbewerb das definierte Ziel besser erreichen kann als eine selektive Förderung einzelner Sektoren oder Unternehmen, die eher einen Rückschritt in Richtung Privilegienwirtschaft des Merkantilismus bedeuten. Vgl. hierzu *Neumann*, Manfred, Wettbewerbspolitik, S.35.

788 Vgl. die in Art.2 EGV genannten Zielen.

anderer. Gemeinwohlinteressen sind in der Europäischen Fusionskontrolle zwar ebenfalls wichtig, sie werden aber lediglich als „Fernziele" über die Gewährleistung des unverfälschten Wettbewerbs geschützt. Dies entstammt der Überzeugung, dass der unverfälschte Wettbewerb im Zweifel den Gemeinwohlinteressen besser dient als ein Eingriff in den Markt durch Industriepolitik.[789] Der Wettbewerb schützt nach europäischer Sicht die Freiheit der Individuen[790] und ist eher in der Lage die internationale Wettbewerbsfähigkeit der heimischen Industrie zu stärken, da er sie effizienter macht.[791] Er ist zudem in der Lage strukturelle Probleme zu lösen und bessere Ergebnisse für den Verbraucher zu erzielen.

In diesem Sinne sagte *Mario Monti*[792] in einer Rede im Jahre 1999:

> „Naturally, competition will reward greater efficiency. It will put pressure on less performing companies and on sectors already suffering from structural problems. It may require a restructuring of certain firms and industries, also to be achieved via mergers and acquisitions. Therefore, exposing companies to the rigors of competition is the best way to improve their performance. Competition does more than benefit the consumer. It leaves companies fitter, leaner and more prepared to face competition domestically and abroad."[793]

Die Rede passt auch auf die heutige Wirtschaftssituation in China. Die Zeit zur Aufarbeitung der planwirtschaftlichen Systemschwächen neigt sich dem Ende zu. China ist wirtschaftlich schon längst ein *global player*. Das gilt auch für chinesische Unternehmen und insbesondere für große SOEs. Will man in diesem veränderten Umfeld weiterhin die Effektivität der Unternehmen steigern, sind andere Mittel als bisher notwendig. Dies gilt insbesondere, da es bislang keine fundierten Beweise gibt, die die Stärkung der nationalen Wirtschaft durch Schaffung von *national champions* belegen.[794] Die empiri-

---

789 Vgl. *Von Hayek*, Friedrich A., Freiburger Studien: gesammelte Aufsätze, Wirtschaft, Wissenschaft und Politik, S. 1, 11 f., 43 ff.; *ders.* in Die Anmaßung des Wissens: Neue Freiburger Studien, S. 3 ff.

790 Siehe oben E. II. 2.

791 *Neumann*, Manfred, Wettbewerbspolitik, S. 33 ff.

792 Ehemaliger EU-Kommissar für Wettbewerb.

793 *Monti*, Mario, Strengthening the European Economy through Competition Policy, 29.10.1999, SPEECH/99/146, aufrufbar unter http://europa.eu/rapid/press-release _SPEECH-99-146_en.htm.

794 *Nnadi*, Matthias / *Okene*, Ovunda V.C., Merger Regulations and Ethics in the European Union: The Legal and Political Dimensions, E.C.L.R. 2012, Vol. 33, No. 3, S. 124 (128).

schen Befunde sind ebenfalls mehrheitlich negativ.[795] Der Protektionismus schadet vor diesem Hintergrund mehr als dass er nützt.

Gerade die planwirtschaftliche Vergangenheit in China zeigt, dass zu viel protektionistischer Schutz und ein Mangel an echtem Wettbewerbsdruck weder „national champions" hervorbringt noch sich positiv auf die Konsumentenrente oder „total welfare" auswirken. Die wirtschaftliche Liberalisierung und die Einführung des Wettbewerbs führten erst zur wirtschaftlichen Stärke Chinas. Das Vertrauen in die Strukturen des Marktes dürfte vor diesem Hintergrund auch in China stetig zunehmen.

Statt eines protektionistischen Ansatzes wäre ein verstärktes Vertrauen in die chinesische Wirtschaft und die chinesische Marktwirtschaft heute vermutlich die bessere Wahl.

Eine Reform der chinesischen Fusionskontrolle weg von industriepolitischer Einmischung wäre daher wünschenswert. Ein solcher Schritt erscheint trotz der besonderen staatlichen Rolle in der chinesischen Marktwirtschaft denkbar. Da der Reformprozess der SOEs, der auch eine ganze Reihe von großvolumigen Zusammenschlüssen beinhaltet, sich langsam dem Ende neigt, düften fusionsrechtliche „Ausnahmen" in diesem Zusammenhang immer weiter an Bedeutung verlieren. Die als elementar eingestufte Kontrolle von strategisch wichtigen Märkten durch staatliche SOEs ist bereits erreicht. An dieser Kontrolle wird folglich auch eine wettbewerblich ausgeprägte Fusionskontrolle nichts mehr ändern. Zudem stehen dem Staat neben der Fusionskontrolle genügend andere Mittel zur Verfügung, um seine Aufsicht- und Leitungsfunktion auf den Markt ausüben. Insbesondere ausländische Akquisitionen von chinesischen Unternehmen dürften trotz eines wettbewerblich ausgestalten Fusionskontrollrechts auch aus chinesischer Sicht ausreichender Kontrolle unterliegen. Zun einen sind ausländische Investitionen in einigen Industrien nach dem Catalogue of Industries for Guiding Foreign Investment nicht möglich. Zum anderen könnte in so einer Konstellation neben einer fusionsrechtlichen Prüfung ggf. noch eine Prüfung aus Gründen der nationalen Sicherheit in Frage kommen. Auch sind chinesische Unternehmen mittlerweile durchaus mit ausländischen Unternehmen konkurrenzfähig. Eine Stärkung des Wettbewerbs steigert damit auch die Effizienz der chinesischen Unternehmen.

Eine grundsätzlich wettbewerblich orientierte Fusionskontrolle erhöht zudem die Stabilität und das Vertrauen in den chinesischen Markt und das Rechtswesen. Auch müssen selbst bei einer wettbewerblich ausgestalteten

---

795 Ebenda; Vgl. die Studie von Porter, Michael E., The Competitive Advantage of Nations von 1990.

Fusionskontrolle wünschenswerte Wettbewerbsergebnisse nicht außer Acht bleiben. Dies wäre zwar bei einem rein strukturellen Ansatz zum Schutz des Wettbewerbsprozesses notwendig. Doch selbst die Europäische Fusionskontrolle hat diesen strikten Ansatz mittlerweile aufgegeben. Die Europäische Fusionskontrolle ist unter der neuen Rechtslage der VO 139/2004 und unter dem Einfluss des *„more economic approach"* z.b. durch die neue Möglichkeit der ausgleichenden Berücksichtigung von Effizienzen und den verstärkten Fokus auf Verbraucherwohl deutlich ergebnisorientierter geworden als unter der alten Rechtslage der VO 4064/89. Dies ermöglicht es ihr, trotz einer grundsätzlich strukturellen Orientierung im Einzelfall auch Wettbewerbsergebnisse auf einem bestimmten relevanten Markt zu berücksichtigen. Allerdings stellt sie hierfür strenge Voraussetzungen auf, sodass eine Berücksichtigung wohl nur in seltenen Ausnahmefällen in Betracht kommt.

Wenn man diese Ausnahmefälle unter Berücksichtigung der chinesischen Besonderheiten definiert, wäre dies ggf. auch ein gangbarer Weg für die chinesische Fusionskontrolle. Eine generelle Rechtfertigungsmöglichkeit aufgrund von Gemeinwohlinteressen könnte durch eine klar umgrenzte Abwägungsmöglichkeit mit Bezug zu dem relevanten Markt abgelöst werden. Durch eine gezielte und klar umgrenzte Definition von relevanten Schutzgütern und Abwägungskriterien kann eine erhebliche Erhöhung der Rechtssicherheit gegenüber der jetzigen Lage erreicht werden, die ohne übermäßigen Kontrollverlust seitens des chinesischen Staates auskommt.

2. Mangelnde Gleichstellung ausländischer Unternehmen

Die mangelnde Gleichstellung ausländischer Unternehmen in der chinesischen Wirtschafts- und Rechtsordnung ist weit verbreitet. So unterliegen ausländische Investitionen dem *Catalogue of Industries for Guiding Foreign Investment*[796]. Auch in der 2017 revidierten Fassung sind ausländische Investitionen in einigen Wirtschaftssektoren beschränkt bzw. sogar verboten. Die Ungleichstellung dient letztlich dem Zweck inländische Unternehmen zu stärken und stellt eine protektionistische Maßnahme dar.

Die damit verbundene grundsätzliche Einstellung gegenüber ausländischen Investitionen im Allgemeinen und gegenüber ausländischen Akquisitionen chinesischer Unternehmen im Speziellen hat auch die Gesetzgebung und die Entscheidungspraxis der chinesischen Fusionskontrolle beeinflusst

---

796 Siehe hierzu Catalogue of Industries for Guiding Foreign Investment (Revision 2017), aufrufbar unter http://www.fdi.gov.cn/1800000121_39_4851_0_7.html.

und wird dies auch weiter tun.[797] Es kann folglich nicht damit gerechnet werden, dass ausländische Unternehmen im Bereich der Fusionskontrolle in naher Zukunft vollständig mit chinesischen Unternehmen gleichgestellt werden.

Die Europäische Fusionskontrolle kennt eine vergleichbare Diskriminierung von Zusammenschlüssen nicht. Hierfür sind gleichwohl ein großes Vertrauen in den Wettbewerb und ein großes Misstrauen gegenüber staatlicher Gewalt maßgeblich. Das Misstrauen in die staatliche Gewalt existiert in dieser Form im chinesischen Wirtschaftsleben nicht. Der Staat erfüllt in dem chinesischen System der sozialistischen Marktwirtschaft seit Jahrzehnten eine Planungs-, Aufsichts- und Leitungsfunktion. Dieses System führte bislang zu einem hohen Wirtschaftswachstum und sicherte der chinesischen Bevölkerung einen ebenso rasanten Wohlstandsgewinn.

An der Bevorzugung der chinesischen Unternehmen und die damit verbundene Diskriminierung der ausländischen Unternehmen dürfte sich daher erst etwas ändern, wenn der chinesische Staat einen solchen Schutz der inländischen Unternehmen für nicht mehr notwendig erachtet. Die gesamtgesellschaftliche Entwicklung in China gibt aber zumindest in dieser Hinsicht Grund zum Optimismus. Mit dem rasanten Wachstum der chinesischen Wirtschaft und den chinesischen Unternehmen wurden mehr Bereiche und Sektoren für ausländische Unternehmen geöffnet. Beschränkungen gegenüber ausländischen Unternehmen gehen so zwar langsam aber stetig zurück. Zumindest auf lange Sicht ist daher damit zu rechnen, dass diese Diskriminierung auch im Bereich der Fusionskontrolle aufgehoben wird.

Die chinesische Politik wäre allerdings gut beraten, sich hierfür nicht all zu viel Zeit zu lassen. Denn das zu wettbewerbsfremden Erwägungen gesagte gilt auch in diesem Fall. Übermäßiger Schutz führt in der Regel nicht zur Schaffung von *„national champions"*, sondern zu staatlich geförderter Ineffizienz.

3. Intransparenz

Die Intransparenz der Entscheidungen ist ein großes Problem in der chinesischen Fusionskontrolle. Die Europäische Fusionskontrolle ist im Gegensatz hierzu sehr viel transparenter. Dies gilt sowohl bei dem Entscheidungsfindungsprozess als auch für die Begründung der Entscheidungen.[798] Die Transparenz wird insbesondere auch durch Publizität der Entscheidungen erzeugt.

---

797 *Ng*, Wendy, The Political Economy of Competition Law in China, S. 124 ff.
798 *Shang*, Ming, Merger Control in EU and Several Member States, S. 12 f.

Die Europäische Kommission veröffentlicht alle Entscheidungen ihrer fusionsrechtlichen Prüfung, dies beinhaltet sowohl untersagende, unter Auflagen freigebende als auch unbeschränkt freigebende Zusammenschlüsse.[799]

In der Europäischen Fusionskontrolle dient die Transparenz dazu, den Vorwurf einer Politisierung der Fusionskontrolle zu entgegnen.[800] Da aber eine Politisierung der Fusionskontrolle und insbesondere eine Berücksichtigung von industriepolitischen Interessen in der chinesischen Fusionskontrolle durchaus vorgesehen sind, lässt einiges darauf schließen, dass die Intransparenz gewollt ist. Eine bestmögliche Transparenz der Entscheidungen ist daher erst realisierbar, wenn die industriepolitische Instrumentalisierung der Fusionskontrolle abgeschafft wird.

Daneben ist die Intransparenz ist aber auch ein Zeichen von fehlendem Selbstvertrauen der chinesischen Fusionskontrolle. Indem eine Herleitung der Entscheidung unmöglich gemacht wird, kann man zumindest die Unrichtigkeit der Entscheidung nicht eindeutig belegen. In diesem Sinne ist die Intransparenz gewissermaßen nützlich, um keine Angriffsflächen zu bieten. Die chinesische Fusionskontrolle ist noch ein sehr junges Rechtsgebiet. Die anfängliche Unsicherheit ist also in gewissem Maße verständlich. Vergleicht man die Entscheidungen der jüngeren Zeit mit den ersten Entscheidungen ist deutlich erkennbar, dass die MOFCOM mit jeder Entscheidung an Selbstbewusstsein gewinnt. So wirken jüngere Entscheidungen deutlich professioneller und detailreicher als ältere Entscheidungen.

In diesem Sinne wäre es wünschenswert, wenn die MOFCOM diese positive Entwicklung fortsetzt. Die Europäische Fusionskontrolle kann auch für eine Erhöhung der Transparenz in der chinesischen Fusionskontrolle eine wegweisende Rolle spielen.[801]

---

799 *Mische*, Harald, Nicht-wettbewerbliche Faktoren in der europäischen Fusionskontrolle, S. 141.
800 *Ders.*, S. 140 f.
801 Vgl. *Pan*, Zhicheng, Prozess zur Antimonopolentscheidung im Rahmen der Fusionskontrolle, S. 122.

F. Zusammenfassung und Ausblick

Eine Fusionskontrolle in China soll nach § 1 AMG unter anderem der Sicherung des Wettbewerbs am freien Markt dienen. Gleichzeitig ist sie selbst nichts anderes als eine staatliche Intervention in den Markt in Form einer Lenkung des Wettbewerbs zugunsten des Wettbewerbs.[802] Als ein solches Paradoxon kann man eine Fusionskontrolle niemals ohne die zugrunde liegenden wirtschaftlichen, gesellschaftlichen und politischen Gegebenheiten und Strukturen betrachten. Auch der Entwicklungsstand eines Landes und die Reife seines marktwirtschaftlichen Systems sind für die Zielsetzung und Ausgestaltung eines funktionierenden Systems der Fusionskontrolle entscheidend. Diese Faktoren bedingen es, dass die Fusionskontrolle in unterschiedlichen Ländern vor unterschiedlichen Herausforderungen steht.

Während die Europäische Fusionskontrolle auf eine lange Tradition der Marktwirtschaft zurückblicken kann, steht die chinesische Fusionskontrolle vor besonderen Herausforderungen. Einerseits ist das Land eine stark wachsende Marktwirtschaft, andererseits erscheint gerade die Marktwirtschaft vor dem politischen Verständnis Chinas als kommunistischer Staat systemwidrig. Das Vertrauen in die regulierende Wirkung des Wettbewerbs konnte sich in der kurzen Zeit seit der Öffnung der chinesischen Märkte noch nicht vollständig entwickeln. Zudem ist das Land stark von der jahrzehntelang vorherrschenden Planwirtschaft beeinflusst. Für den chinesischen Staat ist es geradezu selbstverständlich in den Markt regulierend einzugreifen.

Trotz dieser Unterschiede im wirtschaftlich-gesellschaftlichen Unterbau haben die chinesische und die Europäische Fusionskontrolle sehr viele Gemeinsamkeiten. Dies ist bereits an sich ein bemerkenswertes Ergebnis. Es zeigt den Willen Chinas, den rechtlichen Rahmen für eine fusionsrechtliche Prüfung an internationalen Standards zu messen. Dennoch zeigt die Untersuchung auch, dass es bei der Ausrichtung und Ausgestaltung der chinesischen Fusionskontrolle verglichen zur Europäischen Fusionskontrolle noch einige Besonderheiten gibt. Angesichts der rasanten wirtschaftlichen Entwicklung Chinas haben sich die wirtschaftlichen Parameter seit der Einführung des AMG stark verändert. Einzelne Merkmale der chinesischen Fusionskontrolle erscheinen vor diesem Hintergrund als nicht mehr zeitgemäß. Eine baldige Reform der chinesischen Fusionskontrolle ist daher notwendig. In

---

802 *Wang*, Xianlin, Wettbewerbsrecht, S. 28.

jedem Fall darf die weitere Entwicklung der chinesischen Fusionskontrolle in rechtlicher sowie auch in tatsächlicher Hinsicht mit Spannung verfolgt werden.

Literaturverzeichnis

A. Bücher, Aufsätze und Reden

Barke, Attila / Stransky, Anna
Der Sieg des SIEC – Auswirkungen der Übernahme des europäischen Fusionskontrollkriteriums, WRP 2014, S. 674 ff.

Bartosch, Andreas
Weiterentwicklung im Recht der europäischen Zusammenschlusskontrolle, BB 2003, S. 1392 ff.

Baums, Theodor / Huber, Ulrich / Wertenbruch, Johannes / Lutter, Marcus / Schmidt, Karsten (Hrsg.)
Festschrift für Ulrich Huber zum siebzigsten Geburtstag, Mohr Siebeck, 2006,
zitiert als *Autor* in FS Huber.

Bechtold, Rainer
Abwägung zwischen wettbewerblichen Vor- und Nachteilen eines Zusammenschlusses in der europäischen Fusionskontrolle, EuZW 1996, S. 389 ff.

Behrens, Peter
Das Verhältnis von Marktbeherrschung und Wettbewerbsbeschränkung in der Fusionskontrolle, EuZW 2015, S. 244 ff.

Behrens, Peter
Europäisches Marktöffnungs- und Wettbewerbsrecht, eine systematische Darstellung der Wirtschafts- und Wettbewerbsverfassung der EU, C.F. Müller, 2017,
zitiert als: *Behrens*, Peter, Europäisches Marktöffnungs- und Wettbewerbsrecht.

Beinert, Dieter / Burmeister, Frank / Tries, Herman-Josef
Mergers and Acquisition in Germany, C.H.Beck, 2009.

Berg, Werner
Die Odyssee geht weiter: EuGH hebt Sony/BMG-Entscheidung auf und verweist die Sache zurück an das EuG., EWS 2008, Heft 8, S. 1 ff.

Berg, Werner
Die neue EG-Fusionskontrollverordnung: praktische Auswirkungen der Reform, BB 2004, S. 561 ff.

Blonigen, Bruce A. / Pierce, Justin R.
Evidence for the Effects of Mergers on Market Power and Efficiency, aufrufbar unter: https://www.federalreserve.gov/econresdata/feds/2016/files/2016082pap.pdf.

Literaturverzeichnis

Brockmeier, Thomas	Wettbewerb und Unternehmertum in der System-transformation: Das Problem des institutionellen Interregnums im Prozess des Wandels von Wirt-schaftssystemen, De Gruyter Oldenbourg, 1999, zitiert als: *Autor*, Wettbewerb und Unternehmertum in der Systemtransformation.
Böge, Ulf	Reform der Europäischen Fusionskontrolle, WuW 2004, S. 138 ff.
Böge, Ulf / Jakobi, Wolfgang	Berücksichtigung von Effizienzen in der Fusionskon-trolle, BB 2005, Heft 3, S. 113 ff.
Brittan, Sir Leon	The Law and Policy of Merger Control in the EEC, European Law Review 1990, S. 351 ff.
Bullinger, Martin	Öffentliches Recht und Privatrecht, Kohlhammer, 1968.
Bundeskartellamt	Hintergrundpapier Bundeskartellamt zum Thema Marktbeherrschungs- und SIEC-Test vom 24.9.2009, aufrufbar unter https://www.bundeskartellamt .de/SharedDocs/Publikation/DE/Diskussions _Hintergrundpapier/Bundeskartellamt%20- %20Marktbeherrschungs%20und%20SIEC%20Test.pdf ?__blob=publicationFile&v=5.
Bush, Nathan	It Takes More Than a Law, China Business Review 2005, 32/3, S. 30 ff.
Bush, Nathan	Constraints on Convergence in Chinese Antitrust, Antitrust Bulletin 2009, Vol. 54, S. 87 ff.
Camesasca, Peter D.	European Merger Control: Getting the Efficiencies right, Intersentia, 2000.
Camesasca, Peter D. / Schedl, Michael	Reform der Europäischen Fusionskontrolle, RIW 2003, S. 321 ff.
Cao, Kangtai	中华人民共和国反垄断法解读－理念，制度，机制，措施 (Erläuterungen zum Antimonopolgesetz der Volksrepublik China – Begriffe, System, Struktur, Maßnahmen), China Legal Publishing House, 2007, zitiert als: *Autor*, Erläuterungen zum Antimonopolge-setz der Volksrepublik China.
Chen, Yuxiang	经营者集中审查标准研究 (Erforschung des Prüfungskriteriums der Zusammenschlusskontrolle), Law and Economics 2008, Vol. 11, S. 116 ff., zitiert als: *Autor*, Erforschung des Prüfungskriteriums der Zusammenschlusskontrolle.

Chen, Zhaoxia	Probleme der europäischen Fusionskontrolle nach der Reform der FKVO; Eine rechtsvergleichende Untersuchung der Fusionskontrolle in der EU und den USA und ihre Auswirkungen auf das chinesische Antimonopolgesetz, Verlag Dr. Kovač, 2008, zitiert als: *Autor*, Probleme der europäischen Fusionskontrolle nach der Reform der FKVO.
Choi, Yo Sop / Youn, Sang Youn	The enforcement of Merger Control in China: A Critical Analysis of Current Decisions by MOFCOM, IIC 2013, S. 948 ff.
Christiansen, Arndt	Der „More Economic Approach" in der EU-Fusionskontrolle, Entwicklung, konzeptionelle Grundlagen und kritische Analyse, Peter Lang, 2009, zitiert als: *Autor*, Der „More Economic Approach" in der EU-Fusionskontrolle.
Crane, Daniel A.	Rethinking Merger Efficiencies, Michigan Law Review 2011, Vol. 110, No. 3, S. 347 ff.
Ding, Maozhong / Liu, Jiaming	相 关 市 场 界 定 的 方 法，维 度 和 权 衡 因 素 (-Methoden, Gradwanderung und Kompromiss im Rahmen der Abgrenzung des relevanten Marktes), in: Wang, Xiaoye, Abgrenzung des relevanten Marktes im Rahmen des AMG, S. 147, zitiert als: *Autor*, Methoden, Gradwanderung und Kompromiss im Rahmen der Abgrenzung des relevanten Marktes, in: Wang, Xiaoye, Abgrenzung des relevanten Marktes im Rahmen des AMG.
Ding, Yameng	跨 国 公 司 并 购 中 国 企 业 的 研 究 (Kauf chinesischer Unternehmen durch grenzüberschreitende Unternehmen), 2002, aufrufbar unter http://cdmd.cnki .com.cn/Article/CDMD-10285-2002120476.htm, zitiert als: *Autor,* Kauf chinesischer Unternehmen durch grenzüberschreitende Unternehmen.
Blachucki, Mateusz	Public Interest Considerations in Merger Control Assessment, E.C.L.R. 2014, Vol. 35, No. 8, S. 380 ff.
Eger, Thomas; Ott, Claus; Bigus, Jochen; von Wangenheim, Georg (Hrsg.)	Internationalisierung des Rechts und seine ökonomische Analyse (Internationalization of the Law and its Economic Analysis), Festschrift für Hans-Bernd Schäfer zum 65. Geburtstag, Springer Gabler, 2008, zitiert als *Autor* in FS Schäfer.
Emmerich, Volker	Kartellrecht, C.H.Beck, 2001.
Eucken, Walter	Grundsätze der Wirtschaftspolitik, J.C.B. Mohr, 1975.

Everling, Ulrich	Zur Wettbewerbskonzeption in der neuen Rechtsprechung des Gerichtshofs der Europäischen Gemeinschaften, WuW 1990, S. 994 ff.
Evrard, Sébastien J. / Zhang, Baohui	Merger Control in China: Understanding MOFCOM's Unique Approach, aufrufbar unter https://www.competitionpolicyinternational.com/merger-control-in-china-understanding-mofcom-s-unique-approach/.
Fackelmann, Christian R.	Dynamic Efficiency Considerations in the EC Merger Control, the University of Oxford Centre for Competition Law and Policy, Working Paper (L) 09/06.
Fang, Xiaomin	Die Kontrolle von Zusammenschlüssen im chinesischen Antimonopolgesetz, ZWeR 2008, S. 385 ff.
Farbmann, Kyrill	Die Geschichte der Fusionskontrollverordnung als ein Beispiel der Europäischen Normsetzung, EuR 2004, 478 ff.
Feldmann Wolfgang	Die Europäische Fusionskontrolle, Ein Überblick für die Praxis, WRP 1990, S. 577 ff.
Feng, Jiang	Law Practice of Chinas Antitrust of Merger and Acquisition, The Review of Shenzhen Lawyers, Lawpress China, 2012.
Fleischer, Romy Nicole	Das Missbrauchsverbot Chinas – Tendenzen einer effektiveren Verfolgung monopolistischer Marktverhaltensweisen im Telekommunikationssektor, ZChinR 2014, S. 109 ff.
Frenz, Walter	Prognosesicherung in der Fusionskontrolle, EWS 2014, S. 16 ff.
Frenz, Walter	Zusagen in der Fusionskontrolle, EWS 2015, S. 79 ff.
Friederiszick, Hans W.	Marktabgrenzung und Marktmacht, aufrufbar unter http://ec.europa.eu/competition/mergers/cases/decisions/m6497_20121212_20600_3210969_EN.pdf.
Furse, Mark	Merger Control in China: The First Year of Enforcement, E.C.L.R. 2010, Vol. 31, No. 3, S. 98 ff.
Galbraith, John K.	American Capitalism, the Concept of Countervailing Power, Houghton Mifflin, 1952.

Gao, Hanming	论 我 国 经 营 者 集 中 附 条 件 批 准 中 的 行 为 性 条 件(Über Verhaltensauflagen im Rahmen der chinesischen Fusionskontrolle), aufrufbar unter: http://cdmd.cnki.com.cn/Article/CDMD-11625-1015659157.htm, zitiert als: *Autor*, Über Verhaltensauflagen im Rahmen der chinesischen Fusionskontrolle.
Grafunder, René	Verhaltensbezogene Nebenbestimmungen in der deutschen und europäischen Fusionskontrolle, Welche Zukunft hat das Verbot einer laufenden Verhaltenskontrolle in der GWB, Peter Lang, 2011.
Gröner, Helmut / Alfred Schüller	Die europäische Integration als ordnungspolitische Aufgabe, Schriften zum Vergleich von Wirtschaftsordnungen, Band 43, Gustav Fischer Verlag, 1993, zitiert als: *Autor*, in: Die europäische Integration als ordnungspolitische Aufgabe.
He, Zhimai	欧 盟 企 业 结 合 立 法 之 研 究 (Gesetzgebung und Analyse der Zusammenschlüsse europäischer Unternehmen), Cuplpress, 2004.
Hermann, Maximilian	Die Neufassung des materiellen Untersagungskriteriums in Art. 2 Abs. 2 und 3 EG-FKVO, Nomos, 2008.
Hirsbrunner, Simon	Die Entwicklung der europäischen Fusionskontrolle im Jahr 2012, EuZW 2013, S. 657 ff.
Hirsbrunner, Simon / von Köckritz, Christian	Da capo senza fine - Das Sony/BMG-Urteil des EuGH, EuZW, 2008, S. 591 ff.
Hoeg, Dorte	European Merger Remedies Law and Policy, Hart Publishing, 2013.
Hoppmann, Erich	Wettbewerb als Norm der Wettbewerbspolitik, ORDO, 1967, Band 18, S. 77 ff.
Hoppmann, Erich	Fusionskontrolle, Mohr, 1972.
Hou, Dehong	浅 析 欧 盟 反 垄 断 法 执 行 及 对 中 国 之 借 鉴 (Untersuchung der Durchsetzung des europäischen Wettbewerbsrechts und Lektionen für China), aufrufbar unter, http://www.pkulaw.cn/fulltext_form.aspx/pay/fulltext_form.aspx?Gid=1510148946&Db=qikan, zitiert als *Autor*, Untersuchung der Durchsetzung des europäischen Wettbewerbsrechts und Lektionen für China.

Hu, Jian

反垄断法中"经营者集中"的立法解读(Gesetzgebungs-erläuterung der „Unternehmenszu-sammenschlüsse" im Antimonopolrecht), Anhui University Law Review 2008, Vol. 1, S. 41 ff.,
zitiert als: *Autor*, Gesetzgebungserläuterung der „Unternehmenszusammenschlüsse" im Antimono-polrecht.

Hu, Jiaqing

假 定 垄 断 者 测 试"在 市 场 界 定 中 的 应 用(„Hypothetischer Monopolistentest" im Rahmen der Marktabgrenzung), in: Wang, Xiaoye, Abgrenzung des relevanten Marktes im Rahmen des AMG, S. 129 ff,
zitiert als: *Autor*, „Hypothetischer Monopolistentest" im Rahmen der Marktabgrenzung, in: Wang, Xiaoye, Abgrenzung des relevanten Marktes im Rahmen des AMG.

Huang, Xisheng

我 国 反 垄 断 立 法 初 探 (Untersuchung der Gesetz-gebung des Antimonopolrechts in China), Journal of Southwest University for Nationalities (Philosophy and Social Sciences) 1999, Vol. 20, S. 126 ff.

Huang, Yong / Jiang, Tao

非 横 向 企 业 合 并 的 反 垄 断 规 制(Die Antimonopolregelung nichthorizontaler Unterneh-menszusammenschlüsse), Tsinghua Law Review 2009, Vol. 3 Nr. 2, S. 147 ff.

Huo, Ruojing

浅 析"反 垄 断 法"经 营 者 集 中 控 制 规 则 的 细 化 措 施 (Erste Analyse der Detailmaßnahmen der Unternehmenszusammenschlusskontrollregelung des „Antimonopolgesetzes"), Chinese Hi-tech Enterprises 2009, S. 175 ff.,
zitiert als: *Autor*, Erste Analyse der Detailmaßnahmen der Unternehmenszusammenschlusskontrollregelung des „Antimonopolgesetzes.

Immenga, Frank A. / Li, Zheng

Extraterritoriale Rechtsanwendung in der chinesi-schen Fusionskontrolle: Zunehmende wirtschafts-politische Einflussnahme auf den internationalen Wettbewerb?, BB 2014, S. 2306 ff.

Immenga, Ulrich

Die Sicherung unverfälschten Wettbewerbs durch Europäische Fusionskontrolle, WuW 1990, S. 371 ff.

Immenga, Ulrich

Der „more economic approach" als Wettbewerbspoli-tik, WuW 2006, S. 463.

Immenga, Ulrich / Mestmäcker, Ernst Joachim	Wettbewerbsrecht, Band 1. EU/Teil 2, Kommentar zum Europäischen Kartellrecht, 5. Auflage, 2012, zitiert als *Autor*, in: Immenga/Mestmäcker, EU-Wettbewerbsrecht.
Iversen, Hanne	The Efficiency Defence in EC Merger Control, E.C.L.R. 2010, Vol. 31, No. 9, S. 370 ff.
Janicki, Thomas	EG-Fusionskontrolle auf dem Weg zur praktischen Umsetzung, WuW 1990, S. 195 ff.
Jiang, Zemin	江泽民在中国共产党第十四次全国代表大会上的报告, (Report von Jiang Zemin auf der Sitzung des 14. Nationalen Kongresses der kommunistischen Partei Chinas), 12.10.1992, aufrufbar unter http://cpc.people.com.cn/GB/64162/64168/64567/65446/4526308.html.
Johnston, Graeme	Competition Law in China and Hong Kong, Sweet & Maxwell, 2009, zitiert als: *Autor*, in Johnston, Graeme, Competition law.
Jones, Alison / Davies, John	Merger Control and the Public Interest: Balancing EU and National Law in the Protectionist Debate, European Competition Journal 2014, Vol. 10, No. 3, S. 453 ff.
Ju, Fanghui / Zhang, Ye	消费者选择、企业博弈演化与供应链社会责任 (Die Wahl der Verbraucher, Kampf der Unternehmen und Lieferketten als gesellschaftliche Verantwortung), Zhejiang University Press, 2015; zitiert als: *Autor*, Die Wahl der Verbaucher.
Kahn-Freund, Otto	On Uses and Misuses of Comparative Law, The Modern Law Review 1975, Vol. 37, S. 1 ff.
Kirchner, Christian	Fusionskontrolle und Konsumentenwohlfahrt, ZHR 2009, S. 775 ff.
Kleemann, Dietrich	Enthält Art. 2 der EG-Fusionskontrollverordnung eine wettbewerbliche Abwägungsklausel? In: *Niederleithinger*, Ernst / *Werner*, Rosemarie / *Wiedemann*, Gerhard, Festschrift für Otfried Lieberknecht zum 70. Geburtstag, C.H.Beck, 1997, S. 379 ff.
Klein, Thilo	SSNIP-Test oder Bedarfsmarktkonzept, WuW 2010, S. 169 ff.

Klumpp, Ulrich	Die „Efficiency Defense" in der Fusionskontrolle, Eine rechtsvergleichende Untersuchung über die Berücksichtigung von Effizienzgewinnen bei der Zusammenschlusskontrolle nach deutschem, europäischem und US-amerikanischem Recht, Nomos, 2005, zitiert als: *Autor*, Die „Efficiency Defence" in der Fusionskontrolle.
Klump, Rainer / Wörsdörfer, Manuel	Über die normativen Implikationen des Ordoliberalismus für die moderne Wirtschaftsethik, zfwu 2009, S. 322 ff.
Kokkoris, Ioannis / Shelanski, Howard	EU Merger Control, a Legal and Economic Analysis, Oxford University Press, 2014.
Kroes, Neelie	European Competition Policy: Delivering Better Markets and Better Choices, SPEECH/05/52, aufrufbar unter http://europa.eu/rapid/press-release_SPEECH-05-512_en.htm
Legrand, Pierre	The impossibility of "legal transplants", Maastricht Journal of European and Comparative Law 1997, Vol. 4, S. 111 ff.
Lettl, Tobias	Kartellrecht, C.H.Beck, 2013.
Levy, Nicholas / Frisch, Sven / Waksman, Alexander	A Comparative Assessment of the EU's Reforms to Merger Control and Antitrust Enforcement, European Competition Journal 2015, Vol. 11, S. 426 ff.
Li, Jingwen	对可口可乐收购汇源果汁反垄断审查的思考(Gedanken zur Antimonopoluntersuchung bei der Übernahme von Huiyuan durch Coca Cola), Journal of International Economic Cooperation 2008, Vol. 10, S. 27 ff.
Li, Miao / Qi, Hongli	浅议我国《反垄断法》视野中的《钢铁产业调整和振兴规划》(Erste Gedanken zum "Plan zur Anpassung und Erneuerung der Stahlindustrie" aus Sicht des AMG), Business China 2012, Vol. 2, S. 295 ff., zitiert als: *Autor*, Erste Gedanken zum "Plan zur Anpassung und Erneuerung der Stahlindustrie" aus Sicht des AMG.
Liu, Guiqing	反竞争经营者集中的公共利益辩护: 路径选择与制度建构 (Die Verteidigungsmöglichkeit aufgrund von öffentlichen Interessen im Rahmen der Fusionskontrolle: Gewählter Weg und Konstruktion des Systems), Tribune of Political Science and Law 2016, Vol. 34, Nr. 5, S. 125 ff.

Liu, Guiqing "走出去"战略下的央企合并竞争审查: 挑战与应对 (Strategische Integration von SOEs unter der Strategie des *"Go outs"* und Wettbewerbsprüfung: Herausforderungen und Antworten), Science of Law (Journal of Northwest University of Political Science and Law) 2017, Vol. 3, S. 133 ff.

Liu, Jianhua 中国市场新秩序 (Neue Ordnung des chinesischen Markts), Tsinghua University Press, 2006.
zitiert als: *Autor*, Neue Ordnung des chinesischen Markts,

Liu, Xiaoyan Simulation Analysis on the Unilateral Effect of Horizontal Merger – Case of Chinese Household Air-conditioning Market, Shandong University, 2016.

Liu, Xiliang 跨国公司在华并购与政府规制研究 (Eine Studie über M&A Aktivitäten grenzüberschreitender Unternehmen in China und die staatlichen Regulierungen), 2010, aufrufbar unter: http://cdmd.cnki.com.cn/Article /CDMD-10532-2010237899.htm,
zitiert als: *Autor*, Eine Studie über M&A Aktivitäten grenzüberschreitender Unternehmen in China und die staatlichen Regulierungen.

Liu, Xu 对商务部反垄断局无条件批准马云收购恒生电子的6串疑问 (Sechs Fragen im Zusammenhang mit der vollumfänglich freigebenden Entscheidung der MOFCOM im Fall der Übernahme von Hundsun Technologies durch Ma Yun), Tongji Intellectual Property and Competition Law Research Center, aufrufbar unter http://ipcenter.tongji.edu.cn/ _upload/article/files/ac/51/185c65834ff496f64bef5282e452 /e9aa06ea-e67b-463b-9ce0-a652ed428d90.pdf.

Liu, Xufeng 反垄断法 (Antimonopolgesetz), Cuplpress, 2012.

Liu, Yan 论我国的经营者集中附条件批准制度(Über die Auflagenpraxis in der chinesischen Fusionskontrolle), S. 4., aufrufbar unter http://www.pkulaw.cn/fulltext_form .aspx?Db=art&Gid=b2368e22969f966a341257327efad264 &keyword=&EncodingName=big5%27&Search_Mode =&Search_IsTitle=0;
zitiert als *Autor*, Über die Auflagenpraxis in der chinesischen Fusionskontrolle.

Loewenheim, Ulrich / Meessen, Karl / Riesenkampff, Alexander (Hrsg.)	Kartellrecht, Band 1: Europäisches Recht, Kommentar, München 2005, zitiert als *Autor* in Loewenheim/Meessen/Riesenkampff.
Lü, Mingyu	竞争法 (Wettbewerbsrecht), Law Press, 2004.
Ma, Yongting	论反垄断法关于控制经营者集中规定的不足与完善 (Diskussion zur Unzulänglichkeit und Perfektion der Vorschriften betreffend der Fusionskontrolle im Antimonopolgesetzes), Legal System and Society 2009, Vol. 3, S. 128 ff; zitiert als: *Autor*, Diskussion zur Unzulänglichkeit und Perfektion der Vorschriften betreffend der Fusionskontrolle im Antimonopolgesetzes.
Mao, Xiaofei	Die aktuelle kartellrechtliche Entwicklung in der Volksrepublik China, GRUR Int. 2007, S. 576 ff.
Mao, Xiaofei / Glass, Tobias	Das chinesische Antimonopolgesetz im Lichte des deutschen Kartellrechts, ZWeR 2008, S. 88 ff.
Mao, Xiaofei / Glass, Tobias	Das neue Antimonopolgesetz der Volksrepublik China, GRUR Int. 2008, S. 105 ff.
Mao, Xiaofei / Glass, Tobias	Verbot der Übernahme des chinesischen Saft-Giganten Huiyuan durch Coca-Cola, RIW 2009, S. 408 ff.
Masseli, Markus	Volksrepublik China – Aktuelle Entwicklungen in der Fusionskontrolle, GRUR Int. 2010, S. 183 ff.
Masseli, Markus	Die chinesische Fusionskontrolle im Lichte der ersten Nebenbestimmungen zum Antimonopolgesetz, ZChinR 2009, S. 18 ff.
Masseli, Markus	Chinesische Fusionskontrolle: Drache in der Ferne, Papiertiger daheim, ZChinR 2009, S. 337 ff.
Masseli, Markus	Handbuch der chinesischen Fusionskontrolle, Springer, 2011, zitiert als: *Autor*, Handbuch der chinesischen Fusionskontrolle.
Mauelshagen, Ilka	Vereinfachte Fusionskontrolle in der Volksrepublik China – Mehr Schein als Sein?, GRUR Int. 2014, S. 780 ff.
Mestmäcker, Ernst-Joachim / Schweitzer, Heike	Europäisches Wettbewerbsrecht, C.H.Beck, 2014.
Meyer, Peter / Chen, Zhaoxia	Fusionskontrolle in der VR China: Schaffen Richtlinien mehr Rechtssicherheit?, RIW 2009, S. 265 ff.

Miersch, Michael   Kommentar zur EG-Verordnung Nr. 4064/89 über die Kontrolle von Unternehmenszusammenschlüssen, Luchterhand, 1991.

Mill, John Stuart, Priest, Oscar (Hrsg.)   Utilitarianism, Bobbs-Merrill, 1957.

Miller, Jeffrey A.   The Boeing/McDonnell Douglas Merger: the European Commission's Costly Failure to Properly Enforce the Merger regulation, Maryland Journal of International Law 1998, S. 359 ff.

Mische, Harald   Nicht-wettbewerbliche Faktoren in der europäischen Fusionskontrolle, Wettbewerbspolitik zwischen Schutzpolitik und Gestaltung, Nomos, 2001.

Monti, Mario   Strengthening the European Economy Through Competition Policy, 29.10.1999, SPEECH/99/146, aufrufbar unter http://europa.eu/rapid/press-release_SPEECH-99 -146_en.htm.

Möschel, Wernhard   Europäische Fusionskontrolle, ZHR 2008, S. 716 ff.

Möschel, Wernhard   Juristisches versus ökonomisches Verständnis eines Rechts der Wettbewerbsbeschränkung, in: Die Wende in der Europäischen Wettbewerbspolitik, Referate des XXXVI. FIW-Symposions, Heymanns, 2004, S. 55 ff.

Möschel, Wernhard   Europäische Fusionkontrolle, ZHR 2008, S. 716 ff.

Müller, Thomas   Wettbewerb und Unionsverfassung, Mohr Siebeck, 2014.

Münzel, Frank   Kartellrecht in China, RIW 1987, S. 261 ff.

Neumann, Manfred   Wettbewerbspolitik, Geschichte, Theorie und Praxis, Betriebswirtschaftlicher Verlag Dr. Th. Gabler GmbH, 2000, zitiert als: *Autor*, Wettbewerbspolitik.

Neven, Damien J. / Röller, Lars-Hendrik   Consumer Surplus vs. Welfare Standard in a Political Economy Model of Merger Control, Discussion Paper FS IV 00-15, Wissenschaftszentrum Berlin, 2000.

Ng, Wendy   The Political Economy of Competition Law in China, Cambridge University Press, 2018.

Ning, Xuanfeng; Yi, Ran-ran;Wu, Han; Wei, Lingbo,   Important Development Regarding the Review Procedure of Concentration of Operators: "Interim Provisions on the Divestiture of Assets or Business in the Concentration of Business Operators", China Law Insight, abrufbar unter http://www.chinalawinsight .com/2015/01/articles/uncategorized/%e7%bb%8f%e8 %90%a5%e8%80%85%e9%9b%86%e4%b8%ad%e5 %ae%a1%e6%9f%a5%e5%88%b6%e5%ba%a6%e5%bb %ba%e8%ae%be%e7%9a%84%e9%87%8d%e8%a6%81 %e8%bf%9b%e5%b1%95%ef%bc%9a%e3%80%8a%e5 %85%b3%e4%ba%8e%e7%bb%8f%e8%90%a5-2/; zitiert als: *Autor,* Important Development Regarding the Review Procedure of Concentration of Operators.

Nnadi, Matthias / Okene, Ovunda V.C.   Merger Regulations and Ethics in the European Union: the Legal and Political Dimensions, E.C.L.R. 2012, Vol. 33, No. 3, S. 124 ff.

Oberender, Peter (Hrsg.)   Die europäische Integration als ordnungspolitische Aufgabe, Schriften des Vereins für Sozialpolitik, Band 270, Dunker & Humblot, 2000, zitiert als: *Autor,* in: Die europäische Integration als ordnungspolitische Aufgabe.

Oberender, Peter / Daumann, Frank   Industriepolitik, Vahlen, 1995.

Oinonen, Mika   Modern economic advances in contemporary merger control: an imminent farewell to the market definition? E.C.L.R. 2011, Vol. 32, No. 12, S. 629 ff.

Pan, Zhicheng   中美经营者集中审查程序比较——以英博收购AB案为例展开(Vergleichende Untersuchung der Zusammenschlußüberprüfung von Unternehmen in China und den USA – am Beispiel der Fusion von Interbrew mit AmBev), Peking University Law Journal 2010, Vol. 3, S. 441 ff.

Pan, Zhicheng   经营者集中反垄断审查的裁决程序 (Prozess zur Antinomomolentscheidung im Rahmen der Fusionskontrolle), Law Press China, 2012, zitiert als: *Autor,* Prozess zur Antinomomolentscheidung im Rahmen der Fusionskontrolle.

Peng, Yang

论我国航运反垄断豁免制度的构建 (Über die Erschaffung einer Immunität für die chinesische Schifffahrt im Rahmen der Antimonopolprüfung), East China University of Political Science and Law, Masterarbeit 2016, zitiert als: *Autor*, Über die Erschaffung einer Immunität für die chinesische Schifffahrt.

Pfromm, René A.

Fusionskontrolle in der Volksrepublik China Praktische Herausforderungen und ihre Überwindung, WuW 2014, S. 28 ff.

Porter, Michael E.,

The Competitive Advantage of Nations, The Free Press, 1990.

Qi, Duojun

Economic Law Forum, Wuhan University Press, 2010, Band 1.

Randzio-Plath, Christa / Rapkay, Bernhard

Neue Herausforderungen für die Fusionskontrolle, Wirtschaftsdienst 2003, S. 116 ff.

Ritzenhoff, Lukas

Die Fusionskontrolle in China: zwischen Recht und Wirklichkeit?, GRUR Int. 2014, S. 33 ff.

Roeller, Lars-Hendick / De la Mano, Miguel

The Impact of the New Substantive Test in European Merger Control, European Competition Journal 2006, Vol. 2, No. 1, S. 9 ff.

Röhling, Andreas

Offene Fragen der europäischen Fusionskontrolle, ZIP 1990, S. 1179 ff.

Rösler, Patrick

Der relevante Markt in der europäischen Fusionskontrolle, NZG 2000, S. 761 ff.

Roth, David

Der „ebenso effiziente Wettbewerber", Kosten-Preis-Vergleiche im Kartellrecht am Beispiel des Behinderungsmissbrauchs, Nomos, 2017.

Roth, Wulf-Henning

Aktuelle Probleme der europäischen Fusionskontrolle, ZHR 2008, S. 670 ff.

Rüstow, Alexander

Die Religion der Marktwirtschaft, LIT, 2009.

Rusu, Catalin Stefan

European Merger Control, The Challenges Raised by Twenty Years of Enforcement Experience, Kluwer Law International BV, 2010.

Sauter, Herbert

Ein Nachwort zur Europäischen Fusionskontrolle, in: Festschrift für Karl-Heinz Quak zum 65. Geburtstag am 3. Januar 1991, Hrsg. Harm, P. Westermann et. al., S. 661 ff.

Schödermeier, Martin	Auf dem Weg zur europäischen Fusionskontrolle – Anmerkungen zum Tabakurteil des EuGH, 1988, WuW 1988, S. 185 ff.
Scholz, Rupert	Konzentrationskontrolle und Grundgesetz, Ferdinand Enke Verlag, 1971.
Schwaderer, Melanie	Conglomerate Merger Analysis – The Legal Context: How the European Courts' Standard of Proof Put an End to the ex ante Assessment of Leveraging, ZWeR 2007, S. 482 ff.
Schwalbe, Ulrich /Zimmer, Daniel	Kartellrecht und Ökonomie, Verlag Recht und Wirtschaft, 2011.
Schwarze, Jürgen	Die Bedeutung des Grundsatzes der Verhältnismäßigkeit bei der Behandlung von Verpflichtungszusagen nach der europäischen Fusionskontrolle, EuZW 2002, S. 741 ff.
Schwarze, Jürgen	Das wirtschaftsverfassungsrechtliche Konzept des Verfassungsentwurfs des Europäischen Konvents – zugleich eine Untersuchung der Grundprobleme des europäischen Wirtschaftsrechts, EuZW 2004, S. 135 ff.
Shang, Ming	反 垄 断 法 理 解 与 适 用(Antimonopolgesetz der Volksrepublik China, Verstehen und Anwenden), Law Press China, 2007, zitiert als: *Autor*, Antimonopolgesetz der Volksrepublik China, Verstehen und Anwenden.
Shang, Ming	Antitrust in China – a Constantly Evolving Subject, Competition Law International 2009, Vol, 5, S. 4 ff.
Shang, Ming	Merger Control in EU and Several Member States, Legislation & Enforcement Practice, Law Press China, 2008, zitiert als: *Autor*, Merger Control in EU and Several Member States.
Shang, Ming / Huang, Yong / Dong, Ling / Li, Huiying / Liu, Dongping	中国企业并购反垄断审查相关法律制度研究(Forschung über das relevante chinesische Rechtssystem für die Antimonopolprüfung von Unternehmensfusionen und –übernahmen), Peking University Press, 2008, zitiert als: *Autor*, Forschung über das relevante chinesische Rechtssystem für die Antimonopolprüfung von Unternehmensfusionen und –übernahmen.
Shao, Jiandong / Fang, Xiaomin	竞 争 法 学(Wettbewerbsrecht), Renmin University Press, 2008.

Shi Jiansan	完善我国经营者集中实质审查抗辩制度的思考(Gedanken über die Vervollkommnung des Einwands-Systems bei der materiellen Prüfung von Unternehmenszusammenschlüssen in China), Legal Science Monthly 2009 Heft 12, S. 102 ff., zitiert als: *Autor*, Gedanken über die Vervollkommnung des Einwands-Systems bei der materiellen Prüfung von Unternehmenszusammenschlüssen in China.
Shi, Jiansan / Qian, Shiyu	以国际视野看我国经营者集中的实质审查标准(Betrachtung des materiellen Prüfungsstandards bei chinesischen Unternehmenszusammenschlüssen aus einer internationalen Perspektive), China Management Studies 2009, Vol. 4, S. 155 ff., zitiert als: *Autor*, Betrachtung des materiellen Prüfungsstandards bei chinesischen Unternehmenszusammenschlüssen aus einer internationalen Perspektive.
Shi, Jichun	反垄断法理解与适用 (Antimonolgesetz verstehen und anwenden), China Legal Publishing House, 2007, zitiert als: *Autor*, Antimonolgesetz verstehen und anwenden.
Shi, Xiaofang	浅析钢铁产业调整和振兴规划 (Erste Gedanken zum Plan zur Anpassung und Erneuerung der Stahlindustrie), World Economic Outlook, 2010, Vol. 2, S. 87 /ff., zitiert als: *Autor*, Erste Gedanken zum Plan zur Anpassung und Erneuerung der Stahlindustrie.
Smith, Adam	An Inquiry Into the Nature and Causes of the Wealth of Nations, Cannon-Edition, London: Methuen; deutsche Übersetzung von Recktenwalt, C.H.Beck, 1974.
Sobel, Yuni Yan	Domestic-to-Domestic Transactions – a Gap in China's Merger Control Regime, aufrufbar unter http://awa2015.concurrences.com/IMG/pdf/feb14_sobel_2_20f.pdf.
Sokol, D. Daniel	Merger Control under China's Anti-Monopoly Law, New York University, Journal of Law & Business 2013, Vol. 10, No. 1, S. 1 ff.
Stevenson, Cliff /Filippi, Llaria	How does the European Commission's new Chief Economist think?, E.C.L.R. 2004, Vol. 25, No. 2, S. 122 ff.

Strohm, A. — Effizienzen in der Fusionskontrolle, Tz. 34, aufrufbar unter http://ec.europa.eu/dgs/competition/economist/strohm2.pdf.

Svarez, Carl Gottlieb — Vorträge über Recht und Staat, Westdeutscher Verlag, 1960.

Tian, Ruiyun — 《反垄断法》视野中的可口可乐收购汇源案(Der Kauf von Huiyuan durch Coca-Cola aus Sicht des AMG), Legal System and Society, 2009, Heft 8, S. 130 f.

Traugott, Rainer — Zur Abgrenzung von Märkten, WuW 1998, Heft 10, S. 929 ff.

Voigt, Stefan / Schmidt, André — Switching to Substantial Impediments of Competition (SIC) Can Have Substantial Costs – SIC!, E.C.L.R. 2004, Vol. 25, No. 9, S. 584 ff.

Von der Groeben, Hans / Schwarze, Jürgen /Hatje, Armin — Europäisches Unionsrecht, zitiert als: *Autor*, in: Von der Groeben/Schwarze/Hatje, Europäisches Unionsrecht.

Von Hayek, Friedrich A., Kerber, Wolfgann (Hrsg.) — Freiburger Studien: gesammelte Aufsätze, Mohr Siebeck, 1994.

Von Hayek, Friedrich A., Kerber, Wolfgann (Hrsg.) — Die Anmaßung des Wissens: Neue Freiburger Studien, Mohr Siebeck, 1996.

Von Weizsäcker, C. Chrstian — Die Rolle der Wettbewerbsordnung im zukünftigen Europa, in: Zukunft der Wettbewerbsordnung und des Kartellrechts, Heft 182, Referate des XXXIII. FIW-Symposions, Carl Heymanns Verlag KG, 2001, zitiert als: *Autor*, Die Rolle der Wettbewerbsordnung im zukünftigen Europa.

Wang, Margaret — China's Current Approach to Vertical Arrangements Under the Anti-Monopoly Law, aufrufbar unter https://www.competitionpolicyinternational.com/assets/Free/cpiasiawang.pdf.

Wang, Peter J. / Zhang, Yizhe / Wang, Lawrence — China MOFCOM uses new market definition in AB InBev's acquisition of SABMiller, aufrufbar unter https://www.lexology.com/library/detail.aspx?g=13454f92-868f-4e14-8c50-486263999c29.

Wang, Wen	美国并未迅速衰落，中国崛起进入"持久战" (USA ist nicht schnell am Schwächeln, der Aufstieg Chinas führt zu einem "langen Kampf"), aufrufbar unter http://www.guancha.cn/WangWen/2018_01_09_442331.shtml, zitiert als: *Autor,* USA ist nicht schnell am Schwächeln, der Aufstieg Chinas führt zu einem "langen Kampf".
Wang, Xianlin	论反垄断法实施中的相关市场界定(Zur Marktabgrenzung bei der Anwendung des Antimonopolrechts), Science of Law (Journal of Northwest University of Political Science and Law), 2008, Vol. 1. S. 124 ff.
Wang, Xianlin	竞争法学 (Wettbewerbsrecht), Renmin University Press, 2009, zitiert als: *Autor,* Wettbewerbsrecht.
Wang, Xianlin	产业政策法初论 (Überlegungen zur Industriepolitik), China Legal Science, 2003, Vol. 3., S. 112 ff., zitiert als: *Autor,* Überlegungen zur Industriepolitik.
Wang, Xiaoru / Li, Weiye	横向并购的经济分析: 相关市场，市场集中度和综合涨价压力指数 (GUPPI) (Wirtschaftliche Analyse von Horizontalen Übernahmen: Relevanter Markt, Marktkonzentration und GUPPI), in: Wang, Xiaoye, Abgrenzung des relevanten Marktes im Rahmen des AMG, S. 71 ff. zitiert als *Autor,* Wirtschaftliche Analyse von Horizontalen Übernahmen: Relevanter Markt, Marktkonzentration und GUPPI, in: Wang, Xiaoye, Abgrenzung des relevanten Marktes im Rahmen des AMG.
Wang, Xiaoye	我国反垄断法中的经营者集中控制: 成就与挑战(Die zentralisierte Kontrolle von Zusammenschlüssen im Rahmen des chinesischen AMG: Errungenschaften und Herausforderungen), Law Review 2017, Vol. 2, S. 24 ff., zitiert als: *Autor,* Die zentralisierte Kontrolle von Zusammenschlüssen im Rahmen des chinesischen AMG: Errungenschaften und Herausforderungen.
Wang, Xiaoye	Highlights of China's new anti-monopoly law, Antitrust law journal 2008, Vol. 75, S. 133 ff.

Wang, Xiaoye   反 垄 断 法 中 的 相 关 市 场 界 定 (Abgrenzung des relevanten Marktes im Rahmen des AMG), SSAP, 2014,
Zitert als: *Autor*, in: Wang, Xiaoye, Abgrenzung des relevanten Marktes im Rahmen des AMG.

Wang, Xiaoye   Erlass und Ausführung des chinesischen Kartellgesetzes, übersetzt und ergänzt von Professor Dr. Frank Münzel, Hamburg, RIW 2008, S. 417 ff.,
zitiert als: *Wang*, Xiaoye, Erlass und Ausführung des chinesischen Kartellgesetzes.

Wang, Xiaoye   The Prospect of Antimonopoly Legislation in China, Washington University Global Studies Law Review, Vol. 1, Issue 1, Symposium: APEC Competition Policy and Economic Development, 2002, S. 201 ff.

Wang, Xiaoye (Hrsg.)   中 华 人 民 共 和 国 反 垄 断 法 详 解 (Kommentar zum Antimonopolgesetz der Volksrepublik China), Intellectual Property Publishing House, 2008,
zitiert als: *Autor* in: Wang, Xiaoye, Kommentar zum Antimonopolgesetz der Volksrepublik China.

Wang, Xiaoye / Emch, Adrian   Five Years of Impletation of China's Anti-Monopoly Law – Achievements and Challenges, Jounal of Antitrust Enforcement 2013, Vol. 1, S. 247 ff.

Wang, Xurong   合 并 审 查 中 市 场 集 中 度 测 量 的 经 济 和 法 律 分 析(Wissenschaftliche und juristische Analyse im Rahmen der Marktkonzentration im Kontext der Zusammenschlusskontrolle), Comtemporary Law Review 2016, Vol. 3, S. 119 ff.,
zitiert als: *Autor*, Wissenschaftliche und juristische Analyse im Rahmen der Marktkonzentration.

Wapler, Philipp Sebastian   Die Effizienz in der EU-Fusionskontrolle, Eine Untersuchung über die Bedeutung von Effizienzgewinnen in der Fusionskontrolle der EU nach Art. 2 FKVO 139/2004, Peter Lang, 2011
zitiert als: *Wapler*, Philipp Sebastian, Die Effizienz in der EU-Fusionskontrolle.

Weinrich-Zhao, Tingting   Chinese Merger Control Law, An Assessment of Its Competition-Policy Orientation After the First Years of Application, Springer, 2015,
zitiert als: *Autor*, Chinese Merger Control Law.

Werden, Gregory	The 1982 Merger Guidelines and the Ascent of the Hypothetical Monopolist Paradigm, Antitrust Law Journal 2003, Vol. 71, S. 253 ff.
Wirtz, Markus M.	Wohin mit den Effizienzen in der europäischen Fusionskontrolle, EWS 2002, S. 59 ff.
Wrase, Silvelyn	Europäische Fusionskontrolle, Der Oligopoltatbestand unter besonderer Berücksichtigung der unilateralen Effekte, Nomos, 2007, zitiert als: *Wrase*, Silvelyn, Europäische Fusionskontrolle.
Wu, Changjun	企业并购－反垄断审查抗辩制度研究 (M&A – Untersuchung des Verteidigungssystems im Rahmen der Antimonopolprüfung), Cuplpress, 2014, zitiert als: *Autor*, M&A.
Wu, Lifen	Anti-monopoly, National Security and Industrial Policy: Merger Control in China, World Competition 2010, Vol. 33, S. 477 ff.
Wu, Qianlan	China's Merger Regulation: In Search of Theories of Harm, E.C.L.R. 2013, Vol. 34, No. 12, S. 634 ff.
Wu, Yunfeng	我国反垄断法经营者集中规定的策略研究(Strategieforschung der Unternehmenszusammenschluss-kontrolle im chinesischen Antimonopolrecht), Search (求索) 2008, Heft 11, S. 135 ff.
Xie, Yi / Shi, Zhengwen	论反垄断法中的地域市场界定 (Über die örtliche Marktabgrenzung im Rahmen des Antimonopolgesetzes), Journal of Guangzhou University of Business Studies 2010, Vol. 4, S. 84 ff., zitiert als: *Autor*, Über die örtliche Marktabgrenzung im Rahmen des Antimonopolgesetzes.
Zhan, Hao	《反垄断法》下的企业并购实务: 经营者集中法律解读，案例分析与操作指引 (Praxis des Unternehmenskaufs nach dem „Antimonopolgesetz": Erläuterungen der gesetzlichen Regelungen zu Unternehmenszusammenschlüssen, Fallanalysen und Vorgehensanleitung), Law Press China, 2008, zitiert als: *Autor*, Praxis des Unternehmenskaufs nach dem „Antimonopolgesetz".

Zhang, Wei	公司并购的反垄断监管制度研究 (Untersuchung des Antimonopolprüfungssystems im Rahmen der M&A Tätigkeiten von Unternehmen), China Academic Journal Electronic Publishing House, 2009, zitiert als: *Autor*, Untersuchung des Antimonopolprüfungssystems im Rahmen der M&A Tätigkeiten von Unternehmen.
Zhang, Xinzhu / Zhang, Vanessa Yanhua	Chinese Merger Control: Patterns and Implications, Journal of Competition Law & Economics 2010, Vol. 6, S. 477 ff.
Zheng, Pengcheng	相关市场界定中的利益博弈与基本原则(Interessenkampf und Grundprinzipien im Rahmen der Abgrenzung des relevanten Marktes), in: Wang, Xiaoye, Abgrenzung des relevanten Marktes im Rahmen des AMG, S. 82 ff, zitiert als *Autor*, Interessenkampf und Grundprinzipien im Rahmen der Abgrenzung des relevanten Marktes in: Wang, Xiaoye, Abgrenzung des relevanten Marktes im Rahmen des AMG.
Zheng,Yanxin	论我国企业混合合并的反垄断法规制 (Über die Regelung von konglomeraten Zusammenschlüssen in China), Hebei Law Science 2005, Vol. 10, S. 150 ff., zitiert als: *Autor*, Über die Regelung von konglomeraten Zusammenschlüssen in China.
Zhou, Cui	Die einstweilen Maßnahmen und Beweissicherungsmaßnahmen zum Schutz der Rechte des Geistigen Eigentums und Art. 50 TRIPS in China, GRUR Int. 2006, 560 ff.
Zhou, Xiao	经营者集中反垄断审查中的破产企业抗辩制度研究 (Eine Studie über den Insolvenzeinwand in der Antimonopolprüfung der Zusammenschlusskontrolle), aufrufbar unter: http://cdmd.cnki.com.cn/Article/CDMD-10285-1014298442.htm, zitiert als: *Autor*, Eine Studie über den Insolvenzeinwand in der Antimonopolprüfung der Zusammenschlusskontrolle.
Zimmer, Daniel	Significant Impediment to Effective Competition, Das neue Untersagungskriterium der EU-Fusionskontrollverordnung, ZWeR 2004, S. 250 ff.

B. Entscheidungsverzeichnis

a. Volksrepublik China

MOFCOM	Fusionskontrollentscheidung vom 18.3.2009, Bekanntmachung des Handelsministeriums der Volksrepublik China 2009 Nr. 22, zitiert als: Coca Cola – Huiyuan.
MOFCOM	Fusionskontrollentscheidung vom 28.9.2009, Bekanntmachung des Handelsministeriums der Volksrepublik China 2009 Nr. 76, zitiert als: General Motors – Delphi.
MOFCOM	Fusionskontrollentscheidung vom 29.9.2009, Bekanntmachung des Handelsministeriums der Volksrepublik China 2009 Nr. 77, zitiert als: Pfizer – Wyeth.
MOFCOM	Fusionskontrollentscheidung vom 30.10.2009, Bekanntmachung des Handelsministeriums der Volksrepublik China 2009 Nr. 82, zitiert als: Panasonic – Sanyo.
MOFCOM	Fusionskontrollentscheidung vom 30.10.2009, Bekanntmachung des Handelsministeriums der Volksrepublik China 2009 Nr. 82, zitiert als: Panasonic – Sanyo.
MOFCOM	Fusionskontrollentscheidung vom 12.12.2011, Bekanntmachung des Handelsministeriums der Volksrepublik China 2011 Nr. 90, zitiert als: Seagate – Samsung.
MOFCOM	Fusionskontrollentscheidung vom 9.2.2012, Bekanntmachung des Handelsministeriums der Volksrepublik China 2012 Nr. 6, zitiert als: Tiande-Henkel.
MOFCOM	Fusionskontrollentscheidung vom 14.8.2012, Bekanntmachung des Handelsministeriums der Volksrepublik China 2012 Nr. 49, zitiert als: Wal Mart – Yihaodian.
MOFCOM	Fusionskontrollentscheidung vom 22.4.2013, Bekanntmachung des Handelsministeriums der Volksrepublik China 2013 Nr. 22, zitiert als: Marubeni – Gavilon.
MOFCOM	Fusionskontrollentscheidung vom 8.8.2013, Bekanntmachung des Handelsministeriums der Volksrepublik China 2013 Nr. 58, zitiert als: Baxter – Gambro.
MOFCOM	Fusionskontrollentscheidung vom 26.8.2013, Bekanntmachung des Handelsministeriums der Volksrepublik China 2013 Nr. 61, zitiert als: MediaTek – MStar Semiconductor.

MOFCOM	Fusionskontrollentscheidung vom 15.1.2014, Bekanntmachung des Handelsministeriums der Volksrepublik China 2014 Nr. 3, zitiert als: Thermo Fisher – Lifei.
MOFCOM	Fusionskontrollentscheidung vom 30.4.2014, Bekanntmachung des Handelsministeriums der Volksrepublik China 2014 Nr. 30, zitiert als: Merck-AZ Electronic Materials.
MOFCOM	Fusionskontrollentscheidung vom 29.7.2016, Bekanntmachung des Handelsministeriums der Volksrepublik China 2016 Nr. 38, zitiert als: AB InBev S.A / N.V. - SAB Miller Plc.
MOFCOM	Fusionskontrollentscheidung vom 30.12.2016, Bekanntmachung des Handelsministeriums der Volksrepublik China 2016 Nr. 88, zitiert als: Abbott Laboratories - St Jude Medical.
MOFCOM	Fusionskontrollentscheidung vom 6.1.2017, Bekanntmachung des Handelsministeriums der Volksrepublik China 2017 Nr. 75, zitiert als: Agrium – Potash.
MOFCOM	Fusionskontrollentscheidung vom 29.4.2017, Bekanntmachung des Handelsministeriums der Volksrepublik China 2017 Nr. 25, zitiert als: Dow Chemicals – E.I. Du Pont De Nemours.
MOFCOM	Fusionskontrollentscheidung vom 7.11.2017, Bekanntmachung des Handelsministeriums der Volksrepublik China 2017 Nr. 77, zitiert als: Maersk Line A/S - Hamburg Südamerikanische Dampfschifffahrts -Gesellschaft KG.
MOFCOM	Fusionskontrollentscheidung vom 24.11.2017, Bekanntmachung des Handelsministeriums der Volksrepublik China 2018 Nr. 81, zitiert als: Advanced Semiconductor Engineering, Inc.- Siliconware Precision Industries Co., Ltd.
MOFCOM	Fusionskontrollentscheidung vom 27.12.2017, Bekanntmachung des Handelsministeriums der Volksrepublik China 2017 Nr. 92, zitiert als: Becton, Dickinson and Company - C. R. Bard, Inc.

b. EU

Europäische Kommission	Entscheidung vom 7.11.1990, WuW/E EV 1542, zitiert als: Renault/Volvo.
Europäische Kommission	Entscheidung vom 10.1.1991, WuW/E EV 1560, zitiert als: Matsushita/MCA.
Europäische Kommission	Entscheidung vom 18.1.1991, WuW/E EV 1563, zitiert als AT&T/NCR.

Europäische Kommission	Entscheidung vom 12.4.1991, WuW/E EV 1616, zitiert als: Alcatel/Telettra.
Europäische Kommission	Entscheidung vom 13.9.1991, IV/M.130, zitiert als Delta Air Lines/PAN AM.
Europäische Kommission	Entscheidung vom 2.10.1991, WuW/E EV 1675, zitiert als: Aerospatiale-Alenia/de Havilland.
Europäische Kommission	Entscheidung vom 5.12.1991, WuW/E-EV 1675, zitiert als: Aerospatiale-Alenia/de Havilland.
Europäische Kommission	Entscheidung vom 18.12.1991, IV/M.165, zitiert als Alcatel/AEG Kabel.
Europäische Kommission	Entscheidung vom 28.4.1992, ABl 1992 Nr. L 204/1, zitiert als: Accor/Wagons-Lits.
Europäische Kommission	Entscheidung vom 22.7.1992, IV/M.190, zitiert als: Nestlé/Perrier.
Europäische Kommission	Entscheidung vom 14.12.1993, ABl 1994 Nr. L 136/38, zitiert als: Kali und Salz.
Europäische Kommission	Entscheidung vom 3.2.1994, WuW/E EV 1983, zitiert als Rhone-Poulenc/SNIA.
Europäische Kommission	Entscheidung vom 8.6.1994, ABl 1994 NR. L 332/48, zitiert als: Shell/Montecatini.
Europäische Kommission	Entscheidung vom 9.11.1994, WuW/E EV 2231, zitiert als MSG Media Service.
Europäische Kommission	Entscheidung vom 20.9.1995, WuW/E EV 2371, zitiert als RTL/Veronica/Endemol.
Europäische Kommission	Entscheidung vom 2.3.1996, WuW/E EV 2343, zitiert als Nordic Satellite Distribution.
Europäische Kommission	Entscheidung vom 14.1.1997, ABlEG Nr. L 011, zitiert als ABB/Daimler-Benz.
Europäische Kommission	Entscheidung vom 14.1.1997, ABlEG Nr. L 011, zitiert als Gencor/Lonrho.
Europäische Kommission	Entscheidung vom 27.6.1997, ABl 1997 Nr. L 336/16, zitiert als: Boeing/McDonnell Douglas.
Europäische Kommission	Entscheidung vom 30.7.1997, IP/97/729, zitiert als Boeing/Mcdonnel Douglas.
Europäische Kommission	Entscheidung vom 25.11.1998, ABl 1999 Nr. L 254/9, zitiert als: Enso/Stora.
Europäische Kommission	Entscheidung vom 3.2.1999, Abl 1999 Nr. L 274/1, zitiert als: Rewe/Meinl.

Europäische Kommission　Entscheidung vom 27.2.1999, ABlEG Nr. L 53, zitiert als Bertelsmann/Kirch/Premiere.

Europäische Kommission　Entscheidung vom 20.7.1999, COMP/M.1616, zitiert als: BSCH/A.Champalimaud.

Europäische Kommission　Entscheidung vom 22.9.1999, ABl 2000 Nr. L 93/1, zitiert als: Airtours/First Choice.

Europäische Kommission　Entscheidung vom 25.1.2000, ABlEG Nr. L 20 vom, zitiert als: Danish Crown/Vestjyske Slagterier.

Europäische Kommission　Entscheidung vom 21.3.2000, WuW/E EU-V 455, zitiert als: BSkyB/KirchPayTV.

Europäische Kommission　Entscheidung vom 11.10.2000, ABl 2001 Nr. L 268/28, zitiert als: AOL/Time Warner.

Europäische Kommission　Entscheidung vom 7.2.2001, ABl 2002 Nr. L 59/1, zitiert als: EdF/EnBW.

Europäische Kommission　Entscheidung vom 3.7.2001, COMP/M.2220, zitiert als General Electric/Honeywell.

Europäische Kommission　Entscheidung vom 31.10.2001, COMP/M.2416, zitiert als Tetra Laval/Sidel.

Europäische Kommission　Entscheidung vom 9.4.2002, ABl 2003 Nr. L 101/1, zitiert als: Haniel/Ytong.

Europäische Kommission　Entscheidung vom 24.7.2002, ABl 2003 Nr. L 248/1, zitiert als: Carnival Corporation/P&O Princess.

Europäische Kommission　Entscheidung vom 20.12.2002, ABl 2003 NR. L 103/1, zitiert als: Südzucker/Saint Louis Sucre.

Europäische Kommission　Entscheidung vom 9.8.2004, COMP/M.3439, zitiert als: Agfa Gaevert/Lastra.

Europäische Kommission　Entscheidung vom 26.10.2004, COMP/M.3216, zitiert als: Oracle/PeopleSoft.

Europäische Kommission　Entscheidung vom 19.11.2004, COMP/M.3544, zitiert als: Bayer/La Roche.

Europäische Kommission　Entscheidung vom 9.12.2004, COMP/M.3440, zitiert als: EDP/ENI/GDP.

Europäische Kommission　Entscheidung vom 25.8.2005, COMP/M.3687, zitiert als: Jonson & Johnson/Guidant.

Europäische Kommission　Entscheidung vom 21.12.2005, COMP/M.3696, zitiert als: E.ON/MOL.

Europäische Kommission　Entscheidung vom 26.4.2006, COMP/M.3916, zitiert als: T-Mobile Austria/Tele.ring.

Europäische Kommission	Entscheidung vom 26.9.2006, COMP/M.4197, zitiert als: E.ON/Endesa.
Europäische Kommission	Entscheidung vom 27.6.2007, ABl EG 2008 Nr. C 47, zitiert als Raynair/Aer Lingus.
Europäische Kommission	Entscheidung vom 23.6.2008, COMP/M.5047, zitiert als Rewe/Adeg.
Europäische Kommission	Entscheidung vom 17.12.2008, COMP/M.5046, zitiert als: Friesland Foods/Campina.
Europäische Kommission	Entscheidung vom 21.1.2010, COMP/M.5529, zitiert als: Oracle/Sun Microsystems.
Europäische Kommission	Entscheidung vom 17.11.2010, COMP/M.5658, zitiert als: Unilever/Sara Lee.
Europäische Kommission	Entscheidung vom 16.6.2011, COMP/M.5900, zitiert als: LGI/KBW.
Europäische Kommission	Entscheidung vom 12.12.2012, COMP/M. 6497, zitiert als: Hutchinson 3G Austria/Orange Austria.
Europäische Kommission	Entscheidung vom 30.1.2013, COMP/M. 6570, zitiert als: UPS/TNT Express.